# 現代ビジネス中国語

## 会話と電子メールで学ぶ日中ビジネス実務

亀田 尚己［監修］　中曽根淑芳［著］

文眞堂

# まえがき

　日本と中国は、実に摩訶不思議な国同士です。「政冷経熱」という言葉があるように、政治の場での交流は不活発ですが、経済分野での交流は大変盛んです。中国が2002年からアメリカを抜いて日本にとり最大の貿易相手国になり、この状況は現在も続いています。一方、近年では中国は世界の「工場」から「市場」に変わりつつあり、中国に進出し、ビジネス規模を拡大しようとする日系企業は増加の一途を辿っています。

　このように、日中間の経済交流が盛んに行われる状況の中、ビジネス中国語の習得はおのずと重要になっています。中国語で商談に臨み、ビジネス交渉を行い、クレームを申し立てることができるレベルの中国語力が実務の世界では求められています。

　ところが、これまでのビジネス中国語のテキストを見ると、近年類書が数多く出版されるようになったとはいえ、その内容は、中国語の日常会話に偏るか、またはビジネスの内容に偏るかのどちらかのものが多いように思います。中国語を聞く、話す、読む、書くという4つの技能を習得するとともに、その背景にある中国の文化やビジネス慣行、さらには電子メールによるビジネス通信文の書き方をも身に付けることができるようなテキストはほとんどありませんでした。

　本書は、ビジネス中国語を体系的に習得したいと願う学習者のニーズに応える最適のテキストです。中国語を学習する際に必要な4つの技能に加え、中国の文化やビジネス慣習、さらには電子メールによるビジネス通信文の模範文を分かりやすく解説し、練習できるように工夫されています。

## 【本書の特徴】

　本書は、大別してパート1とパート2に分けられ、それぞれ13章からなり、

パート1は【会話編】と【文化・慣習編】、そしてパート2は【電子メール編】から構成されています。本書は、これまでの類書テキストと比べ、次の3点で大きく異なっています。

① 中国語とビジネスの内容がバランスよく織り込まれていること

学習者は、以下の3つの部分を学習していけば、ビジネス中国語を体系的に、なお且つバランスよく習得できるようになります。

【会話編】 鈴木さんという日本人ビジネスパーソンが登場します。彼が商談のために中国の空港に到着してから帰国するまでの間に想定されるビジネス場面を例として、必要な中国語会話の表現をまとめています。

【文化・慣習編】 短文の形で国際商取引に関する最低限の基礎知識とビジネス慣習および中国文化などを紹介しています。

【電子メール編】 Eメールによるビジネス通信文の模範文や書き方を紹介しています。

② 専門性が比較的高いビジネス中国語を導入していること

多くの日本人ビジネスパーソンは豊富なビジネス知識と実務経験を持っていますが、中国語のレベルが比較的低く、そのために短期間にビジネス中国語の能力をできる限り高めたいと望んでいます。一方、多くの大学生は中国語は分かっていますが、ビジネスの知識はありません。本書は、こうした双方のニーズに応えようという意図のもとに専門性が高いビジネス中国語が学習できるように編集されています。

③ 会話文、短文と電子メール通信文に日本語訳を付けていること

学習者が予習と復習をしやすく、また中国語に対する理解を深めることができるようにという趣旨から、会話文、短文と電子メールによるビジネス通信文は全部日中語対照の形式にしています。これもまた、本書の大きな特徴の1つです。

本書の体系的な学習を通じて読者の皆さまが、ビジネス中国語とその背景にある中国の文化やビジネス慣行、および電子メールによるビジネス通信文などを一気に習得されるよう願ってやみません。本書が読者のお役に立てることが

できれば、望外の喜びです。

　なお、本書が世に出ることができたのは、多くの方々のお蔭によるものです。本書を出版するまでの過程で、ご支援いただいた方々に深い感謝の意を表する次第です。

　まず、筆者がこの度このような著書を上梓できるようになったのは、母校同志社大学大学院商学研究科で長年にわたりご指導をいただいた恩師の故中村弘先生のおかげです。謹んで本書を中村先生の御霊に捧げる次第です。

　次に、同志社大学名誉教授の亀田尚己先生に心から深く御礼申し上げます。先生には長い間に並々ならぬご指導をいただきました。本書を執筆中、先生から数多くの有益なご教示と激励をいただくと同時に、日本語の表現までも親切にご指導いただきました。亀田先生のご指導がなければ本書はこの世に生まれることはなかったと言えます。また、先生の卓越した学識と厳格な学問研究の態度および温かいお人柄には深い感銘を受けています。ここに謹んで亀田先生に心より深く感謝申し上げます。また、本書の執筆、出版にあたり、文眞堂の専務取締役前野眞司氏より貴重なご指導をいただき、心から厚く御礼申し上げます。最後に、本書を執筆するため長い間にわたり、家庭での雑事においても、また精神面においても、筆者を支援し続けてくれた夫の連佩彦に心から感謝したいと思います。

　　2015 年 1 月吉日

　　　　　　　　　　　　　　　　　　　　　　　　　　　中曽根　淑芳

# 目　次

まえがき……………………………………………………………… i

## パート1　【会話編】／【文化・慣習編】……………………… 1

### 第1章　空港での出迎え（在机场迎接客人）………………… 3
　　【会話編】　空港での出迎え（在机场迎接客人）……………… 3
　　【文化・慣習編】　初対面の礼儀（初次见面的礼仪）………… 10

### 第2章　宿泊（住宾馆）………………………………………… 16
　　【会話編】　宿泊（住宾馆）……………………………………… 16
　　【文化・慣習編】　外国人が中国で宿泊する場合
　　　　　　　　　　（外国人在中国住宿时）…………………… 24

### 第3章　銀行で（在银行）……………………………………… 29
　　【会話編】　銀行で（在银行）…………………………………… 29
　　【文化・慣習編】　中国の銀行（中国的银行）………………… 38

### 第4章　歓迎会を開く（接风）………………………………… 45
　　【会話編】　歓迎会を開く（接风）……………………………… 45
　　【文化・慣習編】　宴会時のサービスマナー（宴会服务礼节）… 55

### 第5章　引き合い（询价）……………………………………… 62
　　【会話編】　引き合い（询价）…………………………………… 62
　　【文化・慣習編】　サンプルによる売買（凭样品买卖）……… 73

## 第 6 章　価格交渉（价格谈判） ……………………………………… 81
　【会話編】　価格交渉（价格谈判） ……………………………… 81
　【文化・慣習編】　取引条件（贸易条件） ……………………… 90

## 第 7 章　支払方法（付款方式） ……………………………………… 96
　【会話編】　支払方法（付款方式） ……………………………… 96
　【文化・慣習編】　国際貿易における支払方法
　　　　　　　　　（国际贸易中的付款方式） …………………… 107

## 第 8 章　梱包（包装） ………………………………………………… 114
　【会話編】　梱包（包装） ………………………………………… 114
　【文化・慣習編】　商品の梱包（商品的包装） ………………… 124

## 第 9 章　貨物輸送（货物运输） ……………………………………… 130
　【会話編】　貨物輸送（货物运输） ……………………………… 130
　【文化・慣習編】　貨物輸送について（关于货物运输） ……… 140

## 第 10 章　貨物保険（货物保险） ……………………………………… 146
　【会話編】　貨物保険（货物保险） ……………………………… 146
　【文化・慣習編】　海上貨物保険（海上货物保险） …………… 158

## 第 11 章　クレーム条項（索赔条款） ………………………………… 164
　【会話編】　クレーム条項（索赔条款） ………………………… 164
　【文化・慣習編】　クレーム申し立てとその処理
　　　　　　　　　（索赔与理赔） ………………………………… 176

## 第 12 章　契約の締結（签订合同） …………………………………… 183
　【会話編】　契約の締結（签订合同） …………………………… 183

【文化・慣習編】　契約について（关于合同）·················· 195

第 13 章　歓送会を開く（饯行）······························ 202
　　　【会話編】　歓送会を開く（饯行）······················ 202
　　　【文化・慣習編】　礼は往来を尊ぶ（礼尚往来）·················· 215

# パート 2　【電子メール編】·································· 225

## 第 1 章　引き合い（询价）································ 230
　（1）　カタログと見積書送付の依頼（请求邮寄目录和报价单）············ 231
　（2）　カタログと見積書送付の通知（通知目录和报价单已寄出）········ 232

## 第 2 章　価格交渉（价格谈判）······························ 235
　（1）　カタログ送付への感謝と最優遇価格提示の依頼
　　　（感谢邮寄目录并希望报优惠价）·············· 237
　（2）　女性用シャツとスーツの売り申込みについて
　　　（关于女式衬衫和套装的报价）·············· 238

## 第 3 章　空港での出迎え（在机场迎接客人）···················· 243
　（1）　出迎えの依頼（请求迎接）·············· 245
　（2）　出迎えの通知（关于迎接的通知）·············· 246

## 第 4 章　宿泊（住宾馆）···································· 248
　（1）　ホテル予約の依頼（请求预订旅馆）·············· 249
　（2）　ホテル予約依頼の確認（关于委托预订旅馆事宜的确认）········ 250

## 第 5 章　銀行で（在银行）································ 252
　（1）　銀行案内の依頼（请求陪同去银行）·············· 253

(2)　銀行案内に関する説明（关于陪同去银行的说明）……………………254

## 第 6 章　歓迎会を開く（接风）…………………………………………256
　(1)　招待状の送付（邮寄邀请函）…………………………………………257
　(2)　招待受諾と宴会出席の通知（关于应邀出席宴会的通知）…………258

## 第 7 章　歓送会を開く（饯行）…………………………………………261
　(1)　お礼状（感谢信）………………………………………………………263
　(2)　上海再訪問への期待（期待着再次访问上海）………………………264

## 第 8 章　契約の締結（订立合同）………………………………………267
　(1)　契約書の送付について（关于邮寄合同书）…………………………268
　(2)　契約書の返送について（关于寄还合同书）…………………………269

## 第 9 章　梱包（包装）……………………………………………………271
　(1)　梱包に関する質問（关于包装事宜的咨询）…………………………272
　(2)　梱包に関する説明（关于包装事宜的说明）…………………………273

## 第 10 章　貨物輸送（货物运输）…………………………………………276
　(1)　輸送手配に関する依頼（请求安排运输）……………………………278
　(2)　貨物輸送に対する説明（关于货物运输事宜的说明）………………279

## 第 11 章　支払方法（付款方式）…………………………………………282
　(1)　信用状（L/C）開設の依頼（请求开信用证（L/C））………………283
　(2)　信用状開設済みの通知（通知信用证已开出）………………………284

## 第 12 章　貨物保険（货物保险）…………………………………………287
　(1)　船積完了の通知（装运完毕的通知）…………………………………289

（2） 貨物輸送保険に関する説明（关于货运保险的说明）……………291

## 第13章　クレーム申し立て（索赔）………………………293
（1） 商品交換に関する依頼（请求调换货物）………………295
（2） 商品交換に関する説明（关于调换货物事宜的说明）…………296

参考文献……………………………………………………299

# パート 1

## 【会話編】／【文化・慣習編】

# 第 1 章

## 空港での出迎え（在机场迎接客人）

## 【会話編】

❖ 本日、日本貿易株式会社の鈴木さんが上海に到着する。馬蓮さんは一枚の紙を掲げて空港の出口で待っている。
（日本贸易株式会社的铃木先生今天到上海。马莲手里举着一张纸在机场出口处等候。）

铃　　木：　您好！我是日本贸易株式会社的铃木。
Líng mù：　Nín hǎo! Wǒ shì Rìběn màoyì zhūshì huìshè de Língmù.
鈴　　木：　こんにちは。私は日本貿易株式会社の鈴木と申します。

马　　莲：　您好！我叫马莲，是中国 ABC 公司的代表。
Mǎ lián：　Nín hǎo! Wǒ jiào Mǎlián, shì Zhōngguó ABC gōngsī de dàibiǎo.
馬　　蓮：　こんにちは。私は馬蓮と申します。中国 ABC 公司の代表です。

铃　　木：　认识您很高兴。
Líng mù：　Rènshi nín hěn gāoxìng.
鈴　　木：　お会いできてとてもうれしいです。

马　　莲：　认识您我也很高兴。欢迎您来中国。
Mǎ lián：　Rènshi nín wǒ yě hěn gāoxìng. Huānyíng nín lái Zhōngguó.
馬　　蓮：　私もお会いできてうれしいです。中国へようこそ。

铃　　木：　谢谢。这是我的名片，请多关照。
Líng mù：　Xièxie. Zhè shì wǒ de míngpiàn, qǐng duō guānzhào.
鈴　　木：　有り難うございます。これは私の名刺です。どうぞ宜しくお願いします。

| 马　莲： | （接过名片）不客气。这是我的名片。名片上有我的手机号码，有事请跟我联系。 |
| Mǎ　lián： | (Jiēguò míngpiàn) Bú kèqi. Zhè shì wǒ de míngpiàn. Míngpiàn shang yǒu wǒ de shǒujī hàomǎ, yǒu shì qǐng gēn wǒ liánxì. |
| 馬　蓮： | （名刺を受け取る）どういたしまして。これは私の名刺です。名刺に私の携帯電話の番号がありますので、何かあればご連絡ください。 |
| 铃　木： | 好。谢谢您。 |
| Líng mù： | Hǎo. Xièxie nín. |
| 鈴　木： | 分かりました。有り難うございます。 |
| 马　莲： | 铃木先生是第一次来中国吗？ |
| Mǎ　lián： | Língmù xiānsheng shì dìyīcì lái Zhōngguó ma? |
| 馬　蓮： | 鈴木さんは初めて中国に来られましたか。 |
| 铃　木： | 对。这是第一次。 |
| Líng mù： | Duì. Zhè shì dìyīcì. |
| 鈴　木： | はい。初めてです。 |
| 马　莲： | 那您这次一定要在中国多逗留两天，到处去看看。 |
| Mǎ　lián： | Nà nín zhècì yídìng yào zài Zhōngguó duō dòuliú liǎngtiān, dàochù qù kànkan. |
| 馬　蓮： | それでは、今回は是非中国に少し長く滞在し、たくさん観光してください。 |
| 铃　木： | 这次没有时间，下次吧。 |
| Líng mù： | Zhècì méiyǒu shíjiān, xiàcì ba. |
| 鈴　木： | 今回は時間がありません。またの機会にしたいと思います。 |
| 马　莲： | 旅馆已经预订好了。那我们现在走吧。 |
| Mǎ　lián： | Lǚguǎn yǐjīng yùdìng hǎo le. Nà wǒmen xiànzài zǒu ba. |
| 馬　蓮： | ホテルはすでに予約済みです。それでは出かけましょうか。 |
| 铃　木： | 谢谢您的安排。 |
| Líng mù： | Xièxie nín de ānpái. |
| 鈴　木： | ご丁寧なお手配を有り難うございます。 |

[新出単語]

1. 贸易（名詞）　　　　　màoyì　　　　貿易
2. 到（動詞）　　　　　　dào　　　　　到着する、到達する
3. 手（名詞）　　　　　　shǒu　　　　 手
4. 举（動詞）　　　　　　jǔ　　　　　 挙げる、持ち上げる
5. 纸（名詞）　　　　　　zhǐ　　　　　紙
6. 机场（名詞）　　　　　jīchǎng　　　空港
7. 等候（動詞）　　　　　děnghòu　　　待つ
8. 公司（名詞）　　　　　gōngsī　　　 会社
9. 代表（名詞/動詞）　　 dàibiǎo　　　代表（する）
10. 认识（動詞）　　　　　rènshi　　　 会う、知っている
11. 高兴（形容詞）　　　　gāoxìng　　　嬉しい
12. 欢迎（動詞/名詞）　　 huānyíng　　 歓迎する
13. 名片（名詞）　　　　　míngpiàn　　 名刺
14. 关照（動詞）　　　　　guānzhào　　 面倒をみる、世話をする
15. 接（動詞）　　　　　　jiē　　　　　(物を手で) 受ける、受け取る
16. 手机（名詞）　　　　　shǒujī　　　 携帯電話
17. 号码（名詞）　　　　　hàomǎ　　　　番号
18. 联系（動詞/名詞）　　 liánxì　　　 連絡（する）
19. 一定（副詞）　　　　　yídìng　　　 必ず、きっと
20. 逗留（動詞）　　　　　dòuliú　　　 滞在する
21. 到处（副詞）　　　　　dàochù　　　 あちこち、至る所
22. 旅馆（名詞）　　　　　lǚguǎn　　　 ホテル、旅館
23. 预订（動詞）　　　　　yùdìng　　　 予約する
24. 安排（名詞/動詞）　　 ānpái　　　　手配（する）、やりくりする

## [文法]

### 1. 着

動態助詞"着"を2つの動詞の間に置くと、動作の手段や様態などを表わす。

　　主語＋動詞1＋着＋動詞2　　～して～する

马莲笑着跟朋友聊天。　　Mǎlián xiào zhe gēn péngyou liáotiānr.
馬蓮さんは笑って友達と世間話をする。

妈妈经常躺着看电视。　　Māma jīngcháng tǎng zhe kàn diànshì.
母はしょっちゅう寝転んでテレビを見る。

他举着一张纸在机场出口处等候客人。
Tā jǔ zhe yì zhāng zhǐ zài jīchǎng chūkǒu chù děnghòu kèrén.
彼は一枚の紙を掲げて空港の出口で客を待っている。

### 2. 有

(動詞)「有」構文は存在を表わす。

　　A有B　AにはBがある・いる；AはBを持っている

| 肯定文 | 否定文 | 疑問文 |
| --- | --- | --- |
| 名片上有我的手机号码。 Míngpiàn shang yǒu wǒ de shǒujī hàomǎ. 名刺には私の携帯電話の番号がある。 | 名片上没（有）我的手机号码。 Míngpiàn shang méi(yǒu) wǒ de shǒujī hàomǎ. 名刺には私の携帯電話の番号がない。 | 名片上有你的手机号码吗？ Míngpiàn shang yǒu nǐ de shǒujī hàomǎ ma? 名刺にはあなたの携帯電話の番号があるか。 |
| 教室里有学生。 Jiàoshì li yǒu xuésheng. 教室には学生がいる。 | 教室里没（有）学生。 Jiàoshì li méi(yǒu) xuésheng. 教室には学生がいない。 | 教室里有学生吗？ Jiàoshì li yǒu xuésheng ma? 教室には学生がいるか。 |
| 我有工作经验。 Wǒ yǒu gōngzuò jīngyàn. 私は仕事の経験を持っている。 | 我没（有）工作经验。 Wǒ méi(yǒu) gōngzuò jīngyàn. 私は仕事の経験を持っていない。 | 你有工作经验吗？ Nǐ yǒu gōngzuò jīngyàn ma? あなたは仕事の経験を持っているか。 |

## 3. 結果補語

動詞の後に置かれ、動作や行為によって生じる具体的な結果を表わす一部の形容詞や動詞を結果補語という。たとえば、"好""错""懂"などが結果補語としてよく使われている。

主語＋動詞＋補語（形容詞／動詞）（＋目的語）

| 肯定文 | 否定文 | 疑問文 |
| --- | --- | --- |
| 旅馆已经预订好了。<br>Lǚguǎn yǐjīng yùdìng hǎo le.<br>ホテルはすでに予約済みである。 | 旅馆没（有）预订好。<br>Lǚguǎn méi(yǒu)yùdìng hǎo.<br>ホテルはまだ予約していない。 | 旅馆预订好了吗？<br>Lǚguǎn yùdìng hǎo le ma?<br>ホテルの予約は済んでいるか。 |
| 他说错了。<br>Tā shuō cuò le.<br>彼は言い間違えた。 | 他没（有）说错。<br>Tā méi(yǒu)shuō cuò.<br>彼は言い間違えていない。 | 他说错了吗？<br>Tā shuō cuò le ma?<br>彼は言い間違えたか。 |
| 我听懂了老师说的话。<br>Wǒ tīng dǒng le lǎoshī shuō de huà.<br>私は先生の言ったことを聞いて理解した。 | 我没（有）听懂老师说的话。<br>Wǒ méi(yǒu)tīng dǒng lǎoshī shuō de huà.<br>私は先生の言ったことを聞いて理解しなかった。 | 你有没有听懂老师说的话？<br>Nǐ yǒumeiyǒu tīng dǒng lǎoshī shuō de huà?<br>あなたは先生の言ったことを聞いて理解したか。 |

[ドリル]
1. 次の文の下線部をその下部にある語句に置き換えた上で、和訳しなさい。
　（1）他常常躺着听音乐。　（彼はしょっちゅう横になって音楽を聴く。）
　　① 她　　走　　去超市　　（超市 chāoshì：スーパー）
　　② 弟弟　跑　　去学校
　（2）名片上有我的手机号码。　（名刺に私の携帯電話の番号がある。）
　　① 我们班　　5个外国留学生
　　② 铃木　　　很多中国朋友

2. 次の単語を並べ替え、正しい文章にした上で全文を和訳しなさい。

　　　例： 您 / 高兴 / 认识 / 很
　　　认识您很高兴。　（お会いできてとてもうれしい。）

① 您 / 中国 / 来 / 欢迎
② 第一次 / 这是 / 到 / 您 / 吗 / 中国
③ 联系 / 我 / 有 / 跟 / 事 / 请
④ 中国 / 两天 / 在 / 要 / 您 / 多 / 逗留 / 这次

3. 次の文を中国語に訳しなさい。

　　鈴木さんは日本貿易株式会社輸入部の部長で、今回中国を訪問するのは初めてです。彼はビジネスのために上海に来ました。彼は3日間滞在する予定です。馬蓮さんは中国ABC公司を代表して空港で鈴木さんを出迎えました。　　　　　　　　　　　　　（出迎える：迎接 yíngjiē）

[解答]

1. (1) ① 她常常走着去超市。　　　　　（彼女はしょっちゅう歩いてスーパーに行く。）

　　　② 弟弟常常跑着去学校。　　　　（弟はしょっちゅう走って学校に行く。）

　 (2) ① 我们班有5个外国留学生。　　（私たちのクラスには外国人留学生が5人いる。）

　　　② 铃木有很多中国朋友。　　　　（鈴木さんは中国人の友達がたくさんいる。）

2. (1) ① 欢迎您来中国。　　　　　　　（中国へようこそ。）
　　　② 这是您第一次到中国吗？　　　（今回は初めて中国に来られましたか。）
　　　③ 有事请跟我联系。　　　　　　（何かあればご連絡ください。）
　　　④ 您这次在中国要多逗留两天。　（今回は是非中国に少し長く滞在し

てください。)

3. 铃木先生是日本贸易株式会社进口部的部长。这是他第一次访问中国。他（是）来上海做生意的。他打算逗留3天。马莲小姐代表中国ABC公司在机场迎接铃木先生。

## 【文化・慣習編】

### 初次见面的礼仪

　　中国人跟外国朋友或客人见面时，没有互相拥抱的习惯。一般都喜欢用握手来表示欢迎。就是非常熟悉的老朋友，见面时也不像西方人那样互相拥抱，而是用握手来表示问候。

　　作为商业习惯，中国人在跟客人初次见面时还有互相交换名片的习惯。因为名片上有很多重要的信息，比如说，本人的工作单位、职称、姓名和联系方式等等，所以商人们都喜欢互相交换名片，以便今后互相联系。为了表示礼貌，最好用双手递名片给对方，或者接对方的名片。名片上有时候会出现2个以上的职称。这时候，你最好记住那个人的第一个职称。因为它最重要。

（资料来源：关道雄编著《基础实用商务汉语（修订版）》北京大学出版社，2003年，32-33页。有增删。）

[新出単語]

1. 见面（離合詞）　　　jiàn//miàn　　　対面する、顔を合わせる
2. 互相（副詞）　　　　hùxiāng　　　　お互いに、相互に
3. 拥抱（動詞）　　　　yōngbào　　　　抱擁する、抱き合う
4. 习惯（名詞/動詞）　　xíguàn　　　　 習慣、〜に慣れる
5. 握手（離合詞）　　　wò//shǒu　　　 握手する
6. 表示（動詞/名詞）　　biǎoshì　　　　表す、示す
7. 熟悉（形容詞/動詞）　shúxī　　　　　よく知っている、熟知する
8. 像（動詞）　　　　　xiàng　　　　　〜のようだ
9. 西方（名詞）　　　　xīfāng　　　　　西洋、欧米諸国
10. 问候（名詞/動詞）　 wènhòu　　　　挨拶する
11. 作为（介詞）　　　 zuòwéi　　　　 〜として
12. 商业（名詞）　　　 shāngyè　　　　商業、ビジネス
13. 初次（名詞）　　　 chūcì　　　　　初回、第1回、最初

| 14. 交换（動詞） | jiāohuàn | 交換する、取り交わす |
| 15. 重要（形容詞） | zhòngyào | 重要である、大切である |
| 16. 信息（名詞） | xìnxī | 情報 |
| 17. 单位（名詞） | dānwèi | 勤め先、勤務先、所属先 |
| 18. 职称（名詞） | zhíchēng | 職名、肩書き |
| 19. 以便（接続詞） | yǐbiàn | 〜するために、〜できるように |
| 20. 礼貌（名詞） | lǐmào | 礼儀、マナー |
| 21. 最好（副詞） | zuìhǎo | できるだけ〜したほうがよい |
| 22. 双手（名詞） | shuāngshǒu | 両手 |
| 23. 递（動詞） | dì | 手渡す |
| 24. 或者（接続詞） | huòzhě | あるいは、または |
| 25. 出现（動詞） | chūxiàn | 出現する、現れる |
| 26. 因为（接続詞） | yīnwèi | 〜なので、〜だから（である） |

[文法]

## 1. 见面

　（離合詞）中国語には「離合詞」という特殊な品詞がある。通常、「動詞＋名詞」の形で現れる。「離合詞」とは、名詞を動詞にくっつけ、1つの単語として用いることができる（＝合）が、それと同時に、2つの構成成分を引き離し、その真ん中に別の成分を挿入して用いることもできる（＝離）という性質をもつ品詞をいう。たとえば、上記の1「见面」のほか、「握手（握手する）」「结婚（結婚する）」「离婚（離婚する）」「睡觉（寝る）」などがある。

　我和他见了两次面。　　Wǒ hé tā jiàn le liǎng cì miàn.
　　　　　　　　　　　　私は彼と2度会った。
　我没跟他见过面。　　　Wǒ méi gēn tā jiàn guo miàn.
　　　　　　　　　　　　彼とは会ったことがない。
　我睡了一觉。　　　　　Wǒ shuì le yí jiào.
　　　　　　　　　　　　私はひと眠りした。

## 2. 就是……也……

(接続詞)(仮定条件と譲歩を表す)たとえ〜でも；かりに〜でも
よく後出の「也」と呼応する。

就是再累，我也要把作业做完。　　Jiùshì zài lèi, wǒ yě yào bǎ zuòyè zuò wán.
たとえどんなに疲れても、私は宿題をやり終えなければならない。

就是你不说，他也已经知道了。　　Jiùshì nǐ bù shuō, tā yě yǐjīng zhīdao le.
たとえあなたが言わなくても、彼はもう知っている。

## 3. 像

(動詞)(不確かな推測を示したり、他の事物にたとえ)あたかも(〜のようだ)；まるで(〜のようだ)；どうやら(〜らしい)；どうも(〜みたいだ)
よく後出の「一样、那样、似的」と呼応する。

她像没事人一样。　　Tā xiàng méishìrén yíyàng.
彼女はさも無関係であるかのような顔をしている。

中国人不像西方人那样拥抱。　　Zhōngguó rén bú xiàng xīfāng rén nàyàng yōngbào.
中国人は西洋人のように抱擁したりしない。

## 4. 作为

(介詞)(人についてはその身分・立場から、物についてはその性質・特色から述べる場合)〜として

作为一个大学生，应该努力学习。　　Zuòwéi yíge dà xuéshēng, yīnggāi nǔlì xuéxí.
1人の大学生として、勉強に励まなければならない。

作为商业习惯，人们初次见面时喜欢互相交换名片。

第1章 空港での出迎え（在机场迎接客人） 13

Zuòwéi shāngyè xíguàn, rénmen chūcì jiànmiàn shí xǐhuan hùxiāng jiāohuàn míngpiàn.
ビジネス慣行として、人々は初対面の際に名刺交換をするのが好きである。

## 5. 因为……所以……

（接続詞）　～（の原因・理由）のために；～なので；～だから（～である）

因为工作忙，我已经几个月没看电影了。
Yīnwèi gōngzuò máng, wǒ yǐjīng jǐ ge yuè méi kàn diànyǐng le.
仕事が忙しいので、もう何か月も映画を見ていない。

昨天我没去找你，因为有别的事。Zuótiān wǒ méi qù zhǎo nǐ, yīnwèi yǒu bié de shì.
きのう君のところへ行かなかったのは、別の用事があったからだ。

## 6. ……，以便……

（接続詞）　～するために；～できるように

後の文の冒頭に用い、それ以下で述べる目的が容易に実現できるようにしたいという気持ちを表す。

商人们喜欢互相交换名片，以便今后互相联系。
Shāngrén men xǐhuan hùxiāng jiāohuàn míngpiàn, yǐbiàn jīnhòu hùxiāng liánxì.
今後お互いに連絡しやすいように、ビジネスマンたちは名刺交換をするのが好きである。

采用集装箱运输，以便提高效率。Cǎiyòng jízhuāngxiāng yùnshū, yǐbiàn tígāo xiàolǜ.

効率を上げるために、コンテナ輸送を採り入れている。

## 7. 为了

（介詞）（目的を表す）～のため；～のために

「…是为了…」（…は…のためである）の形で本文の目的を文の後半に置くこともある。

| 为了让孩子上学，妈妈每天工作。 | Wèile ràng háizi shàngxué, māma měitiān gòngzuò. |

子供を大学に行かせるために、母は毎日仕事をしている。

| 努力学习，是为了更好地工作。 | Nǔlì xuéxí, shì wèile gènghǎo de gōngzuò. |

懸命に勉強するのは、いっそう立派に仕事をするためである。

## 8. 最好

（副詞）できるだけ～したほうがよい；できることなら

| 你最好打的去。 | Nǐ zuìhǎo dǎdī qù. |

できればタクシーで行ってください。

| 去之前，最好先给他打个电话。 | Qù zhīqián, zuìhǎo xiān gěi tā dǎ ge diànhuà. |

行く前に、彼に電話を掛けた方が望ましい。

[訳文]

## 初対面の礼儀

中国人は外国の友人またはお客さんと対面するときには、互いに抱擁する習慣がありません。一般的には握手で歓迎の意を示すのが好きです。たとえ非常

に慣れ親しんでいる旧友が再会するときにも西洋人のように互いに抱擁することはなく、握手を用いて挨拶を表現するのです。

　ビジネス慣習として、お客さんと初対面のときに、中国人は名刺交換をする習慣もあります。名刺には、たとえば、本人の勤め先、肩書、氏名、連絡先などといった重要な情報が書き込まれているので、ビジネスマンたちは後日の連絡を取りやすいために自ら進んでお互いの名刺を交換します。敬意を表すために、両手で名刺を相手方に渡し、または、相手方から名刺を受け取る方がよいでしょう。場合によっては名刺に2つ以上の肩書が記されています。そのようなときには、その人の最初に印刷されている肩書をしっかりと覚えておくと良いでしょう。なぜなら、それが最も重要な肩書きだからです。

　（出所：関道雄編著『基礎実用商務漢語（改訂版）』北京大学出版社、2003年、32-33ページより作成。）

# 第2章

## 宿泊（住宾馆）

## 【会話編】

❖ 馬蓮さんと鈴木さんは一緒にホテルに到着しました。
（马莲和铃木一起来到了旅馆。）

服 务 台： 欢迎光临。
Fúwùtái： Huānyíng guānglín.
フロント： いらっしゃいませ。

马　　莲： 您好！我是马莲。上个星期二我为这位客人预订了房间。麻烦您帮我查一下。
Mǎ lián： Nínhǎo! Wǒ shì Mǎlián. Shàng ge xīngqī'èr wǒ wèi zhè wèi kèren yùdìng le fángjiān. Máfan nín bāng wǒ chá yíxià.
馬　　蓮： こんにちは。私は馬蓮です。先週の火曜日にこのお客様のために予約をしました。お手数をおかけしますが、ご確認くださいませんか。

服 务 台： 您预订的是一间单人房，对吗？
Fúwùtái： Nín yùdìng de shì yì jiān dānrén fáng, duì ma?
フロント： ご予約されたのはシングルルームですね。

马　　莲： 对。
Mǎ lián： Duì.
馬　　蓮： はい、そうです。

服 务 台： 请您的客人填写一下住房登记表。
Fúwùtái： Qǐng nín de kèren tiánxiě yíxià zhùfáng dēngjì biǎo.

## 第2章 宿泊（住宾馆）

| | | |
|---|---|---|
| フロント： | お客様に宿泊登録用紙に記入していただくようお願い致します。 | |
| 马　莲： | 铃木先生，请您填一下这张表。 | |
| Mǎ　lián： | Língmù xiānsheng, Qǐng nín tián yíxià zhè zhāng biǎo. | |
| 馬　蓮： | 鈴木さん、この用紙にご記入ください。 | |
| 铃　木： | 好。（填写后递给服务台）这样写行吗？ | |
| Líng mù： | Hǎo.（Tiánxiě hòu dì gěi fúwùtái） Zhèyàng xiě xíng ma? | |
| 鈴　木： | 分かりました。（記入後、フロントに渡して）このような記入の仕方でよろしかったですか。 | |
| 服 务 台： | 行。 | |
| Fúwùtái： | Xíng. | |
| フロント： | はい、結構です。 | |
| 铃　木： | 一个晚上多少钱？ | |
| Líng mù： | Yí ge wǎnshang duōshǎo qián? | |
| 鈴　木： | （宿泊料は）一泊おいくらになりますか。 | |
| 服 务 台： | 我们是四星级宾馆，档次比较高。一个晚上520元人民币。 | |
| Fúwùtái： | Wǒmen shì sì xīngjí bīnguǎn, dàngcì bǐjiào gāo. Yí ge wǎnshang wǔ bǎi èrshí yuán rénmínbì. | |
| フロント： | こちらは四つ星のホテルで、比較的高いクラスです。一泊520元になります。 | |
| 铃　木： | 有没有便宜一点儿的？ | |
| Líng mù： | Yǒumeiyǒu piányi yìdiǎnr de? | |
| 鈴　木： | 少し安い部屋はありますか。 | |
| 服 务 台： | 没有了。便宜的都住满了。 | |
| Fúwùtái： | Méiyǒu le. Piányi de dōu zhù mǎn le. | |
| フロント： | ありません。安い部屋はすべて満室になりました。 | |
| 马　莲： | 客人需要先付押金吗？ | |
| Mǎ　lián： | Kèren xūyào xiān fù yājīn ma? | |
| 馬　蓮： | お客様は手付金を先に支払う必要がありますか。 | |
| 服 务 台： | 不需要付押金。但是我们要先看一下证件。 | |
| Fúwùtái： | Bù xūyào fù yājīn. Dànshì wǒmen yào xiān kàn yíxià zhèngjiàn. | |

| | |
|---|---|
| フロント： | 手付金を支払う必要はありません。しかし、先に証明書類をチェックさせていただかなければなりません。 |
| 铃　　木： | 这是我的护照。 |
| Líng mù： | Zhè shì wǒ de hùzhào. |
| 鈴　　木： | これが私のパスポートです。 |
| 服 务 台： | 谢谢。这是您的房卡。您的房间号码是2150，在21层。那儿有人帮您拿行李。 |
| Fúwùtái： | Xièxie. Zhè shì nín de fángkǎ. Nín de fángjiān hàomǎ shì èr yāo wǔ líng, zài èrshíyī céng. Nàr yǒu rén bāng nín ná xíngli. |
| フロント： | 有り難うございます。これはお部屋のキーです。お部屋は2150号室で、21階にございます。お荷物を（お部屋に）お持ちする係りの者があちらにおります。 |
| 铃　　木： | 请问，你们有叫早服务吗？ |
| Líng mù： | Qǐngwèn, nǐmen yǒu jiàozǎo fúwù ma? |
| 鈴　　木： | すみませんが、モーニングコールサービスはありますか。 |
| 服 务 台： | 有。 |
| Fúwùtái： | Yǒu. |
| フロント： | ございます。 |
| 铃　　木： | 明天早上您可以叫我起床吗？ |
| Líng mù： | Míngtiān zǎoshang nín kěyǐ jiào wǒ qǐchuáng ma? |
| 鈴　　木： | 明日の早朝、起してもらえますか。 |
| 服 务 台： | 几点？ |
| Fúwùtái： | Jǐ diǎn? |
| フロント： | 何時ですか。 |
| 铃　　木： | 6点半。拜托了。 |
| Líng mù： | Liù diǎn bàn. Bàituō le. |
| 鈴　　木： | 六時半です。お願いします。 |

[新出単語]

1. 光临（名詞/動詞）　　　guānglín　　　　ご光臨、ご来訪
2. 房间（名詞）　　　　　fángjiān　　　　部屋
3. 麻烦（動詞/名詞）　　　máfan　　　　　面倒をかける、手数をかける
4. 帮（動詞）　　　　　　bāng　　　　　　助ける、手伝う
5. 查（動詞）　　　　　　chá　　　　　　 調べる
6. 单人房（名詞）　　　　dānrén fáng　　　シングルルーム
7. 填写（動詞）　　　　　tiánxiě　　　　 書き込む、記入する
8. 住房（名詞）　　　　　zhùfáng　　　　 住宅、宿泊
9. 登记（動詞）　　　　　dēngjì　　　　　登録する、チェックイン
10. 表（名詞）　　　　　 biǎo　　　　　　記入用紙、フォーム
11. 服务台（名詞）　　　 fúwùtái　　　　 フロント
12. 宾馆（名詞）　　　　 bīnguǎn　　　　 ホテル
13. 档次（名詞）　　　　 dàngcì　　　　　等級、ランク
14. 比较（副詞）　　　　 bǐjiào　　　　　比較的に、わりに
15. 满（形容詞）　　　　 mǎn　　　　　　 満ちている、いっぱいである
16. 需要（動詞/名詞）　　 xūyào　　　　　（〜することを）必要とする、〜しなければならない
17. 付（動詞）　　　　　 fù　　　　　　　（お金を）支払う、支出する
18. 押金（名詞）　　　　 yājīn　　　　　　保証金、手付金
19. 证件（名詞）　　　　 zhèngjiàn　　　 証明書類
20. 护照（名詞）　　　　 hùzhào　　　　　パスポート
21. 房卡（名詞）　　　　 fángkǎ　　　　　カード式キー
22. 号码（名詞）　　　　 hàomǎ　　　　　 番号
23. 层（量詞）　　　　　 céng　　　　　　〜階
24. 叫早（名詞）　　　　 jiàozǎo　　　　 モーニングコール
25. 服务（名詞/動詞）　　 fúwù　　　　　　サービス
26. 拜托（動詞）　　　　 bàituō　　　　　お願いする、お頼みする

[文法]

1. 为

（介詞）話者のある行為から利益を受ける者を明らかにする。

　　　A 为 B ＋動詞（＋目的語）　Aは（受益者）Bのために

我为你预订了旅馆。　　　　　Wǒ wèi nǐ yùdìng le lǚguǎn.
　　　　　　　　　　　　　　私はあなたにホテルを予約してあげた。

我在这儿一切都很好，你不用为我担心。
　　　　　　　　　　　　　　Wǒ zài zhèr yíqiè dōu hěn hǎo, nǐ búyòng wèi wǒ dānxīn.
　　　　　　　　　　　　　　こちらはすべて順調ですから、私のために心配しないように。

2. 麻烦 A 帮 B（＋動詞（＋目的語）

（文型）お手数ですが、～をしてくれないか。

麻烦您帮我写一下。　　　　　Máfan nín bāng wǒ xiě yíxià.
　　　　　　　　　　　　　　お手数であるが、ちょっと書いてくれないか。

我没有时间，麻烦你帮我跑一趟。　Wǒ méiyǒu shíjiān, máfan nǐ bāng wǒ pǎo yítàng.
　　　　　　　　　　　　　　私は時間がない。お手数であるが、代わりに行ってきてくれるか。

3. 的

（助詞）（「～的」が名詞の代わりをする）　～の

您预订的是一间单人房，对吗？　Nín yùdìng de shì yì jiān dānrén fáng, duì ma?
　　　　　　　　　　　　　　予約されたのはシングルルームですね。

便宜的都卖完了。　　　　　　Piányi de dōu mài wán le.
　　　　　　　　　　　　　　安い方は全部売り切れになった。

**4. 给**

(介詞)(動詞の後で結果補語に用い、人に) ～与える；～渡す

他填写好表格后递给了服务台。　Tā tiánxiě hǎo biǎogé hòu dì gěi le fúwùtái.
　　　　　　　　　　　　　　　彼は指定用紙に記入し、それをフロントに渡した。

信已经寄给他了。　Xìn yǐjīng jì gěi tā le.
　　　　　　　　　手紙はすでに彼宛に郵送された。

**5. 可以**

(助動詞)(可能を表す) ～できる；～れる；～られる

　また、(許可を表す) ～してもよい；～してもよろしい。「可以」1語だけで質問に答えることができる。単独で否定の答えをするときは「不行」「不成」を用いるが、否定文中では「不可以」でもよい。

明天早上你可以叫我起床吗？　Míngtiān zǎoshang nǐ kěyǐ jiào wǒ qǐchuáng ma?
——可以。　　　　　　　　　——Kěyǐ.
　　　　　　　　　　　　　　明日の早朝、私を起してもらえるか。
　　　　　　　　　　　　　　——いいよ。

这里可以抽烟吗？　Zhèli kěyǐ chōuyān ma?
——不行。　　　　——Bùxíng.
　　　　　　　　　ここでタバコを吸ってもいいか。
　　　　　　　　　——だめだ。

[ドリル]

1. 次の文の下線部をその下部にある語句に置き換えた上で、和訳しなさい。
(1) 昨天我为朋友买了一本书。(昨日、私は友達のために本を一冊買った。)
① 妈妈　孩子　做了一件衣服
② 马莲　铃木　预订了旅馆
(2) 您预订的是一间单人房吗？（あなたが予約した部屋はシングルか。）
① 说　　这个意思
② 最喜欢　这本书

2. 次の単語を並べ替え、正しい文を作りなさい。
　例：晚上 / 多少 / 一个 / 钱？
　　　一个晚上多少钱？　（(宿泊料は) 一泊いくらか。）
① 预订 / 我 / 客人 / 宾馆 / 为 / 上个星期 / 了
② 看 / 我 / 麻烦 / 帮 / 您 / 一下
③ 您 / 一下 / 填写 / 请 / 这 / 表 / 张
④ 叫早 / 你们 / 服务 / 有 / 吗

3. 次の文を中国語に訳しなさい。
　馬蓮さんは先週の火曜日に鈴木さんのためにホテルを予約しました。今日彼女は鈴木さんと一緒にホテルに来て、宿泊の手続きをします。フロントの人は鈴木さんに宿泊登録用紙を渡して記入をするよう伝えました。
　鈴木さんが泊まるのは四つ星のホテルです。ランクがわりと高く、一泊520元かかります。鈴木さんは少し安い部屋がないかと聞いたところ、フロントの人は、安いところはもう満室になったと告げました。今晩、鈴木さんは21階に泊まります。

[解答]

1. (1) ① 昨天妈妈为孩子做了一件衣服。（昨日、お母さんは子供のために服を作った。）

    ② 昨天马莲为铃木预订了旅馆。（昨日、馬蓮さんは鈴木さんのためにホテルを予約した。）

   (2) ① 您说的是这个意思吗？（あなたが言ったのはこの意味か。）

    ② 您最喜欢的是这本书吗？（あなたが一番好きなのはこの本か。）

2. ① 上个星期我为客人预订了宾馆。（先週私はお客様のためにホテルを予約した。）
   ② 麻烦您帮我看一下。（お手数をおかけするが、見ていただけないか。）
   ③ 请您填写一下这张表。（この用紙に記入して欲しい。）
   ④ 你们有叫早服务吗？（モーニングコールサービスはあるか。）

3.　马莲小姐上周星期二为铃木先生预订了宾馆。今天她陪铃木先生来宾馆办理住宿手续。服务台递给铃木先生住房登记表，让他填写。

　　铃木先生住的是四星级宾馆。档次比较高，一个晚上520元人民币。铃木先生问有没有便宜一点儿的房间，服务台告诉他，便宜的房间都住满了。今天晚上铃木先生住21层。

## 【文化・慣習編】

### 外国人在中国住宿时

　　外国人到中国，一般都要住旅馆。根据中国政府的规定，外国人在中国的宾馆、饭店、旅店、招待所、学校等企业、事业单位或者机关、团体及其他中国机构内住宿，应该出示有效护照或者居留证件，并填写临时住宿登记表。

　　如果在中国居民家中住宿，在城市的，必须在到达中国后二十四小时内，由留宿人或本人拿住宿人的护照、证件和留宿人的户籍到当地公安机关申报，填写临时住宿登记表；在农村的，必须在七十二小时内向当地派出所或者户籍办公室申报。

　　如果你打算在中国住宿，最好请旅游公司帮你预订。当然，你也可以自己上网预订。这样的话，你也许能预订到既便宜又舒适的旅馆。

[新出単語]

| | | | |
|---|---|---|---|
| 1. | 根据（介詞） | gēnjù | 〜によれば、〜に基づいて |
| 2. | 政府（名詞） | zhèngfǔ | 政府 |
| 3. | 规定（名詞/動詞） | guīdìng | 規定、規定する、定める |
| 4. | 饭店（名詞） | fàndiàn | ホテル、料理店 |
| 5. | 旅店（名詞） | lǚdiàn | 旅館、宿屋 |
| 6. | 招待所（名詞） | zhāodàisuǒ | 機関・企業体などが来客や公務の出張者を泊めるために設けた宿泊所（寮） |
| 7. | 企业（名詞） | qǐyè | 企業 |
| 8. | 事业（名詞） | shìyè | 事業 |
| 9. | 单位（名詞） | dānwèi | 勤め先、勤務先、所属先 |
| 10. | 机关（名詞） | jīguān | 機関、機構 |
| 11. | 团体（名詞） | tuántǐ | 団体 |

| | | | |
|---|---|---|---|
| 12. | 其他（指示代詞） | qítā | その他の（もの） |
| 13. | 机构（名詞） | jīgòu | 機構 |
| 14. | 住宿（動詞） | zhùsù | 泊まる、寝泊まりをする |
| 15. | 应该（助動詞） | yīnggāi | 〜べきである |
| 16. | 出示（動詞） | chūshì | 呈示する |
| 17. | 有效（形容詞） | yǒuxiào | 有効である、効き目がある |
| 18. | 居留（動詞） | jūliú | 居留（する）、在留（する） |
| 19. | 临时（形容詞） | línshí | 臨時の（に）、一時的な |
| 20. | 居民（名詞） | jūmín | 住民 |
| 21. | 城市（名詞） | chéngshì | 都市 |
| 22. | 必须（助動詞） | bìxū | 必ず〜しなければならない |
| 23. | 到达（動詞） | dàodá | 到着する、着く |
| 24. | 留宿（動詞） | liúsù | 来客を引きとめて宿泊させる |
| 25. | 拿（動詞） | ná | 持つ、取る |
| 26. | 户籍（名詞） | hùjí | 戸籍 |
| 27. | 当地（名詞） | dāngdì | 現地 |
| 28. | 申报（名詞） | shēnbào | 申告する |
| 29. | 农村（名詞） | nóngcūn | 農村 |
| 30. | 派出所（名詞） | pàichūsuǒ | （警察の）派出所 |
| 31. | 办公室（名詞） | bàngōngshì | オフィス、事務室 |
| 32. | 旅游（動詞） | lǚyóu | 観光する、旅行する |
| 33. | 上网（離合詞） | shàng//wǎng | インターネットを始める |
| 34. | 也许（副詞） | yěxǔ | もしかしたら〜かもしれない |
| 35. | 舒适（形容詞） | shūshì | 心地よい、快適である、良い気持ちである |

[文法]

1. 根据……

   （介詞）～によれば、～に基づいて

   根据公司的规定，上班不得迟到、早退。　Gēnjù gōngsī de guīdìng, shàngbān bù dé chídào, zǎotuì.
   会社の規則によれば、出勤においては遅刻・早退をしてはならない。

   根据您的建议，我们做了修改。　Gēnjù nín de jiànyì, wǒmen zuò le xiūgǎi.
   あなたの提案に基づき、われわれは修正を行った。

2. 应该……

   （助動詞）（道理・人情から言って当然）～でなければならない；～べきである
   単独で質問に答えることができる。否定には「不应该」を用いる。「应该」の後には動詞（句）・形容詞（句）・主述句などを置くことができる。

   | 肯定文 | 否定文 | 疑問文 |
   | --- | --- | --- |
   | 作为学生，应该努力学习。 | 作为学生，不应该上课迟到。 | 作为学生，应该做什么？ |
   | Zuòwéi xuésheng, yīnggāi nǔlì xuéxí. | Zuòwéi xuésheng, bù yīnggāi shàngkè chídào. | Zuòwéi xuésheng, yīnggāi zuò shénme? |
   | 学生として、勉強に励むべきである。 | 学生として、授業に遅刻すべきではない。 | 学生として、何をすべきであるか。 |

3. 并

   （接続詞）その上；しかも；そして
   名詞と名詞の接続には用いない。

   他迅速地并准确地回答了问题。　Tā xùnsù de bìng zhǔnquè de huídá le wèntí.
   彼は迅速かつ正確に質問に答えた。

   他去年大学毕业，并参加了工作。　Tā qùnián dàxué bìyè, bìng cānjiā le

gōngzuò.
彼は去年大学を卒業し、そして就職した。

## 4. 如果……

(接続詞)(仮定を表す) もしも；もし～ならば

多くの場合、「那么」「那」「就」などと呼応させる。「如果……(的话)」の部分を複文の後半に置くこともある。多くは書き言葉に用いる。

| | |
|---|---|
| 如果你不努力学习，就会留级。 | Rúguǒ nǐ bù nǔlì xuéxí, jiù huì liújí.<br>あなたは勉強に頑張らなかったら、留年するようになるよ。 |
| 如果你有困难，我可以帮你。 | Rúguǒ nǐ yǒu kùnnan, wǒ kěyǐ bāng nǐ.<br>もし困ったことがあったら、お手伝いする。 |

## 5. 由

(介詞)(動作・行為を請け負う主体・執行者・担い手などを示す) ～によって；～から

| | |
|---|---|
| 现在由老张给大家介绍一下。 | Xiànzài yóu lǎo Zhāng gěi dàjiā jièshào yíxià.<br>いま張さんからみなさんに少し紹介してもらう。 |
| 今天由马莲小姐做翻译。 | Jīntiān yóu Mǎ lián xiǎojiě zuò fānyì.<br>本日は馬蓮さんが通訳をする。 |

## 6. 向

(介詞)(名詞と組み合わせて、動作の方向・相手を表す) ～に向かって；～へ；～に

| | |
|---|---|
| 她向老师借了一本书。 | Tā xiàng lǎoshī jiè le yì běn shū.<br>彼女は先生に一冊の本を借りた。 |
| 我向专家请教了这个问题。 | Wǒ xiàng zhuānjiā qǐngjiào le zhège wèntí. |

私はこの問題について専門家に教えてもらった。

[訳文]

## 外国人が中国で宿泊する場合

　外国人は中国に来たら、ホテルに泊まるのが一般的です。中国政府の規定によれば、外国人は中国のホテル、飯店、旅館、会社の宿泊所、学校など企業・事業体、または機関、団体およびその他の中国における組織内の宿に宿泊する場合には、有効なパスポートあるいは在留証明書を呈示した上で、臨時の宿泊登録用紙に記入しなければなりません。

　中国の住民の家に宿泊する場合には、もし都市部の家に泊まるならば、中国に到着後24時間以内に、ホストまたは本人が宿泊する者のパスポート、証明書類およびホストの戸籍謄本を持って現地の公安機関に申告し、臨時の宿泊登録用紙に記入しなければなりません。もし農村部にいるならば、72時間以内に現地の派出所または戸籍管理部門に申告しなければなりません。

　あなたが中国に宿泊する予定であれば、旅行会社に予約を取ってもらったほうがいいでしょう。もちろん、あなたは自分でインターネットを使って予約をしてもよいでしょう。そうすれば、あなたはもしかしたら安くて、快適なホテルを見つけ、予約を取れるかもしれません。

# 第 3 章

## 銀行で（在银行）

## 【会話編】

❖馬蓮さんが鈴木さんの部屋に来ている。
（马莲来到铃木的房间。）

| | | |
|---|---|---|
| 铃　　木： | 这家宾馆附近有银行吗？ | |
| Líng mù： | Zhè jiā bīnguǎn fùjìn yǒu yínháng ma? | |
| 鈴　　木： | このホテルの近くに銀行がありますか。 | |
| 马　　莲： | 有哇。您要去银行吗？ | |
| Mǎ lián： | Yǒu wa. Nín yào qù yínháng ma? | |
| 馬　　蓮： | あります。あなたは銀行に行きたいですか。 | |
| 铃　　木： | 对。我想换点儿人民币。 | |
| Líng mù： | Duì. Wǒ xiǎng huàn diǎnr rénmínbì. | |
| 鈴　　木： | はい。私は（円を）少し人民元に両替したいです。 | |
| 马　　莲： | 那我陪您去吧。 | |
| Mǎ lián： | Nà wǒ péi nín qù ba. | |
| 馬　　蓮： | それなら、私がお供をしましょう。 | |
| 铃　　木： | 谢谢。离这家宾馆最近的是哪家银行？ | |
| Líng mù： | Xièxie. Lí zhè jiā bīnguǎn zuìjìn de shì nǎ jiā yínháng? | |
| 鈴　　木： | 有り難う。このホテルに一番近いのはどの銀行ですか。 | |
| 马　　莲： | 中国工商银行。 | |
| Mǎ lián： | Zhōngguó gōngshāng yínháng. | |
| 馬　　蓮： | 中国工商銀行です。 | |

铃　　木： 兑换手续复杂吗？
Líng mù： Duìhuàn shǒuxù fùzá ma?
鈴　　木： 両替手続きは複雑ですか。
马　　莲： 不复杂。只要拿护照，并按要求填写一张表格就可以了。
Mǎ lián： Bú fùzá. Zhǐyào ná hùzhào, bìng àn yāoqiú tiánxiě yìzhāng biǎogé jiù kěyǐ le.
馬　　蓮： 複雑ではありません。パスポートさえあれば、指示される通りに一枚の用紙に記入するだけで済みます。
铃　　木： 那我们现在就去，好吗？
Líng mù： Nà wǒmen xiànzài jiù qù, hǎo ma?
鈴　　木： それでは、いますぐ行きましょうか。
马　　莲： 行。我们走吧。
Mǎ lián： Xíng. Wǒmen zǒu ba.
馬　　蓮： そうですね。行きましょう。

2人は銀行のロビーに来ている。
（他们俩来到银行营业大厅。）

营 业 员： 先生，您好！
Yíngyèyuán： Xiānsheng, Nínhǎo!
銀 行 員： お客様、こんにちは。
铃　　木： 我想用日元兑换人民币。
Líng mù： Wǒ xiǎng yòng Rìyuán duìhuàn rénmínbì.
鈴　　木： 私は円を人民元に両替したいです。
营 业 员： 请问，您是用现金，还是用旅行支票兑换人民币？
Yíngyèyuán： Qǐngwèn, Nín shì yòng xiànjīn, háishi yòng lǚxíng zhīpiào duìhuàn rénmínbì?
銀 行 員： すみませんが、あなたは現金で人民元に両替しますか、それとも小切手で人民元に両替しますか。
铃　　木： 用现金。

| | | |
|---|---|---|
| Líng mù： | Yòng xiànjīn. | |
| 鈴　　木： | 現金でお願いします。 | |
| 営 業 員： | 您要换多少钱？ | |
| Yíngyèyuán： | Nín yào huàn duōshǎo qián? | |
| 銀 行 員： | あなたはいくら両替しますか。 | |
| 鈴　　木： | 20万日元。今天的外汇牌价是多少？ | |
| Líng mù： | Èrshí wàn Rìyuán. Jīntiān de wàihuì páijià shì duōshǎo? | |
| 鈴　　木： | 20万円です。今日の為替レートはいくらになりますか。 | |
| 営 業 員： | 100日元兑换5.86元人民币。 | |
| Yíngyèyuán： | Yìbǎi Rìyuán duìhuàn wǔ diǎn bā liù yuán rénmínbì. | |
| 銀 行 員： | 100円は5.86元になります。 | |
| 鈴　　木： | 怎么办理手续呢？ | |
| Líng mù： | Zěnme bànlǐ shǒuxù ne? | |
| 鈴　　木： | 手続きはどうすればよろしいですか。 | |
| 営 業 員： | 请您填写一下兑换单。 | |
| Yíngyèyuán： | Qǐng nín tiánxiě yíxià duìhuàn dān. | |
| 銀 行 員： | 両替用紙へのご記入をお願いします。 | |
| 鈴　　木： | 我这样写，行吗？（说完把20万日元递给营业员。） | |
| Líng mù： | Wǒ zhèyàng xiě, xíng ma? （Shuō wán bǎ èrshí wàn Rìyuán dì gěi yíngyèyuán.） | |
| 鈴　　木： | このような記入の仕方でよかったですか。（話した後、20万円を店員に渡す。） | |
| 営 業 員： | 行是行，不过您还得出示一下您的证件。 | |
| Yíngyèyuán： | Xíng shì xíng, búguò nín hái děi chūshì yíxià nín de zhèngjiàn. | |
| 銀 行 員： | よいことはよいのですが、また身分証明書を見せなければなりません。 | |
| 鈴　　木： | 这是我的护照。 | |
| Líng mù： | Zhè shì wǒ de hùzhào. | |
| 鈴　　木： | これが私のパスポートです。 | |

营 业 员： （接过并确认后）谢谢。按照今天的外汇牌价，应该付给您一万一千七百二十元人民币。请当面清点一下。

Yíngyèyuán： (Jiēguò bìng quèrèn hòu) Xièxie. Ànzhào jīntiān de wàihuì páijià, yīnggāi fù gěi nín yí wàn yì qiān qī bǎi èrshí yuán rénmínbì. Qǐng dāngmiàn qīngdiǎn yíxià.

銀 行 員： （受け取って確認した後）有り難うございます。今日の為替レートに基づけば、お受け取り総額は 11,720 元になります。どうぞご確認ください。

铃　　木： （数过钱后）没错。谢谢你。

Líng mù： (Shǔguò qián hòu) Méicuò. Xièxie nǐ.

鈴　　木： （数えた後に）間違いありません。有り難う。

[新出単語]

| | | | |
|---|---|---|---|
| 1. | 附近（名詞） | fùjìn | 付近、近所 |
| 2. | 银行（名詞） | yínháng | 銀行 |
| 3. | 换（動詞） | huàn | 交換する、換える |
| 4. | 陪（動詞） | péi | お供をする、付き添う、お相手をする |
| 5. | 离（介詞） | lí | 〜から、〜まで |
| 6. | 兑换（動詞） | duìhuàn | 両替する |
| 7. | 复杂（形容詞） | fùzá | 複雑である |
| 8. | 只要（接続詞） | zhǐyào | 〜さえすれば |
| 9. | 按（介詞） | àn | 〜に基づき、〜に準じて |
| 10. | 要求（名詞/動詞） | yāoqiú | 要求する、求める、希望する |
| 11. | 表格（名詞） | biǎogé | 表、記入用紙 |
| 12. | 俩（数詞） | liǎ | 2人、2つ |
| 13. | 营业（名詞/動詞） | yíngyè | 営業（する） |
| 14. | 大厅（名詞） | dàtīng | 大広間、ホール、ロビー |
| 15. | 营业员（名詞） | yíngyèyuán | 店員、銀行員 |
| 16. | 现金（名詞） | xiànjīn | 現金、キャッシュ |
| 17. | 旅行（動詞/名詞） | lǚxíng | 旅行（する） |

| | | | |
|---|---|---|---|
| 18. | 支票（名詞） | zhīpiào | 小切手 |
| 19. | 外汇（名詞） | wàihuì | 外国為替、外貨 |
| 20. | 牌价（名詞） | páijià | 公示相場 |
| 21. | 办理（動詞） | bànlǐ | 取り扱う、処理する |
| 22. | 出示（動詞） | chūshì | 呈示する |
| 23. | 确认（動詞） | quèrèn | 確認する |
| 24. | 付（動詞） | fù | 支払う |
| 25. | 当面（離合詞） | dāngmiàn | 面と向かう、じかに～する |
| 26. | 清点（動詞） | qīngdiǎn | 数をあらためる |
| 27. | 数（動詞） | shǔ | 数える |

[文法]

## 1. 离

（介詞）2点間の空間的・時間的隔たりを表すのに用い、2点間の距離を計る基準を目的語に置く。 ～から；～まで

| | |
|---|---|
| 我家离车站有一公里。 | Wǒ jiā lí chēzhàn yǒu yī gōnglǐ. |
| | 私の家は駅から1キロである。 |
| 广州离香港近，离上海远。 | Guǎngzhōu lí Xiānggǎng jìn, lí Shànghǎi yuǎn. |
| | 広州は香港に近く、上海までは遠い。 |
| 离开会还有两个小时。 | Lí kāihuì hái yǒu liǎng ge xiǎoshí. |
| | 会議が始まるまでまだ2時間ある。 |

## 2. 只要

（接続詞）（必要条件を表す）～さえすれば；～でさえあれば

「只要…就…」の形でよく使われる。「只要」は主語の前にも後にも用いられる。

| | |
|---|---|
| 你只要给我打个电话就行。 | Nǐ zhǐyào gěi wǒ dǎ ge diànhuà jiù xíng. |
| | あなたは私に電話をかけさえすればよい。 |

只要努力学习汉语，你就一定能学会。

|  | Zhǐyào nǔlì xuéxí Hànyǔ, nǐ jiù yídìng néng xuéhuì. |
|---|---|
|  | 中国語の勉強に努力さえすれば、君は必ず習得できる。 |
| 只要你愿意，就可以参加。 | Zhǐyào nǐ yuànyì, jiù kěyǐ cānjiā. |
|  | 君が希望さえすれば、参加してよい。 |

## 3. 按

（介詞）按＋名詞＋動詞　～に基づき；～に準じて；～に応じて

| 中日双方的会谈将按期举行。 | Zhōngrì shuāngfāng de huìtán jiāng ànqī jǔxíng. |
|---|---|
|  | 日中会談は予定通り行われる。 |
| 家庭作业要按时完成。 | Jiātíng zuòyè yào ànshí wánchéng. |
|  | 宿題は時間通りに完成しなければならない。 |
| 我们必须按规定办事。 | Wǒmen bìxū àn guīdìng bànshì. |
|  | われわれは規定に従って処理すべきである。 |

●「按」と「按照」の違い

「按」の類似語たる「按照」の用法は「按」と同じである。ただし、単音節の名詞が続くときには「按照」は用いることができない。

たとえば、

　　按照期限完成　　○

　　按照期完成　　　×

## 4. 还是

（接続詞）（(是)……还是……の形で）選択疑問を表す。～か；それとも～か

| 你（是）上午去，还是下午去？ | Nǐ (shì) shàngwǔ qù, háishi xiàwǔ qù? |
|---|---|
|  | 君は午前中に行くか、それとも午後に行くのか。 |
| 这本书是你的，还是他的？ | Zhè běn shū shì nǐ de, háishi tā de? |

|　| 　この本は君のものか、それとも彼のものか。 |
|---|---|
| 你（是）喝咖啡，还是喝红茶？ | Nǐ（shì）hē kāfēi, háishi hē hóngchá?<br>あなたはコーヒーを飲むか、それとも紅茶にするか。 |

## 5. 怎么

（疑問代詞）（「怎么＋動詞」の形で特殊疑問文に用い、動作の方式を尋ねる場合）どう；どのように；どんな風に〜

| 这个字怎么写？ | Zhè ge zì zěnme xiě?<br>この字はどう書くのか。 |
|---|---|
| 到电车站怎么走？ | Dào diànchē zhàn zěnme zǒu?<br>駅へはどうやって行くのか。 |
| 你是怎么学会汉语的？ | Nǐ shì zěnme xuéhuì Hànyǔ de?<br>あなたはどうやって中国語を習得したのか。 |

## 6. A 是 A，可是/但是/就是……

反転を示す主従複文に用い、後節に「可是」「但是」「就是」などを伴い、「〜であるけれども」と譲歩する。　A は A であるが、〜

| 东西好是好，就是价钱太贵。 | Dōngxi hǎo shì hǎo, jiùshì jiàqián tài guì.<br>品物はよいことはよいが、ただ値段が高すぎる。 |
|---|---|
| 他瘦是瘦，可是从来不生病。 | Tā shòu shì shòu, kěshì cónglái bù shēngbìng.<br>彼は痩せていることは痩せているが、今まで病気になったことがない。 |
| 学汉语有意思是有意思，就是发音太难。 | Xué Hànyǔ yǒu yìsi shì yǒu yìsi, jiùshì fāyīn tài nán.<br>中国語を学ぶことは面白いのは面白いが、発音が難しい。 |

［ドリル］

1. 次の文の下線部をその下部にある語句に置き換えた上で、和訳しなさい。

 (1) 只要有朋友，我就感到幸福。（友達さえいれば、私は幸せだ。）
  ①　　　時間　　　出去散歩
  ②　　　钱　　　　想去留学

 (2) 这件衣服好是好，就是颜色不太喜欢。
  　　（この服は良いことは良いが、色があまり好きではない。）
  ①　这个菜　好吃　好吃　太贵了
  ②　我　　　想去　想去　没有钱

2. 次の単語を並べ替え、正しい文章にした上で全文を和訳しなさい。

 　例：銀行 / 去 / 我 / 要
 　　　我要去銀行。（私は銀行に行きたい。）

 ① 附近 / 饭馆 / 你们 / 吗 / 有 / 学校
 ② 宾馆 / 银行 / 是 / 最 / 的 / 近 / 离 / 这家 / 哪家
 ③ 兑换 / 日元 / 想 / 人民币 / 我 / 用
 ④ 出示 / 您 / 请 / 的 / 证件 / 一下

3. 次の文を中国語に訳しなさい。

　鈴木さんは人民元を持っていません。彼が泊まるホテルの近くには銀行があります。馬蓮さんが彼の部屋を訪れた際に、鈴木さんは円を人民元に両替するために銀行に行きたいと彼女に言いました。そのため、馬蓮さんは鈴木さんを近くの銀行に案内しました。

　本日の円相場は100円＝5.86人民元です。このレートに基づき、鈴木さんは20万円を人民元に両替しました。中国で両替をする際には、パスポートの呈示と両替用紙への記入が必要とされています。

[解答]

1. (1) ① 只要有时间，我就出去散步。　　　（時間さえあれば、私は散歩に出かける。）

    ② 只要有钱，我就想去留学。　　　　　（お金さえあれば、私は留学に行きたい。）

   (2) ① 这个菜好吃是好吃，就是太贵了。　　（この料理はおいしいことは美味しいが、高すぎる。）

    ② 我想去是想去，就是没有钱。　　　　（私は行きたいことは行きたいが、お金がない。）

2. ① 你们学校附近有饭馆吗？　　　　　　（あなたたちの学校の近くにレストランがあるか。）

   ② 离这家宾馆最近的是哪家银行？　　　　（このホテルから一番近いのはどの銀行か。）

   ③ 我想用日元兑换人民币。　　　　　　　（私は円を人民元に両替したい。）

   ④ 请出示一下您的证件。　　　　　　　　（身分証明書をちょっとお見せください。）

3. 　铃木先生没有人民币。他住的宾馆附近有银行。马莲小姐来到他的房间时，铃木先生对她说，想去银行把日元兑换成人民币。所以，马莲小姐陪铃木先生去了附近的银行。

　　今天的日元牌价是 100 日元兑换 5.86 元人民币。按照这个牌价，铃木先生把 20 万日元兑换成了人民币。在中国兑换时，需要出示护照，并填写兑换单。

## 【文化・慣習編】

### 中国的銀行

在中国，银行主要分为政策性银行、国有商业银行、股份制商业银行、城市商业银行、邮政储蓄银行和农商行等其他金融机构。其中，国有商业银行有中国工商银行、中国银行、中国建设银行、中国农业银行和中国交通银行。股份制商业银行有中信银行、中国光大银行、华夏银行、广发银行、招商银行等12家银行。这些银行一般都办理外币兑换业务。

外汇牌价是指两种不同货币之间的比价。在中国，外汇牌价采取用一定数量的外币折合多少人民币的方法挂牌公布。每一种外币都公布4种牌价，即外汇买入价、外汇卖出价、现钞买入价和现钞卖出价。卖出价是银行把外币卖给客户的牌价，也就是客户到银行购买外汇时的牌价；而买入价则是银行向客户买入外汇时的牌价。现汇买入价是银行买入现汇时的牌价，而现钞买入价则是银行买入外币现钞时的牌价。现在，你只要上网，就能在网上看到各银行当天的外汇牌价。

不过，外币兑换业务不是所有的营业厅都能办理。有些城市只有特定的营业厅才能办理外币兑换。要是你想兑换外币，最好先打电话问清楚以后再去。下面这张表是中国银行公布的外汇牌价，你能看懂吗？

中国銀行の為替レート

(単位：人民元)

| 货币名称<br>(通货名称) | 日本語名称 | 现汇买入价<br>(TTB) | 现钞买入价<br>(Cash Buying Rate) | 现汇卖出价<br>(TTS) | 现钞卖出价<br>(Cash Selling Rate) |
|---|---|---|---|---|---|
| 澳大利亚元 | オーストラリア・ドル | 548.49 | 531.57 | 552.35 | 552.35 |
| 巴西里亚尔 | ブラジルレアル |  | 249.08 |  | 272.43 |
| 加拿大元 | カナダ・ドル | 559.26 | 542 | 563.76 | 563.76 |
| 瑞士法郎 | スイス・フラン | 651.3 | 631.2 | 656.54 | 656.54 |
| 丹麦克朗 | デンマーク・クローネ | 105.58 | 102.32 | 106.42 | 106.42 |
| 欧元 | ユーロ | 785.95 | 761.69 | 792.27 | 792.27 |
| 英镑 | 英ポンド | 999.6 | 968.75 | 1006.62 | 1006.62 |

| | | | | | |
|---|---|---|---|---|---|
| 港币 | 香港ドル | 79.04 | 78.41 | 79.34 | 79.34 |
| 印尼卢比 | インドネシアルピア | | 0.0495 | | 0.0531 |
| 日元 | 円 | 5.6228 | 5.4492 | 5.6622 | 5.6622 |
| 韩国元 | ウォン | | 0.5673 | | 0.6152 |
| 澳门元 | マカオ・ドル | 76.83 | 74.25 | 77.12 | 79.59 |
| 林吉特 | リンギ | 189.28 | | 190.6 | |
| 挪威克朗 | ノルウェー・クローネ | 96.35 | 93.38 | 97.13 | 97.13 |
| 新西兰元 | ニュージーランド・ドル | 498.09 | 482.72 | 501.59 | 504.59 |
| 菲律宾比索 | ペソ | 13.73 | 13.31 | 13.85 | 14.27 |
| 卢布 | ルーブル | 15.89 | 15.44 | 16.01 | 16.54 |
| 瑞典克朗 | スウェーデン・クローナ | 85.66 | 83.01 | 86.34 | 86.34 |
| 新加坡元 | シンガポール・ドル | 482.9 | 467.99 | 486.78 | 486.78 |
| 泰国铢 | バーツ | 18.96 | 18.38 | 19.12 | 19.7 |
| 新台币 | 台湾元 | | 19.63 | | 21.05 |
| 美元 | 米ドル | 612.67 | 607.76 | 615.13 | 615.13 |

注：中国での為替レートは、100 の外貨に対して人民元はいくらになるかという形で公表されます。

（出所：中国銀行の HP（http://www.boc.cn/sourcedb/whpj/）（2014 年 9 月 21 日にアクセス）より作成。）

[新出単語]

1. 主要（形容詞）　　　　zhǔyào　　　　主要な、主な、大切な
2. 分为（動詞＋結果補語）　fēnwéi　　　　分けて〜とする、〜に分ける
3. 政策（名詞）　　　　　zhèngcè　　　　政策
4. 性（接尾語）　　　　　xìng　　　　　（非述語形容詞を作る）〜的な
5. 商业（名詞）　　　　　shāngyè　　　　商業
6. 股份（名詞）　　　　　gǔfèn　　　　　株式
7. 制（接尾語）　　　　　zhì　　　　　　（制度を示し）〜制
8. 城市（名詞）　　　　　chéngshì　　　都市
9. 邮政（名詞）　　　　　yóuzhèng　　　郵便（業務）、郵政
10. 储蓄（動詞/名詞）　　chǔxù　　　　　貯蓄する、預金する

| | | | |
|---|---|---|---|
| 11. | 金融（名詞） | jīnróng | 金融 |
| 12. | 一般（形容詞） | yìbān | 一般的に、普通、通常 |
| 13. | 外币（名詞） | wàibì | 外貨 |
| 14. | 指（動詞） | zhǐ | 指す |
| 15. | 货币（名詞） | huòbì | 貨幣、通貨 |
| 16. | 之间（方位詞） | zhī//jiān | 〜の間 |
| 17. | 比价（名詞） | bǐjià | （貨幣などの）交換比率 |
| 18. | 采取（動詞） | cǎiqǔ | 講じる、採る、取る |
| 19. | 方法（名詞） | fāngfǎ | 方法 |
| 20. | 数量（名詞） | shùliàng | 数量 |
| 21. | 折合（動詞） | zhéhé | 〜に換算する、〜に相当する |
| 22. | 挂牌（離合詞） | guà//pái | 値札をつけて価格を公示する |
| 23. | 公布（動詞） | gōngbù | 交付する、公告する |
| 24. | 买入（動詞） | mǎirù | 買い入れる |
| 25. | 卖出（動詞） | màichū | 売りに出す、売り払う |
| 26. | 现钞（名詞） | xiànchāo | 現金 |
| 27. | 把（介詞） | bǎ | 〜を（〜する） |
| 28. | 客户（名詞） | kèhù | 取引先、得意先 |
| 29. | 购买（動詞） | gòumǎi | 購入する |
| 30. | 则（接続詞） | zé | 〜であるがしかし |
| 31. | 现汇（名詞） | xiànhuì | 現金決済外貨 |
| 32. | 当天（名詞） | dāngtiān | 当日 |
| 33. | 所有（形容詞） | suǒyǒu | すべての、あらゆる |
| 34. | 特定（形容詞） | tèdìng | 特定の、一定の |
| 35. | 清楚（形容詞） | qīngchu | はっきりしている、明確である |

[固有名詞]

| | | | |
|---|---|---|---|
| 1. | 农商行 | Nóngshāngháng | 農村商業銀行の略語 |
| 2. | 中国工商银行 | Zhōngguó gōngshāng yínháng | 中国工商銀行 |

| | | | |
|---|---|---|---|
| 3. | 中国银行 | Zhōngguó yínháng | 中国銀行 |
| 4. | 中国建设银行 | Zhōngguó jiànshè yínháng | 中国建設銀行 |
| 5. | 中国农业银行 | Zhōngguó nóngyè yínháng | 中国農業銀行 |
| 6. | 中国交通银行 | Zhōngguó jiāotōng yínháng | 中国交通銀行 |
| 7. | 中信银行 | Zhōngxìn yínháng | 中信銀行 |
| 8. | 中国光大银行 | Zhōngguó guāngdà yínháng | 中国光大銀行 |
| 9. | 华夏银行 | Huáxià yínháng | 華夏銀行 |
| 10. | 广发银行 | Guǎngfā yínháng | 広発銀行 |
| 11. | 招商银行 | Zhāoshāng yínháng | 招商銀行 |

[文法]

1. 分为……

(動詞＋結果補語) 分けて～とする；～に分ける

存款一般分为活期和定期两种。　Cúnkuǎn yībān fēnwéi huóqī hé dìngqī liǎngzhǒng.
預金は通常、普通預金と定期預金の2種類に分けられている。

中国的发票分为哪几种？　Zhōngguó de fāpiào fēnwéi nǎ jǐ zhǒng?
中国の領収書は何種類に分けられているか。

2. 把……

(介詞) 主語＋把＋目的語（名詞）＋述語（動詞）＋その他の成分
(処置を加えて) ～を（～する）

　動詞がその目的語の示す事物に対して何らかの処置を加える、またはその処置によってどのような変化が生じたかを詳しく伝達する場合に用いる。

请把房间打扫一下。　Qǐng bǎ fángjiān dǎsǎo yíxià.
あなたは少し部屋を掃除してください。

你明天把书还给我吧。　Nǐ míngtiān bǎ shū huángěi wǒ ba.
あなたは明日本を私に返してください。

我把房间钥匙弄丢了。　　　　Wǒ bǎ fángjiān yàoshi nòng diū le.
　　　　　　　　　　　　　　私は部屋の鍵を失くした。

## 3. 而……

（接続詞）（語・句・節を接続して反転関係を示し）　～であるがしかし～；
～であるけれども～

我以前不吃纳豆，而现在每天都吃。
　　　　　　　　　　　　　　Wǒ yǐqián bù chī nàdòu, ér xiànzài měitiān dōu chī.
　　　　　　　　　　　　　　以前、私は納豆を食べなかったが、今では毎日食べている。
日本已经是秋天了，而澳大利亚还是春天。
　　　　　　　　　　　　　　Rìběn yǐjīng shì qiūtiān le, ér Àodàlìyà háishì chūntiān.
　　　　　　　　　　　　　　日本はもう秋になったが、オーストラリアはまだ春である。

## 4. 则……

（接続詞）（2つの事柄を対比する場合、しばしば後節に「而……则……」の形で用い）～であるがしかし～

他平时不爱说话，而小组讨论时则话很多。
　　　　　　　　　　　　　　Tā píngshí bú ài shuōhuà, ér xiǎozǔ tǎolùn shí zé huà hěn duō.
　　　　　　　　　　　　　　彼は普段あまり喋らないが、グループによるディスカッションの時にはよく喋る。
中国人喜欢打乒乓球，而日本人则喜欢打棒球。
　　　　　　　　　　　　　　Zhōngguó rén xǐhuan dǎ pīngpāngqiú, ér Rìběn rén zé xǐhuan dǎ bàngqiú.
　　　　　　　　　　　　　　中国人は卓球が好きであるが、日本人は野球が好きである。

## 5. 只有……

（接続詞）（唯一の条件を提示し、一定の結果が実現するにはこの条件が欠かせないことを示し）〜してこそ（そこで初めて〜）；ただ〜だけが（〜である）

後にはよく副詞「才」と呼応する。「还」と呼応することもある。

| | |
|---|---|
| 我只有这一本书没看过。 | Wǒ zhǐyǒu zhè yì běn shū méi kànguo.<br>私はこの本だけをまだ読んでいない。 |
| 只有我才最了解她。 | Zhǐyǒu wǒ cái zuì liǎojiě tā.<br>私だけが彼女のことをよく知っている。 |
| 只有努力工作，才能取得好成绩。 | Zhǐyǒu nǔlì gōngzuò, cáinéng qǔdé hǎo chéngjì.<br>努力して仕事をしてこそ、成績を上げることができる。 |

## 6. 再……

（副詞）ある事柄や動作・行為が別の事柄の後に発生・出現することを示す。（「…之后，再…」の形で用い、〜の後で）また、（「先…（然后）再…」の形で用い、先に〜して）それから

| | |
|---|---|
| 三天之后，你再来。 | Sān tiān zhī hòu, nǐ zài lái.<br>3日してから、またいらっしゃい。 |
| 先讨论一下，然后再作决定。 | Xiān tǎolùn yíxià, ránhòu zài zuò juédìng.<br>先に少し討論し、それから決定をする。 |

[訳文]

## 中国の銀行

　中国の銀行には、大別して政策銀行、国有商業銀行、株式制商業銀行、都市商業銀行、郵政貯蓄銀行と農業商業銀行その他金融機関があります。そのうち、国有商業銀行は、中国工商銀行、中国銀行、中国建設銀行、中国農業銀行と中国交通銀行となっています。株式制商業銀行は、中信銀行、中国光大銀行、華夏銀行、広発銀行、招商銀行などの12行があります。これらの銀行は、一般的に外貨両替を取り扱っています。

　　為替レートとは、異なる通貨間の交換比率です。中国では、為替レートの建値の表示方法は、一定金額の外貨を人民元に換算するといくらになるか（＝自国通貨建て）という方法で公表されます。各主要通貨は4種類の為替レートが掲示板に公表されます。すなわち対顧客電信買相場（TTB）、対顧客電信売相場（TTS）、現金買相場と現金売相場です。売相場とは、銀行が外貨を顧客に売るときに適用されるレートをいいますが、これは顧客が銀行で外貨を買うときのレートでもあります。これに対して、買相場は、銀行が顧客から外貨を買う際に適用するレートを指します。対顧客電信買相場は、銀行が顧客の外貨口座から外貨を買うときに適用されるレートであるのに対して、現金買相場は、銀行が外貨現金を買うときに適用されるレートです。現在、インターネットを利用すれば、ネットで各銀行の当日の為替レートを見ることができるようになっています。

　しかし、各銀行のすべての支店は外貨両替を取り扱っているとは限りません。一部の都市では、特定の営業所でしか外貨が両替できないのです。あなたは外貨を両替したいならば、先に電話でいろいろと聞いてから行ったほうがよいでしょう。次の表は、中国銀行が公表した外国為替相場です。あなたは見たら分かるでしょうか。

# 第4章

## 歓迎会を開く（接风）

## 【会話編】

❖張総経理と鈴木さんは宴会ホールで出会って、あたたかく握手する。
（张总经理和铃木在宴会厅见面后，热情握手。）

张总经理： 铃木先生，您好！欢迎欢迎。
Zhāng zǒngjīnglǐ： Língmù xiānsheng, nínhǎo! Huānyíng huānyíng.
張総経理： 鈴木さん、こんにちは。ようこそいらっしゃいました。

铃　木： 您好！张总经理。谢谢您的邀请。
Líng mù： Nínhǎo! Zhāng zǒngjīnglǐ. Xièxie nín de yāoqǐng.
鈴　木： こんにちは。張総経理。お招きいただきましてどうも有り難うございます。

张总经理： 不用谢。今晚我们设宴为铃木先生接风。
Zhāng zǒngjīnglǐ： Búyòng xiè. Jīnwǎn wǒmen shè yàn wèi Língmù xiānsheng jiēfēng.
張総経理： どういたしまして。今夜は、鈴木さんのために歓迎会を開かせていただきます。

铃　木： 谢谢。
Líng mù： Xièxie.
鈴　木： どうも有り難うございます。

张总经理： 快请入席吧。铃木先生，请坐上座。
Zhāng zǒngjīnglǐ： Kuài qǐng rùxí ba. Língmù xiānsheng, qǐng zuò shàngzuò.

| | |
|---|---|
| 張総経理： | どうぞ早めにご着席ください。鈴木さん、上座へどうぞ。 |
| 鈴　木： | 不敢当。张总经理，您先请。 |
| Líng mù： | Bù gǎn dāng. Zhāng zǒngjīnglǐ, nín xiān qǐng. |
| 鈴　木： | 恐れ入ります。張総経理、お先にどうぞ。 |
| 张总经理： | 别客气。今晚您可是我们的贵宾啊。 |
| Zhāng zǒngjīnglǐ： | Bié kèqi. Jīnwǎn nín kě shì wǒme de guìbīn a. |
| 張総経理： | ご遠慮なさらないでください。今宵はあなたが主賓なのですから。 |
| 铃　木： | 哪里哪里。 |
| Líng mù： | Nǎli nǎli. |
| 鈴　木： | とんでもございません。 |
| 张总经理： | 来，首先请允许我介绍一下。这位是上海G公司的李总。这位是我们公司负责出口业务的副总经理汪扬先生，这位是我们公司出口部许经理。这位是出口部的王先生。这位是马莲小姐。今天由她给我们做翻译。 |
| Zhāng zǒngjīnglǐ： | Lái, shǒuxiān qǐng yǔnxǔ wǒ jièshào yíxià. Zhè wèi shì Shànghǎi G gōngsī de Lǐ zǒng. Zhè wèi shì wǒmen gōngsī fùzé chūkǒu yèwù de fù zǒngjīnglǐ Wāngyáng xiānsheng. Zhè wèi shì wǒmen gōngsī chūkǒu bù Xǔ jīnglǐ. Zhè wèi shì chūkǒu bù de Wáng xiānsheng. Zhè wèi shì Mǎlián xiǎojiě. Jīntiān yóu tā gěi wǒmen zuò fānyì. |
| 張総経理： | さあ、まず少しご紹介させていただきます。こちらは上海G公司の李総経理です。こちらはわが社の輸出業務の責任者である汪揚副総経理です。こちらは輸出部の支配人の許さんです。こちらは馬蓮さんです。本日、彼女がわれわれに通訳をしてくれます。 |
| 铃　木： | 认识各位十分荣幸。以后请多关照。 |
| Líng mù： | Rènshi gèwèi shífēn róngxìng. Yǐhòu qǐng duō guānzhào. |
| 鈴　木： | お会いしてとても光栄です。これからどうぞ宜しくお願いします。 |
| 张总经理： | 铃木先生喝点儿什么？今天我们为您准备了白酒、葡萄酒和啤酒。 |
| Zhāng zǒngjīnglǐ： | Língmù xiānsheng hē diǎnr shénme? Jīntiān wǒmen wèi nín zhǔnbèi le báijiǔ, pútaojiǔ hé píjiǔ. |

第4章 歓迎会を開く（接风）

| | |
|---|---|
| 張総経理： | 鈴木さんは何をお飲みになりますか。本日、私どもはあなたのために白酒、ワインとビールを用意いたしました。 |
| 铃　　木： | 我先来杯啤酒吧。 |
| Líng mù： | Wǒ xiān lái bēi píjiǔ ba. |
| 鈴　　木： | 私は最初にビールをいただきます。 |
| 张总经理： | 好。那我们就先用啤酒敬铃木先生一杯。为欢迎铃木先生，干杯！ |
| Zhāng zǒngjīnglǐ： | Hǎo. Nà wǒmen jiù xiān yòng píjiǔ jìng Língmù xiānsheng yìbēi. Wèi huānyíng Língmù xiānsheng, gānbēi! |
| 張総経理： | 分かりました。それでは、まずビールで乾杯しましょう。鈴木さんを歓迎するために、乾杯！ |

乾杯した後に
（干完杯后）

| | |
|---|---|
| 汪副総経理： | 铃木先生，别光喝酒，请吃菜啊。（说完后往铃木的盘子里夹菜） |
| Wāng fù zǒngjīnglǐ： | Língmù xiānsheng, bié guāng hējiǔ, qǐng chī cài a.（Shuōwán hòu wǎng Língmù de pánzi li jiā cài） |
| 汪副総経理： | 鈴木さん、お酒ばかりを飲まないで、料理を召し上がってくださいね。（話した後に、鈴木さんの皿に料理をとる） |
| 铃　　木： | 谢谢。我自己来。 |
| Líng mù ： | Xièxie. Wǒ zìjǐ lái. |
| 鈴　　木： | 有り難うございます。自分で取りますよ。 |
| 汪副総经理： | 这些都是上海的特色菜，铃木先生吃得惯吗？ |
| Wāng fù zǒngjīnglǐ： | Zhèxiē dōu shì Shànghǎi de tèsè cài, Língmù xiānsheng chī de guàn ma? |
| 汪副総経理： | これらはみな上海の名物料理です。お口に合いますか。 |
| 铃　　木： | 吃得惯。这里的菜很好吃。 |
| Líng mù ： | Chī de guàn. Zhèli de cài hěn hǎochī. |
| 鈴　　木： | 合います。ここの料理はとても美味しいです。 |
| 汪副総経理： | 既然好吃，那就多吃点儿吧。（说完后又给铃木夹菜） |

| | |
|---|---|
| Wāng fù zǒngjīnglǐ： | Jìrán hǎochī, nà jiù duō chī diǎnr ba.（Shuōwán hòu yòu gěi Língmù jiā cài） |
| 汪副総経理： | 美味しく思われるのであれば、どうぞたくさん召し上がって下さい。<br>（話した後、また鈴木さんのために料理を取る） |
| 铃　　木： | （笑着说）够了，够了。这么多好吃的，我都吃不过来了。 |
| Líng mù ： | （Xiào zhe shuō）Gòule, gòule. Zhème duō hǎochī de, wǒ dōu chī bu guòlái le. |
| 鈴　　木： | （笑いながら話す）結構です。もう十分です。これほど美味しい料理は他にないでしょうが、もう食べることができません。 |
| 汪副总经理： | "有朋自远方来，不亦乐乎"嘛。 |
| Wāng fù zǒngjīnglǐ： | "Yǒu péng zì yuǎnfāng lái, bú yì lè hū" ma. |
| 汪副総経理： | 「朋有り遠方より来たる、亦た楽しからずや」ですね。 |
| 铃　　木： | 谢谢。来，我也敬大家一杯。感谢张总经理的盛情款待，并预祝我们的贸易合作圆满成功，干杯！ |
| Líng mù ： | Xièxie. Lái, wǒ yě jìng dàjiā yìbēi. Gǎnxiè Zhāng zǒngjīnglǐ de shèngqíng kuǎndài, bìng yùzhù wǒmen de màoyì hézuò yuánmǎn chénggōng, gānbēi! |
| 鈴　　木： | 有り難う。さあ、私も皆様と乾杯しましょう。張総経理の心のこもったおもてなしに感謝すると同時に、われわれの取引がうまくいくことを祈り、乾杯！ |
| 大　　家： | 干杯！ |
| Dà jiā ： | Gānbēi! |
| 全　　員： | 乾杯！ |

## [新出単語]

| | | | |
|---|---|---|---|
| 1. | 宴会（名詞） | yànhuì | 宴会 |
| 2. | 热情（形容詞） | rèqíng | 心がこもっている、親切である |
| 3. | 邀请（名詞/動詞） | yāoqǐng | 招待する、招く |
| 4. | 设宴（離合詞） | shè//yàn | 酒宴を催す、宴席を設ける |

| | | | |
|---|---|---|---|
| 5. | 接风（動詞） | jiēfēng | （遠来の客のために）歓迎会を開く |
| 6. | 入席（離合詞） | rù//xí | （宴会や儀式などで）着席する |
| 7. | 上座（名詞） | shàngzuò | 上座 |
| 8. | 不敢当（謙辞） | bùgǎndāng | （もてなしを受けたときや褒められたときなどに用い）恐れ入ります、どういたしまして |
| 9. | 贵宾（名詞） | guìbīn | 貴賓 |
| 10. | 首先（副詞） | shǒuxiān | まず初めに、最初に |
| 11. | 允许（動詞） | yǔnxǔ | 許す、許可する、認める |
| 12. | 负责（動詞） | fùzé | 責任を負う、責任を受け持つ |
| 13. | 出口（離合詞） | chū//kǒu | 輸出 |
| 14. | 业务（名詞） | yèwù | 仕事、業務、実務 |
| 15. | 经理（名詞） | jīnglǐ | 支配人、経営者、担当責任者 |
| 16. | 翻译（動詞/名詞） | fānyì | 翻訳する、通訳する |
| 17. | 荣幸（形容詞） | róngxìng | 光栄である、幸運 |
| 18. | 准备（動詞/名詞） | zhǔnbèi | 準備する、用意する |
| 19. | 敬（動詞） | jìng | （酒・茶などで敬意を表して）すすめる、差し上げる |
| 20. | 干杯（離合詞） | gān//bēi | 杯をほす、乾杯する |
| 21. | 光（副詞） | guāng | （範囲を限定する）ただ、だけ |
| 22. | 往（介詞） | wǎng | 〜に向かって、〜の方へ |
| 23. | 盘子（名詞） | pánzi | 皿 |
| 24. | 夹（動詞） | jiā | 挟む、取る |
| 25. | 特色（名詞） | tèsè | 特色、特徴 |
| 26. | 既然（接続詞） | jìrán | 〜したからには、〜である以上 |
| 27. | 够（動詞） | gòu | （必要な数量・程度などに）達する、足りる、十分ある |
| 28. | 感谢（動詞） | gǎnxiè | 感謝する |
| 29. | 盛情（形容詞） | shèngqíng | 厚意、厚情 |
| 30. | 款待（動詞） | kuǎndài | ねんごろにもてなす |

| | | | |
|---|---|---|---|
| 31. | 预祝（動詞） | yùzhù | （～と）なるよう祈る |
| 32. | 合作（動詞） | hézuò | 協力（する）、提携（する） |
| 33. | 圆满（形容詞） | yuánmǎn | 円満である、首尾よく、申し分ない |
| 34. | 成功（動詞） | chénggōng | 成功する |

[文法]

1. 可……

（副詞）平叙文に用いて「確かに～する」「本当に～なのだ」と強調する。また、感嘆文に用いて程度が高いことを強調し、時には誇張の意味を含む。文末に語気助詞「啊」「了」などを伴う。

这个问题可得好好儿研究一下。Zhège wèntí kě děi hǎohāor yánjiū yíxià.
この問題は本当によく検討しなければならない。

这可是一件大事啊！ Zhè kě shì yíjiàn dàshì a!
これは全く一大事だ！

2. 光……

（副詞）（範囲を限定する）ただ；だけ

她光吃菜不吃饭。 Tā guāng chī cài bù chī fàn.
彼女はおかずばかり食べてご飯を食べない。

学汉语光上课不够，还要跟中国人聊天儿。
Xué Hànyǔ guāng shàngkè bú gòu, hái yào gēn Zhōngguó rén liáotiānr.
中国語を勉強するときには、授業に出るだけでは充分ではなく、中国人と会話をしなければならない。

这学期，光学费就交了100万日元。
Zhè xuéqī, guāng xuéfèi jiù jiāo le yì bǎi wàn Rìyuán.
今学期は、学費だけで100万円も払った。

第4章 歓迎会を開く（接风） 51

## 3. 惯

（動詞）（動詞の後に結果補語として用い、その動作が習慣になったことを示し）～し慣れる。

(1) 動詞＋惯

我已经看惯了。　　　　　　　Wǒ yǐjīng kàn guàn le.
　　　　　　　　　　　　　　私はもう見慣れた。
她听惯了妈妈的唠叨。　　　　Tā tīng guàn le māma de láodao.
　　　　　　　　　　　　　　彼女はお母さんの愚痴を聞き慣れている。

(2) 動詞＋得/不＋惯

中国菜我吃得惯，可是筷子用不惯。
　　　　　　　　　　　　　　Zhōngguó cài wǒ chī de guàn, kěshì kuàizi yòng bu guàn.
　　　　　　　　　　　　　　中国料理は口に合うようになったが、箸は使い慣れない。
我喝不惯外国酒。　　　　　　Wǒ hē bu guàn wàiguó jiǔ.
　　　　　　　　　　　　　　私は外国のお酒を飲み慣れていない。

## 4. 既然……

（接続詞）複文の先行する文に用い、すでに実現したかもしくは確実となった前提を述べ、後続する文で前提に基づく結論を出す。多く、「就」「也」「还」などと呼応する。前後2つの文の主語が同一であるときは、通常「既然」を主語の後に置く。

你既然来了，就别走了。　　　Nǐ jìrán lái le, jiù bié zǒu le.
　　　　　　　　　　　　　　来た以上、ここにいなさい。
既然你一定要去，我也不反对。Jìrán nǐ yídìng yào qù, wǒ yě bù fǎnduì.
　　　　　　　　　　　　　　君がどうしても行くというのなら、私もあえて反対しない。
既然你们想看京剧，我就去买票。
　　　　　　　　　　　　　　Jìrán nǐmen xiǎng kàn jīngjù, wǒ jiù qù mǎi piào.

君たちが京劇を見たいのなら、今すぐ私が切符を買いに行く。

## 5. 过来

（方向補語）（「動詞＋得/不＋过来」の形で、時間・空間・数量の上から十分に～できる（できない）ことを示す。忙得（不）过来、看得（不）过来、吃得（不）过来、照顾得（不）过来、数得（不）过来、などがよく用いられる。

活儿不多，我一个人干得过来。 Huór bù duō, wǒ yí ge rén gàn de guò lái.
仕事が多くないので、私は1人で十分にやりきれる。

公园里到处是花，我都看不过来了。 Gōngyuán li dàochù shì huā, wǒ dōu kàn bu guò lái le.
公園は至る所花でいっぱいで、私はもう見きれなくなった。

你又要打工又要学习，忙得过来忙不过来？ Nǐ yòu yào dǎgōng yòu yào xuéxí, máng de guò lái máng bu guò lái?
あなたはバイトと勉強を同時にやらなければなりませんが、そんなに忙しくてやっていけるのか。

## [ドリル]

**1. 次の文の下線部をその下部にある語句に置き換えた上で、和訳しなさい。**

(1) <u>他</u>光<u>喝酒</u>不<u>吃菜</u>。（彼はお酒ばかり飲んでおかずを食べない。）
① 她　吃菜　吃饭
② 他　玩儿　学习

(2) 我<u>吃</u>惯了<u>妈妈做的菜</u>。（私は母が作った料理を食べ慣れている。）
① 　用　　这台电脑　（电脑 diànnǎo：パソコン）
② 　坐　　这张沙发　（沙发 shāfā：ソファー）
③ 　睡　　这张床　　（床 chuáng：ベッド）

**2. 次の単語を並べ替え、正しい文章にした上で全文を和訳しなさい。**

　例：　荣幸 ／ 认识 ／ 十分 ／ 各位
　　认识各位十分荣幸。（お会いしてとても光栄である。）
① 为 ／ 铃木先生 ／ 张总经理 ／ 接风 ／ 今晚
② 由 ／ 我 ／ 明天 ／ 翻译 ／ 做
③ 上海 ／ 是 ／ 特色 ／ 这 ／ 些 ／ 菜 ／ 的 ／ 都
④ 成功 ／ 我们 ／ 贸易 ／ 圆满 ／ 的 ／ 预祝 ／ 合作

**3. 次の文を中国語に訳しなさい。**

　今晩、張総経理は鈴木さんのために歓迎会を開きます。鈴木さんは張総経理の招待に感謝の意を表します。鈴木さんが着席した後に、張総経理はその場にいる皆さんを鈴木さんに紹介しました。鈴木さんは皆さんにどうぞ宜しくお願いします、と挨拶しました。本日は馬蓮さんが通訳をします。
　張総経理は鈴木さんのために美味しいお酒を用意しました。彼らは鈴木さんを歓迎する意を表すために、最初にビールで乾杯しました。彼らが行ったのは上海料理店でした。晩餐会は非常に豪華なものでした。

[解答]

1. (1) ① 她光吃菜不吃饭。　　（彼女はおかずばかり食べてご飯を食べない。）
　　　② 他光玩儿不学习。　　（彼は遊んでばかりいて勉強をしない。）
　(2) ① 我用惯了这台电脑。　（私はこのパソコンを使い慣れた。）
　　　② 我坐惯了这张沙发。　（私はこのソファーに座り慣れた。）
　　　③ 我睡惯了这张床。　　（私はこのベッドに寝慣れました。）


2. ① 今晚张总经理为铃木先生接风。
　　　　　　　　　　　　（今夜は、張総経理は鈴木さんのために歓迎会を開いた。）
　② 明天由我做翻译。　　　（明日、私が通訳をする。）
　③ 这些都是上海的特色菜。（これらはみな上海の名物料理だ。）
　④ 预祝我们的贸易合作圆满成功。
　　　　　　　　　　　　（われわれの取引がうまくいくことを祈る。）


3. 今晚张总经理为铃木先生接风。铃木先生感谢张总经理的盛情邀请。铃木先生入席后，张总经理向铃木先生介绍了在场的人。铃木先生请大家多多关照。今天由马莲做翻译。
　　张总经理为铃木先生准备了美酒。为欢迎铃木先生，他们先用啤酒干杯。他们去的是上海菜馆。晚宴非常丰盛。

# 【文化・慣習編】

## 宴会服务礼节

　　在中国，涉外宴请，经常采用中西餐结合的办法。因此餐桌上既摆放刀叉，也摆放筷子。因为，如果送上一道牛排，用筷子吃会很不方便。同样，如果是切好的烤鸭，客人用筷子吃更方便。

　　宴会开始前5分钟，服务员端上菜单中规定的冷盘，斟上酒类。但饮料，比如水或啤酒等，必须等待客人座好，征得同意后，才可斟上。

　　餐巾通常折叠成型，放在盘子上或塞在水杯内。餐巾不可用来擦脸，更不可用餐巾擦餐具。对主人来说，这是很失礼的行为。热毛巾是供客人就餐中擦手用。讲究的场合，会上两次热毛巾。具体地说，宴会开始，送上第一道热毛巾，用于擦脸、擦手；宴会结束，再次送上毛巾，则是用来擦嘴，不可擦脸、擦汗。

　　上菜的顺序是冷盘-汤-热菜-甜食-水果。服务员布菜，先客人后主人，先女宾后男宾，先主要客人，后其他客人。斟酒时，烈性酒酒杯小，斟至八成为好，葡萄酒斟至五成为宜。酒杯太满，与人干杯，固然豪爽，但是少了文雅；而酒太少，又会显得没有诚意。

　　（资料来源：《人民日报海外版》2013年7月20日第6版 http://paper.people.com.cn/rmrbhwb/html/2013-07/20/content_1271135.htm，作者：原外交部礼宾司参赞马保奉。有删改。）

## ［新出単語］

| 1. | 涉外（名詞） | shèwài | 外交にかかわる、外国（人）とかかわる |
| 2. | 宴请（動詞） | yànqǐng | 招宴する |
| 3. | 采用（動詞） | cǎiyòng | 採用する、採り入れる |
| 4. | 中餐（名詞） | zhōngcān | 中国料理 |
| 5. | 西餐（名詞） | xīcān | 西洋料理、洋食 |
| 6. | 结合（動詞） | jiéhé | 結びつける、結合する |

| | | | |
|---|---|---|---|
| 7. | 因此（接続詞） | yīncǐ | それゆえ、したがって |
| 8. | 餐桌（名詞） | cānzhuō | 食卓、ディナーテーブル |
| 9. | 摆放（動詞） | bǎifàng | 据える、安置する、設える |
| 10. | 刀叉（名詞） | dāochā | ナイフとフォーク |
| 11. | 筷子（名詞） | kuàizi | 箸 |
| 12. | 道（量詞） | dào | 回数、度 |
| 13. | 牛排（名詞） | niúpái | ビーフステーキ |
| 14. | 切（動詞） | qiē | 切る |
| 15. | 烤鸭（名詞） | kǎoyā | ローストダック |
| 16. | 端（動詞） | duān | （両手または片手でものを）水平に保つようにして持つ、捧げ持つ |
| 17. | 菜单（名詞） | càidān | メニュー |
| 18. | 冷盘（名詞） | lěngpán | 前菜、オードブル |
| 19. | 斟（動詞） | zhēn | （酒や茶を）つぐ、注ぐ |
| 20. | 饮料（名詞） | yǐnliào | 飲料、飲み物 |
| 21. | 等待（動詞） | děngdài | 待つ、待機する |
| 22. | 征得（動詞） | zhēngdé | （賛同を）求めて（同意を）得る |
| 23. | 同意（名詞/動詞） | tóngyì | 同意（する）、賛成（する） |
| 24. | 餐巾（名詞） | cānjīn | ナプキン |
| 25. | 折叠（動詞） | zhédié | 折り畳む、畳む |
| 26. | 放（動詞） | fàng | 置く |
| 27. | 塞（動詞） | sāi | 詰める、押し込む |
| 28. | 擦（動詞） | cā | 拭く、ぬぐう、こする |
| 29. | 脸（名詞） | liǎn | 顔 |
| 30. | 餐具（名詞） | cānjù | 食器 |
| 31. | 失礼（動詞） | shīlǐ | 礼を失する、礼を欠く |
| 32. | 行为（名詞） | xíngwéi | 行為、行動 |
| 33. | 毛巾（名詞） | máojīn | タオル |
| 34. | 供（動詞） | gōng | （便宜を）供する、提供する |
| 35. | 就餐（動詞） | jiùcān | 食事をする、食事をとる |

| | | | |
|---|---|---|---|
| 36. | 手（名詞） | shǒu | 手 |
| 37. | 讲究（動詞/形容詞） | jiǎngjiu | 重んじる、凝っている |
| 38. | 具体（形容詞） | jùtǐ | 具体的である |
| 39. | 结束（動詞） | jiéshù | 終わる、打ち切る、けりをつける |
| 40. | 嘴（名詞） | zuǐ | 口 |
| 41. | 汗（名詞） | hàn | 汗 |
| 42. | 顺序（名詞） | shùnxù | 順序、手順 |
| 43. | 汤（名詞） | tāng | スープ、吸い物 |
| 44. | 甜食（名詞） | tiánshí | 甘い食品 |
| 45. | 水果（名詞） | shuǐguǒ | フルーツ、果物 |
| 46. | 布菜（離合詞） | bù//cài | （料理を客に）取り分ける |
| 47. | 侧（名詞） | cè | かたわら、わき |
| 48. | 依次（副詞） | yīcì | 順次、順を追って、 |
| 49. | 烈性（形容詞） | lièxìng | 急性の、強力な、激烈な |
| 50. | 酒杯（名詞） | jiǔbēi | グラス、杯 |
| 51. | 成（量詞/動詞） | chéng | 1割、10分の1、〜になる、〜となる |
| 52. | 宜（形容詞） | yí | 適している、適当である |
| 53. | 固然（接続詞） | gùrán | もとより（〜であるが）、むろん（〜であるが） |
| 54. | 豪爽（形容詞） | háoshuǎng | 太っ腹である、さっぱりしている |
| 55. | 文雅（形容詞） | wényǎ | （言葉遣いや態度が）上品である、高尚である、優雅である |
| 56. | 显得（動詞） | xiǎnde | 〜のように見える |
| 57. | 诚意（名詞） | chéngyì | 誠意、真心 |

[文法]

1. 既……也……

（副詞）（2つの性質や状況が同類であることを示し）〜であり（〜でもある）

我们既要看到成绩，也要看到缺点。　Wǒmen jì yào kàn dào chéngjì, yě yào kàn dào quēdiǎn.
われわれは成果を見なければならないし、欠点も見なければならない。

北京的秋天既不热，也不冷，很舒服。　Běijīng de qiūtiān jì bú rè, yě bù lěng, hěn shūfu.
北京の秋は、暑くもなく寒くもなく、とても快適である。

她既懂汉语，也懂英语。真棒！　Tā jì dǒng Hànyǔ, yě dǒng Yīngyǔ. Zhēn bàng!
彼女は中国語もできるし、英語もできる。本当に素晴らしい！

2. 比如

（動詞）（例を挙げて説明する時に例の前に用い）たとえば；〜など

中国有些地方，比如广东、福建等地，很少下雪。
Zhōngguó yǒuxiē dìfang, bǐrú Guǎngdōng, Fújiàn děng dì, hěn shǎo xià xuě.
中国の一部の地方、たとえば、広東、福建などでは、めったに雪が降らない。

我很喜欢吃中国菜，比如饺子、炒饭等。
Wǒ hě xǐhuan chī Zhōngguó cài, bǐrú jiǎozi, chǎofàn děng.
私は中国料理がとても好きである。たとえば、餃子、チャーハンなど。

比如说我吧，……　Bǐrú shuō wǒ ba,……

たとえば私の場合であるが～

## 3. 必须

（助動詞）

(1) （事実からいって）必ず～しなければならない

| | |
|---|---|
| 学生必须认真学习。 | Xuésheng bìxū rènzhēn xuéxí. |
| | 学生は真剣に学ばなければならない。 |
| 这些生词，你必须都记住。 | Zhèxiē shēngcí, nǐ bìxū dōu jì zhù. |
| | これらの新出単語を、あなたは全部暗記しなければならない。 |

(2) （命令の語気を強調して）ぜひとも～しなければならない

| | |
|---|---|
| 明天你必须来。 | Míngtiān nǐ bìxū lái. |
| | 明日君はぜひとも来なければならない。 |
| 必须叫他来。 | Bìxū jiào tā lái. |
| | ぜひ彼に来てもらわなければならない。 |

(3) 否定形は「不必」「无须」を用いる。

| | |
|---|---|
| 你不必着急。 | Nǐ búbì zháojí. |
| | あなたは心配しなくてもよい。 |
| 我已经知道了，你无须再说了。 | Wǒ yǐjīng zhīdao le, nǐ wúxū zài shuō le. |
| | 私はもう知っているので、あなたはこれ以上話す必要はない。 |

## 4. 对……来说

（文型）（主題を強調する）～について言えば；～にとっては
「对于……来说」を用いることもある。

| | |
|---|---|
| 对我们学生来说，最重要的是学习。 | Duì wǒmen xuésheng láishuō, zuì zhòngyào de shì xuéxí. |
| | われわれ学生についていえば、最重要なのは学ぶことである。 |
| 对我们来说，没有克服不了的困难。 | Duì wǒmen láishuō, méiyǒu kèfú bùliǎo |

de kùnnan.
われわれにとって、克服できない困難はない。

## 5. 固然

（接続詞）（「固然……但是/可是/却……」の形で、ある事実を承認しておきながら次にそれとくい違う事実を述べる場合）もとより～であるが（しかし～）

这样做固然好，可是太浪费时间了。　Zhèyàng zuò gùrán hǎo, kěshì tài làngfèi shíjiān le.
このようにする方がもちろん良いが、しかし、それではあまりにも時間を浪費することになる。

你的话固然不错，但是不一定能实现。　Nǐ de huà gùrán búcuò, dànshì bù yídìng néng shíxiàn.
君の話はもちろん間違っていないが、しかし実現できるとは限らない。

［訳文］

## 宴会時のサービスマナー

　中国では、外国人を招待するための宴会を催す際に、しばしば中洋折衷の方法を採り入れます。したがって、食卓にはナイフとフォークを並べ、お箸も用意します。なぜなら、もしビーフステーキのような料理が出された場合、お箸を使用してはとても不便になるからです。同様に、もし切り分けられた北京ダックであれば、ゲストはお箸を使用する方が便利でしょう。

　宴会開始の5分前、給仕はメニューに書かれた前菜を持ち運び、アルコール類を注ぎます。しかし、飲み物、たとえば、水やビール等は必ずゲストが着席し、同意を得たうえで、給仕ははじめて注ぎ入れることができるのです。

　ナプキンは、一般的に特定の形に折り畳められ、お皿の上に置かれるか、グ

ラスの中に詰め込まれます。ナプキンで顔を拭くことはタブーとされ、ナプキンで食器を拭くのはなおさらのことです。ホストにとっては、これはとても失礼な行為です。温かいタオルはゲストが食事中に手を拭くために用意されたものです。こだわる場合には、宴会の席上で2回にわたって温かいタオルが渡されます。具体的には、宴会開始の際には、顔や手を拭くために1回目の温かいタオルを手渡されます。そして、宴会終了の際には、再び温かいタオルが手渡され、口を拭くことに使われます。顔を拭いたり、汗を拭いたりしてはいけません。

　料理を出す順番は前菜、スープ、温かい料理、デザート、フルーツです。給仕は、先にゲスト、次いでホストに、先に女性ゲスト、それから男性ゲストに、そして先にメインゲスト、それからサブゲストにという順番で料理を取り分けます。お酒を注ぐときですが、アルコール度数が高いお酒を注ぐ場合には、お猪口を用いて、それに八分目ぐらい注ぐ方が良いでしょう。ワインなら、(ワイングラスの) 半分ほど注ぐのが適当でしょう。前者の場合、お猪口になみなみと注げば、人と乾杯するときにもちろん豪快でしょうが、上品さにかけます。逆にお酒が少なすぎると、今度は誠意がないように見えるでしょう。

　（出所：元外交部儀典局参事官　馬保奉「宴会服務礼節（宴会時のサービスマナー）」2013年7月20日付『人民日報』（第6面）（http://paper.people.com.cn/rmrbhwb/html/2013-07/20/content_1271135.htm）より作成。）

# 第5章

## 引き合い（询价）

## 【会話編】

❖中国 ABC 公司の会議室で
（在中国 ABC 公司的会议室）

| | |
|---|---|
| 许　经　理： | 铃木先生，昨天晚上休息得好吗？ |
| Xǔ jīnglǐ： | Língmù xiānsheng, zuótiān wǎnshang xiūxi de hǎo ma? |
| 許支配人： | 鈴木さん、昨日の夜はよく眠れましたか。 |
| 铃　　木： | 休息得很好。谢谢贵公司的周到安排。 |
| Líng mù： | Xiūxi de hěnhǎo. Xièxie guì gōngsī de zhōudào ānpái. |
| 鈴　　木： | ぐっすり眠れましたよ。貴社の周到な手配に感謝しています。 |
| 许　经　理： | 不客气。这是我们应该做的。铃木先生，我们寄给您的产品目录和报价单，您看了以后觉得怎么样？ |
| Xǔ jīnglǐ： | Bú kèqi. Zhèshì wǒmen yīnggāi zuò de. Língmù xiānsheng, Wǒmen jì gěi nín de chǎnpǐn mùlù hé bàojià dān, nín kàn le yǐhòu juéde zěnmeyàng? |
| 許支配人： | どういたしまして。われわれは当たり前のことをしただけです。鈴木さん、われわれがお送りした製品のカタログと見積書をご覧になられて、ご感想は如何でしたか。 |
| 铃　　木： | 我们对女式衬衫和套装很感兴趣。我这次正是为这件事才来的。想和你们当面商谈一下。 |
| Líng mù： | Wǒmen duì nǚ shì chènshān hé tàozhuāng hěn gǎn xìngqù. Wǒ zhè cì zhèngshì wèi zhè jiàn shì cái lái de. Xiǎng hé nǐmen |

| | |
|---|---|
| | dāngmiàn shāngtán yíxià. |
| 鈴　　木： | 弊社では女性用のシャツとスーツに大変興味を持っており、今回、私はまさしくこの件のために来たのです。皆さまに直にお会いして商談するつもりでした。 |
| 许 经 理： | 谢谢。您要是有什么要求，请尽管说。 |
| Xǔ jīnglǐ： | Xièxie. Nín yàoshi yǒu shénme yāoqiú, qǐng jǐnguǎn shuō. |
| 許支配人： | 有り難うございます。何かご要望がございましたら、どうぞお申し付けください。 |
| 铃　　木： | 根据我们进口商品的惯例，先要了解一下商品的品质，然后凭样品买卖。 |
| Líng mù： | Gēnjù wǒmen jìnkǒu shāngpǐn de guànlì, xiān yào liǎojiě yíxià shāngpǐn de pǐnzhì, ránhòu píng yàngpǐn mǎimài. |
| 鈴　　木： | 弊社で商品を輸入する際の習慣により、まず商品の品質を把握しなければなりません。それからサンプルで取引をします。 |
| 许 经 理： | 没问题。我马上就让人把样品给您送来。 |
| Xǔ jīnglǐ： | Méi wèntí. Wǒ mǎshàng jiù ràng rén bǎ yàngpǐn gěi nín sòng lái. |
| 許支配人： | 大丈夫です。すぐにサンプルを持ってくるように手配いたします。 |
| 铃　　木： | 太好了。 |
| Líng mù： | Tài hǎo le. |
| 鈴　　木： | それなら、よかったです。 |

鈴木さんがサンプルを見た後
（铃木先生看了样品以后）

| | |
|---|---|
| 许 经 理： | 铃木先生，您看了我们的样品以后，印象怎么样？ |
| Xǔ jīnglǐ： | Língmù xiānsheng, Nín kàn le wǒmen de yàngpǐn yǐhòu, yìnxiàng zěnmeyàng? |
| 許支配人： | 鈴木さん、我々のサンプルをご覧になられた印象はいかがでしょうか。 |

| 鈴　　木： | 坦率地说，样式和质量，我都比较满意。就是规格和种类少了一点儿。 |
| --- | --- |
| Líng mù： | Tǎnshuài de shuō, yàngshì hé zhìliàng, wǒ dōu bǐjiào mǎnyì. Jiùshi guīgé hé zhǒnglèi shǎo le yìdiǎnr. |
| 鈴　　木： | 率直に申し上げますと、デザインと品質は、比較的に満足しております。しかし、規格と種類が少し足りません。 |
| 許　経　理： | 这个好说。如果您订购的话，我们可以和厂家协商。同时，我们还接受来样加工。 |
| Xǔ jīnglǐ： | Zhège hǎoshuō. Rúguǒ nín dìnggòu dehuà, wǒmen kěyǐ hé chǎngjiā xiéshāng. Tóngshí, wǒmen hái jiēshòu láiyàng jiāgōng. |
| 許支配人： | その点は問題ありません。もしご注文いただけるようであれば、その点についてメーカーと協議することができます。同時に、委託加工もお引受けいたします。 |
| 鈴　　木： | 只要规格齐全、质量符合要求，我打算订购。衬衫，打算订购 5 个花色品种，各 1000 件；套装，打算订购 10 个花色品种，各 1500 套。 |
| Líng mù： | Zhǐyào guīgé qíquán, zhìliàng fúhé yāoqiú, wǒ dǎsuàn dìnggòu. Chènshān, dǎsuàn dìnggòu wǔ ge huāsè pǐnzhǒng, gè yì qiān jiàn; tàozhuāng, dǎsuàn dìnggòu shí ge huāsè pǐnzhǒng, gè yì qiān wǔ bǎi tào. |
| 鈴　　木： | 規格さえ揃えば、そして品質も要求にかなえば、私は注文するつもりです。シャツであれば、5 種類で各 1000 枚を、スーツであれば、10 種類で各 1500 セットを注文するつもりです。 |
| 許　経　理： | 谢谢。我相信，我们的产品一定会让您感到满意的。 |
| Xǔ jīnglǐ： | Xièxie. Wǒ xiāngxìn, wǒmen de chǎnpǐn yídìng huì ràng nín gǎndào mǎnyì de. |
| 許支配人： | 有り難うございます。われわれの製品ならきっとご満足いただけることでしょう。 |
| 鈴　　木： | 关于报价，贵公司在报价单上报的是横滨到岸价（CIF Yokohama）。我们希望报货交承运人（FCA Shanghai）价格。 |
| Líng mù： | Guānyú bàojià, guì gōngsī zài bàojià dān shang bào de shì |

| | | |
|---|---|---|
| | | Héngbīn dào'àn jià (CIF Yokohama). Wǒmen xīwàng bào huò jiāo chéngyùnrén (FCA Shanghai) jiàgé. |
| 鈴　木： | | 見積価格については、御社が見積書において提示しているのはCIF Yokohama 価格ですが、弊社は FCA Shanghai 価格を提示していただきたいので、よろしくお願いします。 |
| 许 经 理： | | 可以。我们下午就把新的报价单给您。 |
| Xǔ jīnglǐ： | | Kěyǐ. Wǒmen xiàwǔ jiù bǎ xīn de bàojià dān gěi nín. |
| 許支配人： | | かしこまりました。午後には新しい見積書をお渡しいたします。 |
| 铃　木： | | 谢谢。希望在价格上能够尽量给予我们优惠。 |
| Líng mù： | | Xièxie. Xīwàng zài jiàgé shang nénggòu jǐnliàng jǐyǔ wǒmen yōuhuì. |
| 鈴　木： | | 有り難うございます。できるかぎりよい価格条件のオファーをお願い致します。 |
| 许 经 理： | | 好。我们会尽力而为的。哟，快12点了。我们下午再继续谈吧。 |
| Xǔ jīnglǐ： | | Hǎo. Wǒmen huì jìn lì ér wéi de. Yō, kuài shí'èr diǎn le. Wǒmen xiàwǔ zài jìxù tán ba. |
| 許支配人： | | 了解しました。できる限り頑張ります。もうすぐ12時になりますね。午後に引き続き話し合いましょう。 |
| 铃　木： | | 好。下午再谈吧。 |
| Líng mù： | | Hǎo. Xiàwǔ zài tán ba. |
| 鈴　木： | | 結構ですよ。午後にまた話しましょう。 |

[新出単語]

1. 询价（動詞）　　　　xúnjià　　　　　引き合い
2. 会议室（名詞）　　　huìyìshì　　　　会議室
3. 休息（動詞）　　　　xiūxi　　　　　　休む、休憩する、眠る
4. 周到（形容詞）　　　zhōudào　　　　周到である、行き届いている
5. 寄（動詞）　　　　　jì　　　　　　　　郵送する
6. 产品（名詞）　　　　chǎnpǐn　　　　製品、商品
7. 目录（名詞）　　　　mùlù　　　　　　目録、カタログ

| | | | |
|---|---|---|---|
| 8. | 报价（離合詞） | bào//jià | オファー、申込み |
| 9. | 单（名詞） | dān | 書きつけ、リスト |
| 10. | 衬衫（名詞） | chènshān | シャツ、ブラウス |
| 11. | 套装（名詞） | tàozhuāng | スーツ（女性のスーツをさすことが多い） |
| 12. | 当面（離合詞） | dāng//miàn | 面と向かう、じかに〜する |
| 13. | 商谈（動詞） | shāngtán | 話し合いをする、打ち合わせる |
| 14. | 要是（接続詞） | yàoshi | もし、もしも〜なら |
| 15. | 尽管（副詞） | jǐnguǎn | かまわずに、遠慮なく、いくらでも |
| 16. | 根据（介詞） | gēnjù | 〜によれば、〜に基づいて |
| 17. | 惯例（名詞） | guànlì | 慣例、しきたり |
| 18. | 了解（動詞） | liǎojiě | 理解する、わかる、知る |
| 19. | 品质（名詞） | pǐnzhì | 品質 |
| 20. | 然后（副詞） | ránhòu | その後、それから |
| 21. | 凭（介詞） | píng | 〜で、〜によって、〜を根拠に、〜に基づいて |
| 22. | 样品（名詞） | yàngpǐn | サンプル |
| 23. | 买卖（名詞） | mǎimài | 商売、商い |
| 24. | 问题（名詞） | wèntí | 問題 |
| 25. | 马上（副詞） | mǎshàng | すぐに、直ちに |
| 26. | 让（動詞） | ràng | 〜に〜させる、〜させておく、〜するようにいう |
| 27. | 印象（名詞） | yìnxiàng | 印象、イメージ |
| 28. | 坦率（形容詞） | tǎnshuài | 率直である、腹蔵がない |
| 29. | 样式（名詞） | yàngshì | デザイン、書式、型、スタイル |
| 30. | 质量（名詞） | zhìliàng | 品質 |
| 31. | 满意（形容詞） | mǎnyì | （意にかなって）うれしく思う、満足する |
| 32. | 规格（名詞） | guīgé | （製品の）規格 |
| 33. | 种类（名詞） | zhǒnglèi | 種類 |

| | | | |
|---|---|---|---|
| 34. | 好说（形容詞） | hǎoshuō | たいした問題ではない、大丈夫だ |
| 35. | 订购（動詞） | dìnggòu | 発注する、注文する |
| 36. | 厂家（名詞） | chǎngjiā | メーカー、製造業者 |
| 37. | 协商（動詞） | xiéshāng | 協議する、相談する |
| 38. | 接受（動詞） | jiēshòu | 受け取る、引き受ける、受け入れる |
| 39. | 加工（動詞） | jiāgōng | 加工する |
| 40. | 齐全（形容詞） | qíquán | 揃っている、そろえてある |
| 41. | 符合（動詞） | fúhé | 符合する、一致する |
| 42. | 打算（動詞/名詞） | dǎsuàn | 〜するつもりだ、〜する予定だ |
| 43. | 相信（動詞） | xiāngxìn | 信じる、信用する |
| 44. | 感到（動詞） | gǎndào | 感じる、思う |
| 45. | 希望（動詞） | xīwàng | 希望する、望む |
| 46. | 价格（名詞） | jiàgé | 価格、値段 |
| 47. | 尽量（副詞） | jǐnliàng | できるだけ、極力、なるべく |
| 48. | 给予（動詞） | jǐyǔ | （書面語）与える |
| 49. | 优惠（形容詞） | yōuhuì | 特恵の、優遇した |
| 50. | 尽力（離合詞） | jìn//lì | 全力を尽くす |
| 51. | 再（副詞） | zài | 再び、もう一度、引き続き |
| 52. | 继续（動詞） | jìxù | 続く、継続する、続ける |
| 53. | 谈（動詞） | tán | 話す、話し合う |

[固有名詞]

| | | | |
|---|---|---|---|
| 1. | 来样加工 | lái yàng jiāgōng | デザインや型紙を引き渡し、中国企業は原材料を自己調達するので原材料費用と加工賃を要求すること |
| 2. | 到岸价 | dào'àn jià | 運賃保険料込み値段（CIF） |
| 3. | 货交承运人 | huò jiāo chéngyùnrén | 運送人渡し値段（FCA） |

## [文法]

### 1. 程度補語　得

（助詞）（動詞や形容詞の後に用い、結果・程度を表す補語を導く）　～は～するのが～である

(1) 主語＋動詞＋得＋形容詞

他的汉字写得很漂亮。　　Tā de Hànzì xiě de hěn piàoliang.
　　　　　　　　　　　　彼の書いた漢字はとても綺麗である。

铃木跑得很快。　　　　　Língmù pǎo de hěn kuài.
　　　　　　　　　　　　鈴木さんは走るのが早い。

　ただし、否定を表すときは、「得」の後に「不」を用いる。

字写得不清楚。　　　　　Zì xiě de bù qīngchu.
　　　　　　　　　　　　字がはっきり書かれていない。

人来得不多。　　　　　　Rén lái de bù duō.
　　　　　　　　　　　　人はたくさん来ていない。

(2) 主語＋（動詞）＋目的語＋動詞＋得＋形容詞

動詞が目的語を伴う場合には、目的語の後で動詞を繰り返さなければならない。

她（唱）歌唱得怎么样？　Tā (chàng) gē chàng de zěnmeyàng?
　　　　　　　　　　　　彼女の歌はいかがでしたか。

她（唱）歌唱得好极了。　Tā (chàng) gē chàng de hǎo jíle.
　　　　　　　　　　　　彼女の歌は素晴らしい。

他（说）汉语说得不太好。Tā (shuō) Hànyǔ shuō de bú tài hǎo.
　　　　　　　　　　　　彼は中国語を話すのがあまり上手ではない。

### 2. 要是

（接続詞）（仮定を表す）　もしも～なら

主に話し言葉に用いる。「要是……的话」の形で用いることも多い。

要是明天下雨，你还去吗？Yàoshi míngtiān xiàyǔ, nǐ hái qù ma?
　　　　　　　　　　　　もしあす雨が降ったらあなたは行くか。

要是你有时间的话，咱们一起去吧。

　　　　　　　　　　　　　　　Yàoshi nǐ yǒu shíjiān dehuà, zánmen yìqǐ qù ba.
　　　　　　　　　　　　　　　もし時間があるのなら、一緒に行こう。
我要是考不上大学，就去找工作。
　　　　　　　　　　　　　　　Wǒ yàoshi kǎo bu shàng dàxué, jiù qù zhǎo gōngzuò.
　　　　　　　　　　　　　　　もし大学に受からなければ仕事を探す。

## 3. 让

（動詞）（「让＋兼語＋動詞・形容詞」の形で用いる）（〜に〜）させる；（〜）させておく；（〜）するようにいう

我来晚了，让您久等了。　　Wǒ lái wǎn le, ràng nín jiǔ děng le.
　　　　　　　　　　　　　僕が来るのが遅くなった。どうもお待たせした。
请让我好好儿想（一）想。　Qǐng ràng wǒ hǎohāor xiǎng（yi） xiǎng.
　　　　　　　　　　　　　ゆっくり考えさせて欲しい。
老师让我们上课发言。　　　Lǎoshī ràng wǒmen shàngkè fāyán.
　　　　　　　　　　　　　先生は私たちに授業で発言させた。

## 4. 就是

（副詞）（範囲を限定し、他を排除する）　ただ〜

这道菜很好吃，就是有点儿咸。
　　　　　　　　　　　　　Zhè dào cài hěn hǎochī, jiùshì yǒudǎnr xián.
　　　　　　　　　　　　　この料理はとても美味しいが、ただ少し塩辛い。
这件衣服的式样、颜色我都喜欢，就是太贵了。
　　　　　　　　　　　　　Zhè jiàn yīfu de shìyàng, yánsè wǒ dōu xǐhuan, jiùshì tài guì le.
　　　　　　　　　　　　　この服のデザインや色は全部気に入ったが、ただ高すぎる。
他很聪明，就是上课时爱说话。
　　　　　　　　　　　　　Tā hěn cōngming, jiùshì shàngkè shí ài shuō huà.

彼はとても賢いが、ただ授業でよく喋る。

## 5. 关于

(介詞)(「介詞＋目的語」という介詞句を作り連用修飾語となる。この場合の介詞句は文頭に置く)　～に関して；～について

关于这个问题，我不打算在这里多说。
　　　　　　　　　　Guānyú zhège wèntí, wǒ bù dǎsuàn zài zhèli duō shuō.
　　　　　　　　　　この問題については、ここでこれ以上触れるのを控えたい。

关于期末考试的实施，学校有具体的规定。
　　　　　　　　　　Guānyú qīmò kǎoshì de shíshī, xuéxiào yǒu jùtǐ de guīdìng.
　　　　　　　　　　期末試験の実施に関して、学校には具体的な規則がある。

关于运输问题，我想说两句。Guānyú yùnshū wèntí, wǒ xiǎng shuō liǎng jù.
　　　　　　　　　　輸送の問題について、少し話したい。

## 6. 快（要）……了

(副詞)(動作がまもなく発生することを表す)　もうすぐ／まもなく～する

数量詞の前には通常「快」を用い、「快要」は用いない。文末には「了」を置く。

快（要）到国庆节了。　　Kuài（yào）　dào Guóqìngjié le.
　　　　　　　　　　もうすぐ国慶節（10月1日）だ。

快12点了，咱们去食堂吃饭吧。
　　　　　　　　　　Kuài shí'èr diǎn le, zánmen qù shítáng chīfàn ba.
　　　　　　　　　　もうすぐ12時になるので、食堂へご飯を食べに行こう。

你们快（要）期中考试了吧？ Nǐmen kuài（yào）qīzhōng kǎoshì le ba?
あなたたちはもうすぐ中間テストに入るよね。

[ドリル]
1. 次の文の下線部をその下部にある語句に置き換えた上で、和訳しなさい。
(1) 他（说）汉语说得很流利。（彼は中国語をとても流暢に話す。）
　　　　　　　　　　　　　（流利 liúlì：流暢である）
① 　（打）网球打　很好
② 　（写）字写　不太好
(2) 妈妈让孩子出去玩儿。（お母さんは子供を外へ遊びに行かせる。）
① 老师　学生发言
② 公司　铃木去中国

2. 次の単語を並べ替え、正しい文章にした上で全文を和訳しなさい。
　例：　应该 / 是 / 做 / 我们 / 的 / 这
　　　　这是我们应该做的。
　　　　（われわれは当たり前のことをしただけである。）
① 休息 / 好 / 我 / 晚上 / 得 / 昨天/ 很
② 安排 / 贵 / 的 / 公司 / 周到 / 谢谢
③ 对 / 女式 / 我们 / 衬衫 / 和 / 感 / 兴趣 / 套装 / 很
④ 想 / 当面 / 我 / 和 / 你们 / 一下 / 商谈

3. 次の文を中国語に訳しなさい。
　本日、鈴木さんと中国 ABC 公司輸出部の支配人である許さんはアパレル製品の輸出入を正式に商談し始めました。鈴木さんは女性用のシャツとスーツにとても興味を持っています。会社の商品を輸入する際の習慣により、まず商品の品質を把握しなければならなりません。それからサンプルで取引をします。
　鈴木さんはサンプルを見た後、そのデザインと品質に比較的満足してい

ますが、規格と種類が少し足りないと思っていました。規格が揃い、品質も要求にかなえば、彼は注文するつもりです。

（正式 shèngshì：正式に）

[解答]

1. (1) ① 他（打）网球打得很好。　（彼はテニスが上手である。）
　　　 ② 他（写）字写得不太好。　（彼は字を書くのがあまり上手ではない。）
　 (2) ① 老师让学生发言。　　　　（先生は学生に発言させる。）
　　　 ② 公司让铃木去中国。　　　（会社は鈴木さんに中国に行くよう、言い付けた。）

2. ① 昨天晚上我休息得很好。　　（昨日の夜はぐっすり眠れた。）
　 ② 谢谢贵公司的周到安排。　　（貴社の周到な手配に感謝している。）
　 ③ 我们对女式衬衫和套装很感兴趣。
　　　　　　　　　　　　　　　（われわれは女性用のシャツとスーツに大変興味を持っている。）
　 ④ 我想和你们当面商谈一下。　（私は皆様に直にお会いして商談したい。）

3.　今天，铃木先生和中国 ABC 公司出口部的许经理正式开始商谈服装进出口一事。铃木先生对女式衬衫和套装很感兴趣。根据公司进口商品的惯例，先要了解一下商品的品质，然后凭样品买卖。
　　铃木先生看了样品以后，对样品的式样和质量比较满意，可是觉得规格和种类少了一点儿。只要规格齐全，质量符合要求，他打算订购。

## 【文化・慣習編】

### 凭样品买卖

　　在国际贸易买卖中，商品种类多，而且商品本身的特点，市场交易习惯等各不相同，规定商品质量的方法也多种多样。归纳起来，主要分为两大类：（1）商品质量用实物样品表示；（2）商品质量用文字说明表示。

　　买卖双方在洽谈时，有时由卖方或由买方提出一种或数件或少量的实物作为样品，请对方确认。这时候，样品一旦经过确认便成为买卖双方交接货物的质量依据。这就是商品质量用实物样品表示，在国际贸易中叫做"凭样品买卖"。

　　实物样品通常是从一批商品中抽取出来或者由生产部门设计、加工出来的。当样品由卖方提供时，叫做"凭卖方样品买卖"。当样品由买方提供时，叫做"凭买方样品买卖"。一般说来，国际货物买卖中的样品，大多由卖方提供。但凭买方样品达成交易的也不少。

　　样品无论是由买方提供的，还是由卖方提供的，一旦经过确认便成为交接货物的质量依据。如果卖方交付的货物质量与样品不完全一致，那么买方不但有权提出索赔，甚至还可以拒绝接受货物。这是凭样品买卖的基本特点。

　　（资料来源：吴百福主编《进出口贸易实物教程（修订本）》上海人民出版社，2000年，33-35页。有删改。）

### [新出単語]

| | | | |
|---|---|---|---|
| 1. | 国际（名詞） | guójì | 国際 |
| 2. | 贸易（名詞） | màoyì | 貿易 |
| 3. | 商品（名詞） | shāngpǐn | 商品 |
| 4. | 而且（接続詞） | érqiě | かつ、その上、しかも |
| 5. | 本身（名詞） | běnshēn | それ自身、それ自体 |
| 6. | 特点（名詞） | tèdiǎn | 特徴、特色 |
| 7. | 市场（名詞） | shìchǎng | 市場、マーケット |
| 8. | 交易（名詞） | jiāoyì | 取引 |

| | | | |
|---|---|---|---|
| 9. | 习惯（名詞/動詞） | xíguàn | 習慣、習わし、〜に慣れる |
| 10. | 相同（形容詞） | xiāngtóng | 同じである |
| 11. | 归纳（動詞） | guīnà | 論理的にまとめる、要約する |
| 12. | 起来（動詞/方向補語） | qǐ//lái | （ばらばらの物を）1つにまとめる、完全に仕上げる |
| 13. | 主要（形容詞） | zhǔyào | 主要な、主な、主として |
| 14. | 实物（名詞） | shíwù | 実物 |
| 15. | 文字（名詞） | wénzì | 文字 |
| 16. | 说明（動詞） | shuōmíng | 説明する、解説する |
| 17. | 双方（名詞） | shuāngfāng | 双方 |
| 18. | 洽谈（動詞） | qiàtán | （多くは商売に関して）折衝する、面談する |
| 19. | 有时（副詞） | yǒushí | 時には、ある時は |
| 20. | 卖方（名詞） | màifāng | 売り手、売る側 |
| 21. | 买方（名詞） | mǎifāng | 買い手、買う側 |
| 22. | 提出（動詞） | tí//chū | 提起する、打ち出す、示す |
| 23. | 少量（形容詞） | shǎoliàng | 少量、少しばかり |
| 24. | 对方（名詞） | duìfāng | 相手、先方 |
| 25. | 确认（動詞） | quèrèn | 確認する、はっきり認める |
| 26. | 一旦（副詞） | yídàn | いったん、〜したからには、〜した以上 |
| 27. | 经过（動詞） | jīngguò | （事柄や手続きなどを）経る、通す |
| 28. | 便（副詞） | biàn | すぐに、〜であれば、〜だ |
| 29. | 成为（動詞） | chéngwéi | 〜になる、〜となる |
| 30. | 交接（動詞） | jiāojiē | （仕事や物を）引渡す、引き継ぐ、やりとりする |
| 31. | 货物（名詞） | huòwù | 商品、品物、荷物 |
| 32. | 依据（名詞） | yījù | 根拠、よりどころ |
| 33. | 叫做（動詞） | jiàozuò | 〜と呼ばれる、〜という |
| 34. | 通常（形容詞） | tōngcháng | 通常の、普通の |

| 35. | 抽取（動詞） | chōuqǔ | 抜き取る、抽出する |
| 36. | 出来（動詞/方向補語） | chū//lái | 出てくる、現れる |
| 37. | 生产（動詞） | shēngchǎn | 生産する、産出する |
| 38. | 部门（名詞） | bùmén | 部門 |
| 39. | 设计（動詞/名詞） | shèjì | 設計（する）、デザイン（する） |
| 40. | 当（介詞） | dāng | ～に、～で、～を前に |
| 41. | 提供（動詞） | tígōng | 提供する、与える |
| 42. | 大多（副詞） | dàduō | 大部分、ほぼ、おおかた |
| 43. | 达成（動詞） | dáchéng | （話し合い・交渉ごとが）成立する、まとまる、達成する |
| 44. | 无论（接続詞） | wúlùn | ～を問わず、～にしても |
| 45. | 完全（形容詞） | wánquán | 完全に、すっかり、まったく |
| 46. | 一致（副詞） | yízhì | 一致している、同じである |
| 47. | 索赔（名詞/動詞） | suǒpéi | クレーム（を出す）、賠償請求（をする） |
| 48. | 甚至（副詞/接続詞） | shènzhì | ～さえ、～すら、その上 |
| 49. | 拒绝（動詞） | jùjué | はっきり断る、拒絶する |
| 50. | 基本（形容詞） | jīběn | 根本的な、基本的な、重要な |

［文法］

1. 起来

（方向補語）（「動詞＋起来（＋名詞）」の形で用い、ばらばらの物を）1つにまとめる；完全に仕上げる

俱乐部组织起来了。　　Jùlèbù zǔzhī qǐlái le.
クラブは結成された。

归纳起来，规定商品质量的方法有两种。
Guīnà qǐlái, guīdìng shāngpǐn zhìliàng de fāngfǎ yǒu liǎng zhǒng.
まとめると、商品の品質を定める方法は2つある。

## 2. 一旦……就/便……

（文型）（もし将来のある日条件が満たされると、それにふさわしい状況・結果が必ず生まれるということを示し）ひとたび〜した暁には；ひとたび〜しようものなら

这个计划一旦实现，利润就很可观。
Zhège jìhuà yídàn shíxiàn, lìrùn jiù hěn kěguān.
この計画がひとたび実現した暁には、利潤は相当なものになる。

一旦作出决定，就要按照执行。　Yídàn zuò chū juédìng, jiù yào ànzhào zhíxíng.
いったん決定が下されたら、それに従って執行しなければならない。

## 3. 出来

（方向補語）「動詞＋出来」の形で用いる。

(1) （人・物が動作に伴い中から）外に出てくる

他从书包里拿出来一本书。　Tā cóng shūbāo li ná chūlái yì běn shū.
彼はかばんから本を1冊取り出した。

请等一下，我去把她叫出来。　Qǐng děng yíxià, wǒ qù bǎ tā jiào chūlái.
ちょっと待っていてください。彼女を呼び出してくるから。

(2) （新しく事物が）出現する；生まれる；できる

他们又生产出来一种新品种。　Tāmen yòu shēngchǎn chūlái yìzhǒng xīn pǐnzhǒng.
彼らはまた1つの新たな品種を生み出した。

他们制造出来的轿车很受欢迎。　Tāmen zhìzào chūlái de jiàochē hěn shòu huānyíng.
彼らが生産した乗用車はとても人気がある。

現在还没研究出来一种更好的办法。
Xiànzài hái méi yánjiū chūlái yì zhǒng gèng hǎo de bànfǎ.
いまのところ、より良い方法はまだ見つかっていない。

### 4. 当

（介詞）（多く書き言葉で「当……时（的时候）」の形で用い、出来事が起きた（起きる）時・場所を表す）～に；～で

当我回来的时候，他已经睡了。 Dāng wǒ huílái de shíhou, tā yǐjīng shuì le.
私が帰って来た時、彼はすでに眠っていた。

当我考上大学时，妈妈送给我一块手表。 Dāng wǒ kǎo shàng dàxué shí, māma sòng gěi wǒ yí kuài shǒubiǎo.
私が大学に受かった時に、母は1つの腕時計をプレゼントしてくれた。

当他还是个孩子的时候，爸爸就去世了。 Dāng tā hái shì ge háizi de shíhou, bàba jiù qùshì le.
彼らがまだ子供だったときに、父親は亡くなった。

### 5. 无论……都/也/总（是）……

（接続詞）（主として書き言葉で用い）たとえ（どんなであっても）；たとえ（～であろうがなかろうが）；～であれ

「无论」は複文の先行する文に用い、その後に「誰」「何」「どんなに」という意味を示す疑問代詞や選択関係を示す語句を伴う。なお、複文の後に続く文では、「いずれも」「やはり」という意味を示す副詞を用い、「条件がどんなに

変わっても同じ結果が生まれる」という意味を示す。

无论做什么工作，他都非常认真。Wúlùn zuò shénme gōngzuò, tā dōu fēicháng rènzhēn.

どんな仕事をするにしても、彼は非常にまじめだ。

无论大事还是小事，大家总是找他商量。

Wúlùn dàshì háishi xiǎoshì, dàjiā zǒngshì zhǎo tā shāngliang.

大事なことであれ、ささいなことであれ、みんなはいつも彼に相談する。

无论你说得怎样好听，我们也不会相信的。

Wúlùn nǐ shuō de zěnyàng hǎo tīng, wǒmen yě bú huì xiāngxìn de.

君がどんなにうまいことを言ったって、私たちは信用するわけはない。

## 6. 甚至

（接続詞）(「不但……，甚至……也/都……」の形で) 〜だけでなく、更にその上

这个地方不但交通不方便，甚至电话都不通。

Zhège dìfang búdàn jiāotōng bù fāngbiàn, shènzhì diànhuà dōu bù tōng.

ここは交通の便が悪いだけでなく、電話さえも通じない。

在日本，不但大人，甚至小孩儿都会游泳。

Zài Rìběn, búdàn dàrén, shènzhì xiǎohái'r dōu huì yóuyǒng.

日本では、大人だけではなく、子供さえも泳げる。

他学会了做饭，甚至还学会了做菜。

Tā xuéhuì le zuò fàn, shènzhì hái xué huì le zuò cài.

彼は炊飯ができるようになり、その上料理をつくることさえできるようになった。

［訳文］

## サンプルによる売買

　国際貿易取引の中で、商品の種類が多いため、また商品そのものの特徴や市場の取引習慣等が異なるため、商品の品質を決める方法もさまざまです。それらをまとめると、主に２つの種類に分けられます。(1) サンプルによる商品品質の表示方法と、(2) 説明による商品品質の表示方法です。

　売り手と買い手が折衝するに際して、売り手または買い手は１種類、あるいは数点の、または少量の実物をサンプルとして提出し、相手側に確認を依頼することがあります。この場合には、サンプルはいったん確認されたら、今度売り手と買い手の双方が商品を引渡し、受領するときに品質上の根拠となります。これは、サンプルによる商品品質の表示方法ですが、国際貿易の中で「サンプルによる売買」と呼ばれています。

　サンプルは、一般的にそのロットの商品から抜き取ったり、または生産部門が設計・加工したりしてできたものです。サンプルが売り手によって提供されるときには、「売り手のサンプルによる売買」と呼ばれます。サンプルが買い手によって提供されるときには、「買い手のサンプルによる売買」と呼ばれます。通常、国際貿易取引の中で、サンプルは売り手が提供することが多いのです。しかし、買い手のサンプルに基づいて取引が成功したケースも少なくはありません。

　サンプルは、買い手が提供するものであれ、売り手が提供するものであれ、いったん確認されると、商品を引渡し、受領する際の品質上の根拠となります。もし売り手の引渡した商品の品質がサンプルに完全に合致していなけれ

ば、買い手は賠償請求をする権利をもつだけではなく、商品の受領を拒否することさえできます。これはサンプルによる売買の基本的な特徴です。

（出所：呉百福主編『進出口貿易実物教程（改訂版）』上海人民出版社、2000年、33-35ページより作成。）

# 第6章

## 価格交渉（价格谈判）

## 【会話編】

❖中国ABC公司の会議室で
　（在中国ABC公司的会议室）

| 许 经 理： | 铃木先生，这是我们的报价单。请您过目。 |
| Xǔ jīnglǐ： | Língmù xiānsheng, zhè shì wǒmen de bàojià dān. Qǐng nín guò mù. |
| 許支配人： | 鈴木さん、これはわれわれの見積書です。確認をお願いできるでしょうか。 |
| 铃　　木： | 谢谢。是货交承运人的最低价格吗？ |
| Líng mù： | Xièxie. Shì huò jiāo chéngyùnrén de zuìdī jiàgé ma? |
| 鈴　　木： | 有り難うございます。FCA Shanghaiの最低価格ですか。 |
| 许 经 理： | 是的。 |
| Xǔ jīnglǐ： | Shì de. |
| 許支配人： | はい、そうです。 |
| 铃　　木： | 如果是这样，报价是不是有点儿高了？ |
| Líng mù： | Rúguǒ shì zhèyàng, bàojià shì bu shì yǒudiǎnr gāo le? |
| 鈴　　木： | もしそうであれば、見積価格は少し高くないですか。 |
| 许 经 理： | 坦率地说，在原材料上涨的情况下，我们报的这个价格算低的。 |
| Xǔ jīnglǐ： | Tǎnshuài de shuō, zài yuáncáiliào shàngzhǎng de qíngkuàng xià, wǒmen bào de zhège jiàgé suàn dī de. |
| 許支配人： | 率直にいうと、原材料が急騰している状況の下で、われわれが見 |

　　　　　　　積もったこの価格は安いほうであると言えます。

鈴　　木： 对不起，我的意思是，如果按这个价格成交的话，我们公司就没有什么赚头了。

Líng mù： Duìbuqǐ, wǒ de yìsi shì, rúguǒ àn zhège jiàgé chéngjiāo dehuà, wǒmen gōngsī jiù méiyǒu shénme zhuàntou le.

鈴　　木： すみませんが、私はこの価格で成約するということになると、わが社には利益がないということを申し上げたいのです。

许 经 理： 不至于吧。请相信，我们报的这个价格是很公道的。

Xǔ jīnglǐ： Bú zhìyú ba. Qǐng xiāngxìn, wǒmen bào de zhège jiàgé shì hěn gōngdao de.

許支配人： そのようなことはないと思うのですが。私どもの見積価格は大変適正なものであることを信じていただきたいと思います。

鈴　　木： 许经理，您是知道的，这种商品的销售受季节的影响。我们在销售淡季进货，是很不利的。能不能给10％的折扣？

Líng mù： Xǔ jīnglǐ, nín shì zhīdao de, zhè zhǒng shāngpǐn de xiāoshòu shòu jìjié de yǐngxiǎng. Wǒmen zài xiāoshòu dànjì jìnhuò, shì hěn búlì de. Néng bu néng gěi bǎi fēn zhī shí de zhékòu?

鈴　　木： 許さん、ご存知のように、このような商品の売れ行きは季節に左右されます。われわれはシーズンオフに仕入れるととても不利になります。10％値引きしていただけませんか。

许 经 理： 今年的产品，我们使用的是上等面料，加上对式样做了很大的改进。如果给10％的折扣，我们公司就要亏本了。

Xǔ jīnglǐ： Jīnnián de chǎnpǐn, wǒmen shǐyòng de shì shàngděng miànliào, jiāshang duì shìyàng zuò le hěn dà de gǎijìn. Rúguǒ gěi bǎi fēn zhī shí de zhékòu, wǒmen gōngsī jiùyào kuīběn le.

許支配人： 今年の製品には、われわれは上等な生地を使っており、その上で型を大きく改良しました。10％値引きしてしまうと、わが社は損をしてしまいます。

鈴　　木： 这是我们的第一次合作嘛。为了今后的贸易合作，这次给6％的折扣，怎么样？

| | |
|---|---|
| Líng mù： | Zhè shì wǒmen de dìyīcì hézuò ma. Wèile jīnhòu de màoyì hézuò, zhècì gěi bǎi fēn zhī liù de zhékòu, zěnmeyàng? |
| 鈴　　木： | 今回はわれわれの初めての取引です。今後の取引のために、今回は6％値引きしていただけないでしょうか。 |
| 许 经 理： | 那么这样吧。为了发展我们双方的友好合作关系，咱们都努力一下，各承担一半吧。我们公司给3％的折扣。 |
| Xǔ jīnglǐ： | Nàme zhèyàng ba. Wèile fāzhǎn wǒmen shuāngfāng de yǒuhǎo hézuò guānxi, zánmen dōu nǔlì yíxià, gè chéngdān yíbàn ba. Wǒmen gōngsī gěi bǎi fēn zhī sān de zhékòu. |
| 許支配人： | それではこうしましょう。双方の友好な協力関係を発展させるために、われわれはともに少し努力し、それぞれ半分ずつ負担しませんか。わが社が3％値引きすることにします。 |
| 铃　　木： | 可以。咱们一言为定。 |
| Líng mù： | Kěyǐ. Zánmen yì yán wéi dìng. |
| 鈴　　木： | 了解しました。約束を反故にはできませんよ。 |
| 许 经 理： | 好。一言为定。 |
| Xǔ jīnglǐ： | Hǎo. Yì yán wéi dìng. |
| 許支配人： | 分かりました。反故にはしません。 |

[新出単語]

1. 谈判（動詞）　　　　tánpàn　　　　　　折衝する、話し合いをする
2. 过目（離合詞）　　　guò//mù　　　　　　目を通す
3. 原材料（名詞）　　　yuáncáiliào　　　　原材料
4. 上涨（動詞）　　　　shàngzhǎng　　　　上昇する、（値段が）高くなる
5. 成交（動詞）　　　　chéngjiāo　　　　　取引が成立する、成約する
6. 赚头（名詞）　　　　zhuàntou　　　　　利潤
7. 至于（動詞）　　　　zhìyú　　　　　　　（ある程度に）なる、至る
8. 公道（形容詞）　　　gōngdao　　　　　　公平である、適正だ
9. 受（動詞）　　　　　shòu　　　　　　　受ける、受け取る
10. 季节（名詞）　　　　jìjié　　　　　　　季節、シーズン

| | | | |
|---|---|---|---|
| 11. | 销售（動詞） | xiāoshòu | （商品を）売る、販売する |
| 12. | 淡季（名詞） | dànjì | 閑散期、シーズンオフ |
| 13. | 进货（離合詞） | jìn//huò | 仕入れる |
| 14. | 不利（形容詞） | búlì | 不利だ、ためにならない |
| 15. | 折扣（名詞） | zhékòu | 割引、割引いた価格 |
| 16. | 使用（動詞） | shǐyòng | 使用する、使う、用いる |
| 17. | 上等（形容詞） | shàngděng | 上等である、高級である |
| 18. | 面料（名詞） | miànliào | 衣服の表用の生地 |
| 19. | 加上（接続詞） | jiāshang | その上、さらに、加うるに |
| 20. | 改进（動詞） | gǎijìn | 改善する、改良する |
| 21. | 亏本（離合詞） | kuīběn | 元手をする、資本に食い込む、欠損する |
| 22. | 特殊（形容詞） | tèshū | 特殊である、特別である |
| 23. | 情况（名詞） | qíngkuàng | 状況、事情、事態 |
| 24. | 发展（動詞） | fāzhǎn | 発展する、発展させる、受け入れる |
| 25. | 友好（形容詞） | yǒuhǎo | 友好的である、友好の間柄にある |
| 26. | 关系（名詞） | guānxi | 関係、つながり |
| 27. | 努力（離合詞） | nǔlì | 努力する、励む |
| 28. | 承担（動詞） | chéngdān | （職務・責任などを）引き受ける、担当する |
| 29. | 一半（数量詞） | yíbàn | 半分 |
| 30. | 一言为定（成語） | yì yán wéi dìng | はっきり約束する、約束をたがえない、二言はない |

[文法]

1. 在……下

（文型）（動詞の前や文頭に用いて、動作・行為の発生する条件を示し）
～で；～の下で

在老师的帮助下，她的汉语成绩提高了。

Zài lǎoshī de bāngzhù xià, tā de Hànyǔ

chéngjì tígāo le.
先生に助けられて、彼女の中国語の成績は向上した。

在物价上涨的情况下，我们应该节省开支。
Zài wùjià shàngzhǎng de qíngkuàng xià, wǒmen yīnggāi jiéshěng kāizhī.
物価が高騰する状況の下で、われわれは出費を節約すべきである。

## 2. 算

（動詞）（特定の物を～である）とみなす；とする；といえる；認める；認められる

他算我们班上最好的学生。 Tā suàn wǒmen bān shang zuì hǎo de xuésheng.
彼は我々のクラスの最も優秀な学生と認められる。

这里不算太冷。 Zhèli bú suàn tài lěng.
ここはそんなに寒くはない。

今天算我请客，你们都别客气。 Jīntiān suàn wǒ qǐng kè, nǐmen dōu bié kèqi.
今日は私がおごらせてもらうから、君たちはどうか気兼ねなく。

## 3. 什么

（疑問代詞）（不定の事物をさす）なにか（の）

我想吃点儿什么。 Wǒ xiǎng chī diǎnr shénme.
なにか食べたい。

你找她有什么事吗？ Nǐ zhǎo tā yǒu shénme shì ma?
彼女になにか用があるか。

要不要给他买点儿什么礼物？ Yào bu yào gěi tā mǎi diǎnr shénme

lǐwù?
彼になにかプレゼントを買おうか。

## 4. 至于

（動詞）（ある程度に）なる；（ある段階に）至る

もっぱら否定や反語の形で用い、ある程度（好ましくない状態）までには達しないであろうことを表す。否定形「不至于」の形で用いる。「不至于」だけで単独で述語になる。

| | |
|---|---|
| 要走，也不至于这么着急吧。 | Yào zuǒ, yě bú zhìyú zhème zháojí ba.<br>行くにしても、これほど急ぐ必要はなかろう。 |
| 这本书很简单，他不至于看不懂吧。 | Zhè běn shū hěn jiǎndān, tā bú zhìyú kàn bu dǒng ba.<br>この本はとても易しいから、彼が読んでも分からないことはないだろう。 |
| 你妈妈不会反对我和你结婚吧？ | Nǐ māma bú huì fǎnduì wǒ hé nǐ jié hūn ba?<br>お母さんは私があなたと結婚することに反対しないだろうね。 |
| ——我看，不至于。 | Wǒ kàn, bú zhìyú.<br>——そんなことはないと思う。 |

## 5. 是……的

（文型）（「主語＋是＋動詞/形容詞＋的」の形で強い肯定の語気、時には釈明・弁解の語気を示す）～である

| | |
|---|---|
| 这批货是新出厂的。 | Zhè pī huò shì xīn chūchǎng de.<br>この商品は出荷したばかりのものである。 |
| 今天做的都是好吃的。 | Jīntiān zuò de dōu shì hǎochī de.<br>今日作ったのはみな美味しいものである。 |
| 这个价格是很公道的。 | Zhège jiàgé shì hěn gōngdao de. |

この値段はとても適正である。

## 6. 加上

（接続詞）（話し言葉に用い、まず原因・条件を提示し、更に別の原因・条件を提示する場合）それに；その上；さらに；加えて

这个电影很有意思，加上成龙主演，所以很受欢迎。
Zhège diànyǐng hěn yǒu yìsi, jiāshang Chénglóng zhǔyǎn, suǒyǐ hěn shòu huānyíng.
この映画は面白いし、それにジャッキー・チェンが主演したので、大いに受けた。

最近工作很忙，加上身体也不好，所以我很想休息休息。
Zuìjìn gōngzuò hěn máng, jiāshang shēntǐ yě bù hǎo, suǒyǐ wǒ hěn xiǎng xiūxi xiūxi.
仕事も忙しく、その上体調もよくないので、私は少し休みたい。

我喜欢说汉语，加上想了解中国文化，所以想去中国留学。
Wǒ xǐhuan shuō Hànyǔ, jiāshang xiǎng liǎojiě Zhōngguó wénhuà, suǒyǐ xiǎng qù Zhōngguó liúxué.
私は中国語を話すのが好きで、それに中国文化を知りたいので、中国へ留学に行きたい。

[ドリル]

1. 次の文の下線部をその下部にある語句に置き換えた上で、和訳しなさい。
(1) 我们在销售淡季进货，是很不利的。
　　　（われわれはシーズンオフに仕入れると、とても不利になる。）
　① 年轻人不吃早饭　　　　好　　　（年轻 niánqīng：若い）
　② 学生不努力学习　　　　应该
(2) 我很忙，加上没有钱，所以不能去中国留学。
　　　（私は忙しく、その上お金がないので、中国留学に行けない。）
　①他有课　　还要打工　　不能和我们一起玩儿
　②妈妈工作忙　身体不太好　很辛苦
　　　　　　　　　　（辛苦 xīnkǔ：苦労をする、骨が折れる）

2. 次の単語を並べ替え、正しい文章にした上で和訳しなさい。
例：　报价 / 这 / 我们 / 的 / 单 / 是
　　　这是我们的报价单。（これはわれわれの見積書である。）
　① 上海离岸 / 这 / 的 / 最低 / 是 / 价格
　② 价格 / 的 / 公道 / 是 / 这个 / 很
　③ 这 / 季节 / 影响 / 商品 / 种 / 的 / 受 / 销售 / 的
　④ 双方 / 为了 / 关系 / 发展 / 友好 / 的 / 我们 / 3% / 的 / 给 / 折扣

3. 次の文を中国語に訳しなさい。
　今日、鈴木さんと支配人の許さんは中国ABC公司の会議室で価格の交渉を行っています。鈴木さんは許さんが渡してくれた見積書を見て、価格が少し高いと思いました。その価格で契約を結ぶことになると彼の会社は利益がないため、鈴木さんは許さんに10％値引きしてくれるよう、求めました。支配人の許さんは、双方の友好関係を発展させるために、双方がともに努力し、それぞれ半分ずつ負担しましょう、と提案しています。鈴木さんは支配人の許さんの提案に賛成しました。

（提案する：建议 jiànyì）

[解答]

1. (1) ① 年轻人不吃早饭，是很不好的。　（若者が朝食を食べないのはとても良くないことだ。）

   ② 学生不努力学习，是很不应该的。　（学生が勉強に励まないのはとてもいけないことだ。）

   (2) ① 他有课，加上还要打工，所以不能和我们一起玩儿。

   　　（彼は授業があり、その上でバイトをしなければならないので、私たちと一緒に遊べない。）

   ② 妈妈工作忙，加上身体不太好，所以很辛苦。

   　　（お母さんは仕事が忙しく、その上で体があまり良くないので、とても苦労をしている。）

2. ① 这是上海离岸的最低价格。　（これはFOB Shanghaiの最低価格である。）

   ② 这个价格是很公道的。　（この価格はとても適正である。）

   ③ 这种商品的销售受季节的影响。　（このような商品の売れ行きは季節に左右されている。）

   ④ 为了发展双方的友好关系，我们给3%的折扣。　（双方の友好関係を発展させるために、われわれが3%値引きする。）

3. 　今天，铃木先生和许经理在中国ABC公司的会议室进行价格谈判。铃木先生看了许先生给他的报价单以后，觉得价格有点儿高。因为按这个价格成交的话，对他的公司来说就没有赚头了，所以铃木先生要求许先生给10%的折扣。许经理建议，为了发展双方的友好关系，我们双方都努力一下，各承担一半吧。铃木先生同意了许经理的建议。

## 【文化・習慣編】

### 貿易条件

　　在做国际贸易时，因为买方和卖方住在不同的国家或者地区，所以交货和接货的过程中会碰到很多问题。比如，谁应该支付货物的运费、保险费、进出口关税和其他的费用；谁应该安排运输和办理保险手续；风险什么时候从卖方转移到买方等等。如果每次做国际贸易的时候买方和卖方都要商谈这些事情的话，一定会浪费很多时间和金钱，而且影响交易的达成。在这种背景下，逐渐形成了一些固定的价格条件。这就是我们今天说的贸易条件。

　　贸易条件，一般用3个英文字母表示。比如，FOB、CIF、CFR 等。目前，这三个贸易条件在国际贸易实践中用得最多。FOB，是"Free on Board"的缩写，意思是装运港船上交货。因此，它也叫"离岸价格"。在使用 FOB 条件时，一般需要在 FOB 的后面写上装运港口的名称。所以，在合同的价格条款中，我们经常能看到像"FOB Shanghai US\$10,000.00"这样的价格条件。这个条件的意思是，当卖方在上海港口把货物装上船时，卖方就算完成了交货。交货以后的风险、责任和费用全部由买方承担。

[新出単語]

| | | | |
|---|---|---|---|
| 1. | 条件（名詞） | tiáojiàn | 条件、要素 |
| 2. | 不同（形容詞） | bùtóng | 異なる |
| 3. | 国家（名詞） | guójiā | 国、国家 |
| 4. | 地区（名詞） | dìqū | 地区、地域、地方 |
| 5. | 过程（名詞） | guòchéng | 過程、プロセス |
| 6. | 碰到（動詞＋方向補語） | pèng//dào | ぶつかる、ぶつける、出会う、突き当たる |
| 7. | 支付（動詞） | zhīfù | （金を）支払う |
| 8. | 运费（名詞） | yùnfèi | （貨物の）運賃、運搬費 |
| 9. | 保险费（名詞） | bǎoxiǎnfèi | 保険料、保険の掛け金 |

| | | | |
|---|---|---|---|
| 10. | 进口（離合詞） | jìn//kǒu | 輸入（する） |
| 11. | 关税（名詞） | guānshuì | 関税 |
| 12. | 其他（代名詞） | qítā | ほかの（もの）、その他の（もの）、別の（もの） |
| 13. | 费用（名詞） | fèiyòng | 費用、支出 |
| 14. | 运输（動詞/名詞） | yùnshū | 運送する、輸送する |
| 15. | 风险（名詞） | fēngxiǎn | 危険、リスク |
| 16. | 转移（動詞） | zhuǎnyí | 移る、移動する、移転する |
| 17. | 浪费（動詞） | làngfèi | 浪費する、むだ遣いをする |
| 18. | 金钱（名詞） | jīnqián | 金銭、かね |
| 19. | 影响（動詞/名詞） | yǐngxiǎng | 影響する、影響を及ぼす |
| 20. | 背景（名詞） | bèijǐng | 背景、バック |
| 21. | 逐渐（副詞） | zhújiàn | しだいに、だんだんと |
| 22. | 形成（動詞） | xíngchéng | 形作る、形成する |
| 23. | 固定（形容詞） | gùdìng | 固定している、固定させる |
| 24. | 英文（名詞） | Yīngwén | 英語、英文 |
| 25. | 字母（名詞） | zìmǔ | 表音文字、注音符号の最小の表記単位、字母 |
| 26. | 目前（名詞） | mùqián | 目下、現在、いまのところ |
| 27. | 实践（動詞/名詞） | shíjiàn | 実践する、実行する |
| 28. | 缩写（動詞） | suōxiě | 略語、略称 |
| 29. | 装运（動詞） | zhuāngyùn | （貨物を）積載輸送する、積み出す |
| 30. | 船（名詞） | chuán | 船、船舶 |
| 31. | 名称（名詞） | míngchēng | 名称 |
| 32. | 合同（名詞） | hétong | 契約 |
| 33. | 条款（名詞） | tiáokuǎn | 条項、箇条 |
| 34. | 看到（動詞） | kàn//dào | 見える、見かける、目に入る |
| 35. | 港口（名詞） | gǎngkǒu | 港、港湾 |
| 36. | 装船（離合詞） | zhuāng//chuán | 船積みする、船に積込む |

| | | | |
|---|---|---|---|
| 37. | 発生（動詞） | fāshēng | 発生する、起こる、生じる |
| 38. | 全部（名詞） | quánbù | 全部（の）、すべて（の） |

[文法]

## 1. 在
（介詞）

(1) （「在＋場所・位置を示す語句」を述語動詞・形容詞の前や文頭に用いて動作・行為の発生する場所や事物・現象が存在する場所を示し）～で；～では；～において

这种服装在香港很流行。　　Zhè zhǒng fúzhuāng zài Xiānggǎng hěn liúxíng.
このような服装が香港でたいへん流行している。

喝茶在中国很普遍。　　Hē chá zài Zhōngguó hěn pǔbiàn.
お茶を飲むことは中国ではたいへん行き渡っている。

他在北京住。　　Tā zài Běijīng zhù.
彼は北京に住んでいる。

(2) （「在……」を動詞の後に用いて、動作主・受動者の動作が行われた結果その動作がどのような場所に到達する・とどまる・置かれているかを示し）～の場所に

他住在北京。　　Tā zhù zài Běijīng.
彼は北京に住んでいる。

我的自行车放在学校里。　　Wǒ de zìxíngchē fàng zài xuéxiào li.
私の自転車は学校に置いてある。

●「他在北京住」と「他住在北京」の違い

「他在北京住。」と「他住在北京。」とを比べると、前者は「彼が北京という場所に住んでいる」ことを強調しており、間接的に住所が北京にあるということを述べているにすぎないが、後者ははっきりと「彼の家庭が北京にある」こ

とを強調している。

## 2. 中

（方位詞）（「動詞＋中」の形で過程・状態の持続を表す）〜の中（で、に）

会谈中双方交换了意见。　　Huìtán zhōng shuāngfāng jiāohuàn le yìjiàn.
　　　　　　　　　　　　　会談中、双方が意見を交換した。

讨论中发现了一些新的问题。　Tǎolùn zhōng fāxiàn le yìxiē xīn de wèntí.
　　　　　　　　　　　　　討論中、いくつかの新しい問題が出てきた。

## 3. 因此

（接続詞）それゆえ；それで；したがって

結果や結論を表す文に用いる。複文の後段に用い、前段に用いられた「由于（yóuyú）」と呼応させることもあるが、「因为」と呼応させることはできない。主語の後に用いることもできる。2つの文を接続することもできる。

我跟他在一个班学习，因此很了解他的性格。
　　　　　　　　　　　　　Wǒ gēn tā zài yíge bān xuéxí, yīncǐ hěn liǎojiě tā de xìnggé.
　　　　　　　　　　　　　私は彼と同じクラスで勉強しているから、彼の性格はよく知っている。

由于昨天晚上复习了，因此今天考试考得不错。
　　　　　　　　　　　　　Yóuyú zuótiān wǎnshang fùxí le, yīncǐ jīntiān kǎoshì kǎo de búcuò.
　　　　　　　　　　　　　昨日の夜は復習をしたので、今日のテストはまずまずだった。

这本书很有意思，因此受到了读者的欢迎。
　　　　　　　　　　　　　Zhè běn shū hěn yǒu yìsi, yīncǐ shòu dào le dúzhě de huānyíng.
　　　　　　　　　　　　　この本はとても面白いために、読者に喜ばれている。

## 4. 上

（動詞）方向補語として一般動詞の後に用い、高所やある一定の目標・程度・目的に到達することを表す。

| | |
|---|---|
| 她考上了名牌大学。 | Tā kǎo shàng le míngpái dàxué. |
| | 彼女は名門大学に合格した。 |
| 老师在黑板上写上了自己的名字。 | Lǎoshī zài hēibǎn shang xiě shàng le zìjǐ de míngzi. |
| | 先生は黒板に自分の名前を書いた。 |
| 卖方应该在装运港把货物装上船。 | Màifāng yīnggāi zài zhuāngyùn gǎng bǎ huòwù zhuāng shàng chuán. |
| | 売主は積出港で貨物を船に積み込むべきである。 |

[訳文]

# 取引条件

　国際貿易を行うときに、買い手と売り手は異なる国や地域に住んでいるために、貨物を引き渡したり受け取ったりする中で多くの問題に突き当たるでしょう。たとえば、誰が貨物の運賃、保険料、輸出入のための関税およびその他の費用を支払うべきか、誰が輸送の手配をし、保険に関する手続きをするか、リスクがいつ売り手から買い手に移転するか、などです。国際貿易取引をするたびに、買い手と売り手はこのようなことについて話し合いをしなければならないとすれば、きっと多くの時間と金を浪費することになり、取引もうまくいかないかもしれません。このような状況を背景にして、いくつかの定型取引条件がしだいに生成されていきました。それが、われわれが今日で言う取引条件です。

　取引条件は通常、アルファベット3文字で表記されます。たとえば、FOB、CIF、CFRなどです。現在、この3つの取引条件が国際貿易の実務で最も多く使われています。FOBとは、「Free on Board」の略号ですが、積出港にあ

る船の上で貨物を引渡すということを意味します。それゆえに「港を離れる価格」とも呼ばれます。FOB条件を用いる場合には、一般的にFOBの後に積出港の名称を明示する必要があります。したがって、われわれは契約書の価格条項の中で「FOB Shanghai US$10,000.00」のような価格条件をしばしば見かけます。この条件は、売り手は上海港で貨物を船に積込んだ時に貨物を引渡す義務を果たしたということを意味します。買い手は貨物を引渡された後に発生したリスク、責任と費用をすべて負担しなければなりません。

# 第7章

## 支払方法（付款方式）

## 【会話編】

❖中国ABC公司の会議室で
（在中国ABC公司的会议室）

| | |
|---|---|
| 铃　　木： | 许经理，我想问一下付款方式。 |
| Líng mù： | Xǔ jīnglǐ, wǒ xiǎng wèn yíxià fùkuǎn fāngshì. |
| 鈴　　木： | 許支配人、支払方法についてお尋ねします。 |
| 许 经 理： | 我们正好也很关心这个问题。 |
| Xǔ jīnglǐ： | Wǒmen zhènghǎo yě hěn guānxīn zhège wèntí. |
| 許支配人： | われわれもちょうどそのことが気にかかっていたところです。 |
| 铃　　木： | 贵公司一般采用哪种付款方式？ |
| Líng mù： | Guì gōngsī yìbān cǎiyòng nǎzhǒng fùkuǎn fāngshì? |
| 鈴　　木： | 御社の通常の支払条件はどのようなものですか？ |
| 许 经 理： | 我们一般采用信用证付款。 |
| Xǔ jīnglǐ： | Wǒmen yìbān cǎiyòng xìnyòngzhèng fùkuǎn. |
| 許支配人： | われわれは一般的に信用状による支払をお客様にお願いしています。 |
| 铃　　木： | 采用信用证付款时，有什么具体要求吗？ |
| Líng mù： | Cǎiyòng xìnyòngzhèng fùkuǎn shí, yǒu shénme jùtǐ yāoqiú ma? |
| 鈴　　木： | 信用状による支払方法の場合には、何か具体的なご要望がありますか。 |
| 许 经 理： | 没有什么特别的要求。根据国际惯例，只要是不可撤消的即期信用 |

|  |  |
|---|---|
|  | 证就行。不过，这批订单的量比较大，所以想请贵公司预付20％的货款。 |
| Xǔ jīnglǐ： | Méiyǒu shénme tèbié de yāoqiú. Gēnjù guójì guànlì, zhǐyào shì bùkě chèxiāo de jíqī xìnyòngzhèng jiù xíng. Búguò, zhè pī dìngdān de liàng bǐjiào dà, suǒyǐ xiǎng qǐng guì gōngsī yùfù bǎi fēn zhī èrshí de huòkuǎn. |
| 許支配人： | 特にありません。国際的慣習により、一覧払取消不能信用状でさえあれば結構です。しかし、今回の注文量が比較的多いため、代金の20％を前払いしていただくようお願いしたいと思います。 |
| 铃　　木： | 我们可以预付20％的货款。可是，剩余的80％，用付款交单或者承兑交单的方式支付，行吗？ |
| Líng mù： | Wǒmen kěyǐ yùfù bǎi fēn zhī èrshí de huòkuǎn. Kěshì, shèngyú de bǎi fēn zhī bāshí, yòng fùkuǎnjiāodān huòzhě chéngduìjiāodān de fāngshì zhīfù, xíng ma? |
| 鈴　　木： | 代金の20％を前払いすることは可能です。しかし、残りの80％は、D/PまたはD/Aという支払条件にしていただけないでしょうか。 |
| 许 经 理： | 我们认为，这类付款方式风险比较大，尤其是承兑交单。因此我们一般不接受这些付款方式。 |
| Xǔ jīnglǐ： | Wǒmen rènwéi, zhè lèi fùkuǎng fāngshì fēngxiǎn bǐjiào dà, yóuqí shì chéngduìjiāodān. Yīncǐ wǒmen yìbān bù jiēshòu zhèxiē fùkuǎn fāngshì. |
| 許支配人： | われわれは、そのような支払条件のリスクは比較的大きいと見ています。とりわけ、D/Aの方です。したがって、われわれは一般的にはこれらの支払条件を引き受けません。 |
| 铃　　木： | 那么，除了信用证付款方式以外，贵公司还接受哪些付款方式呢？ |
| Líng mù： | Nàme, chúle xìnyòngzhèng fùkuǎng fāngshì yǐwài, guì gōngsī hái jiēshòu nǎ xiē fùkuǎn fāngshì ne? |
| 鈴　　木： | それでは、信用状による支払条件以外、御社はどのような支払条件を受け入れますか。 |

| | |
|---|---|
| 许经理： | 其实，我们最欢迎的是电汇方式。我们一收到货款后，就可以准备发运了。 |
| Xǔ jīnglǐ: | Qíshí, wǒmen zuì huānyíng de shì diànhuì fāngshì. Wǒmen yī shōudào huòkuǎn hòu, jiù kěyǐ zhǔnbèi fāyùn le. |
| 許支配人： | 実際には、電信為替を一番歓迎します。入金が確認されると、すぐに貨物の引渡準備に取り掛かることができます。 |
| 铃木： | 可是，这种付款方式，对我们来说风险挺大。 |
| Líng mù: | Kěshì, zhè zhǒng fùkuǎn fāngshì, duì wǒmen láishuō fēngxiǎn tǐng dà. |
| 鈴木： | しかし、この支払条件は、われわれにとってリスクがとても大きくなります。 |
| 许经理： | 我们公司是重信用、讲信誉的。我们的产品和服务一定会让贵公司感到满意的。 |
| Xǔ jīnglǐ: | Wǒmen gōngsī shì zhòng xìnyòng, jiǎng xìnyù de. Wǒmen de chǎnpǐn hé fúwù yídìng huì ràng guì gōngsī gǎndào mǎnyì de. |
| 許支配人： | 弊社は信用を重んじ、高い評判を得ています。われわれの製品とサービスはきっと御社に満足していただけることでしょう。 |
| 铃木： | 这一点我相信。可是，这种付款方式对我们资金周转的压力的确很大。 |
| Líng mù: | Zhè yì diǎn wǒ xiāngxìn. Kěshì, zhè zhǒng fùkuǎn fāngshì duì wǒmen zījīn zhōuzhuǎn de yālì díquè hěn dà. |
| 鈴木： | それについては私は信じております。しかし、この支払条件では、間違いなくわれわれの資金繰りを圧迫することになります。 |
| 许经理： | 既然如此，咱们就采用信用证支付方式吧。 |
| Xǔ jīnglǐ: | Jìrán rúcǐ, zánmen jiù cǎiyòng xìnyòngzhèng zhīfù fāngshì ba. |
| 許支配人： | そういうことなら、信用状による支払ということにしましょう。 |
| 铃木： | 行。这样的话，我们双方都可以放心。 |
| Líng mù: | Xíng. Zhèyàng dehuà, wǒmen shuāngfāng dōu kěyǐ fàngxīn. |
| 鈴木： | 結構です。それならば、お互いに安心できるでしょう。 |
| 许经理： | 为了保证按时交货，贵公司最好在货物装运前一个月开出信用证。 |

| | | |
|---|---|---|
| Xǔ jīnglǐ: | | Wèile bǎozhèng ànshí jiāohuò, guì gōngsī zuìhǎo zài huòwù zhuāngyùn qián yí ge yuè kāi chū xìnyòngzhèng. |
| 許支配人： | | 期日どおりに貨物を引渡すことを確保するために、御社は貨物を積み出す1ヶ月前に信用状を開設したほうがいいですね。 |
| 铃　　木： | | 好吧。就这么定了。 |
| Líng mù: | | Hǎo ba. Jiù zhème dìng le. |
| 鈴　　木： | | 分かりました。これにて決定といたしましょう。 |

[新出単語]

1. 付款（離合詞）　　　fù//kuǎn　　　金を支払う
2. 方式（名詞）　　　　fāngshì　　　方式、形式、やり方
3. 正好（副詞）　　　　zhènghǎo　　都合よく、ちょうど
4. 关心（動詞）　　　　guānxīn　　　関心を持つ、気にかける
5. 特别（形容詞）　　　tèbié　　　　特別である、特殊である
6. 撤消（動詞）　　　　chèxiāo　　　取り消す、撤回する
7. 即期（名詞）　　　　jíqī　　　　一覧払い
8. 不过（接続詞）　　　búguò　　　　ただし、ただ、でも
9. 订单（名詞）　　　　dìngdān　　　注文書
10. 预付（動詞）　　　　yùfù　　　　前払いする、前金を払う
11. 货款（名詞）　　　　huòkuǎn　　　商品の代金
12. 剩余（動詞/名詞）　　shèngyú　　　残る、余る、残り、剰余
13. 支付（動詞）　　　　zhīfù　　　（金を）支払う
14. 认为（動詞）　　　　rènwéi　　　～と考える、～と思う
15. 类（名詞）　　　　　lèi　　　　　たぐい、種類、類似
16. 尤其（副詞）　　　　yóuqí　　　　特に、とりわけ、中でも
17. 除了（介詞）　　　　chúle　　　～を除いて、～のほか
18. 以外（方位詞）　　　yǐwài　　　　～以外、～の外
19. 其实（副詞）　　　　qíshí　　　　実は、実際には、
20. 电汇（名詞）　　　　diànhuì　　　電信為替
21. 收到（動詞）　　　　shōudào　　　受け取る、手に入る

| | | | |
|---|---|---|---|
| 22. | 发运（動詞） | fāyùn | 運び出す、出荷する |
| 23. | 挺（副詞） | tǐng | どうも、なかなか、とても |
| 24. | 重（動詞） | zhòng | 重視する |
| 25. | 信用（名詞） | xìnyòng | 信用 |
| 26. | 讲（動詞） | jiǎng | 重視する、気をつける |
| 27. | 信誉（名詞） | xìnyù | 評判 |
| 28. | 资金（名詞） | zījīn | 資金 |
| 29. | 周转（動詞） | zhōuzhuǎn | （資金などが）回転する、（資金などの）やりくりをする |
| 30. | 压力（名詞） | yālì | 圧力、プレッシャー、重荷 |
| 31. | 的确（副詞） | díquè | 確かに、疑いなく |
| 32. | 既然（接続詞） | jìrán | 〜したからには、〜である以上 |
| 33. | 如此（代名詞） | rúcǐ | このようである、そのようである、このように、そのように |
| 34. | 放心（離合詞） | fàng//xīn | 安心する |
| 35. | 保证（動詞） | bǎozhèng | 保証する |
| 36. | 按时（副詞） | ànshí | 時間どおりに |
| 37. | 开（動詞） | kāi | 開設する、開く |
| 38. | 这么（代名詞） | zhème | このように、こんなに |
| 39. | 定（動詞） | dìng | 決定する、決める、決まる |

第 7 章　支払方法（付款方式）　101

［固有名詞］
1. 信用证　　xìnyòngzhèng　　信用状（Letter of Credit：L/C）
2. 付款交单　fùkuǎnjiāodān　　手形支払書類渡し（Documents against Payment：D/P）
3. 承兑交单　chéngduìjiāodān　手形引受書類渡し（Documents against Acceptance：D/A）

［文法］
## 1. 不过
（接続詞）ただし；ただ；でも
前に述べた事柄を部分的に修正したり、前に述べた内容とは異なる考え方を提起したりするときに用いられる。多く話し言葉に用いる。

我知道这个名字，不过不知道是谁。Wǒ zhīdao zhège míngzi, búguò bù zhīdao shì shuí.
この名前を知っているが、誰かは知らない。

这个菜味道不错，不过有点儿咸。Zhège cài wèidao búcuò, búguò yǒudiǎnr xián.
この料理は味がうまいが、少し塩辛い。

别的事情也很重要，不过你先把这件事做好。Bié de shìqing yě hěn zhòngyào, búguò nǐ xiān bǎ zhè jiàn shì zuò hǎo.
ほかの事も重要だけれども、君はまずこの件をしっかりやってください。

## 2. 认为
（動詞）（人や事物に対してある見方をしたり判断を下したりして）〜と考える；〜と認める；〜と思う

我认为铃木先生的意见是对的。Wǒ rènwéi Língmù xiānsheng de yìjiàn shì duì de.
私は、鈴木さんの意見は正しいと思う。

| | |
|---|---|
| 你认为怎么样？ | Nǐ rènwéi zěnmeyàng?<br>あなたはどう思うか。 |
| 大家都认为他不错。 | Dàjiā dōu rènwéi tā búcuò.<br>みなさんは、彼がなかなか良いと思っている。 |

● 「认为」と「以为」の違い

「认为」は理性的な判断に基づいて判断を下すのに対して、「以为」は推測に基づいた見方を述べるときに用いられる。したがって、「以为」は「～と思っていたのに（事実とは違っていた）」の意味で、推測による判断と現実が違っていたときに用いられることがある。

| | |
|---|---|
| 我认为你应该常回家看看父母。 | Wǒ rènwéi nǐ yīnggāi cháng huíjiā kànkan fùmǔ.<br>君は時々親に会うために家に帰るべきであると私は思う。 |
| 我以为你回国了，原来你还没走。 | Wǒ yǐwéi nǐ huíguó le, yuánlái nǐ hái méi zǒu.<br>私は君が帰国したと思っていたが、まだ出かけなかったのか。 |
| 原来是你，我还以为是马莲呢。 | Yuánlái shì nǐ, wǒ hái yǐwéi shì Mǎlián ne.<br>君だったのか、馬蓮さんかと思った。 |

## 3. 尤其

（副詞）（より包括的な事柄を先に述べた上で、中でも特に取り立てるべき事柄を述べ）とりわけ；殊に；なかんずく；特に

我喜欢看电影，尤其喜欢看中国电影。
　　　　　　　　Wǒ xǐhuan kān diànyǐng, yóuqí xǐhuan kàn Zhōngguó diànyǐng.
　　　　　　　　私は映画鑑賞が好きだが、特に中国映画

が好きだ。
他学习成绩很好，尤其是汉语成绩。　Tā xuéxí chéngjì hěn hǎo, yóuqí shì Hànyǔ chéngjì.
彼は成績が良いが、特に中国語の成績が良い。
我喜欢吃中国菜，尤其喜欢吃饺子。　Wǒ xǐhuan chī Zhōngguó cài, yóuqí xǐhuan chī jiǎozi.
私は中華料理が好きだが、とりわけ餃子が好きだ。


4. **除了……（以外），都/还/也……**

（文型）（排除関係や添加関係を表す）～を除いて；～のほか；～以外

(1) 特別な例を除き、その他は同様であることを強調する。「都」と呼応することが多い。

除了他是上海人，我们都是北京人。
　Chúle tā shì Shànghǎi rén, wǒmen dōu shì Běijīng rén.
　彼が上海生まれなのを別にして、われわれはみな北京生まれだ。

除了他不去以外，其他的人都去。　Chúle tā bú qù yǐwài, qítā de rén dōu qù.
　彼を除いて、他の人はみな行く。

(2) 既知のものを除き、それ以外のものを補う。「还」「也」などと呼応する。

除了汉语以外，她还会说英语、日语。
　Chúle Hànyǔ yǐwài, tā hái huì shuō Yīngyǔ, Rìyǔ.
　彼女は中国語のほか、英語、日本語も話せる。

这本书，除了便宜，内容也很有意思。
　Zhè běn shū, chúle piányi, nèiróng yě

hěn yǒu yìsi.
この本は安いだけではなく、内容もとても面白い。

## 5. 其实

（副詞）（前述の内容から想像される事柄を否定しながら事実を述べる）実は；実際には；事実（は）；実のところ；実際のところ

说是冬天，其实并不冷。　　Shuō shì dōngtiān, qíshí bìng bù lěng.
冬といっても（ふつう冬は寒いものだが）実のところ寒くない。

有人说他很笨，其实他很聪明。　　Yǒu rén shuō tā hěn bèn, qíshí tā hěn cōngming.
彼を間抜けな人だと言う人がいるが、実はそうではない。

你们知道他会说汉语，其实他日语也很好。
　　Nǐmen zhīdao tā huì shuō Hànyǔ, qíshí tā Rìyǔ yě hěn hǎo.
君たちは彼が中国語を話せることを知っているだろうが、実のところ彼は日本語も上手なんだ。

## 6. 一……就……

（文型）（2つの動作・行為が時間をおかずに継起する場合）～するとすぐ～（する）；～するや～（する）

老师一说他就懂。　　Lǎoshī yì shuō tā jiù dǒng.
先生が説明すると彼はすぐにわかる。

他一有时间就听音乐。　　Tā yì yǒu shíjiān jiù tīng yīnyuè.
彼は時間があるとすぐに音楽を聴く。

我一回家就睡觉。　　Wǒ yì huíjiā jiù shuìjiào.
私は家に帰るとすぐに寝る。

[ドリル]
1. 次の文の下線部をその下部にある語句に置き換えた上で、和訳しなさい。
(1) 除了汉语（以外），她还会说英语和日语。
　　（彼女は中国語の他、英語と日本語も話せる。）
　① 　棒球　　　　　会打乒乓球
　② 　北海道　　　　去过大阪和名古屋
(2) 有人说他很笨，其实他很聪明。
　　（彼を間抜けな人だと言う人がいるが、実はそうではない。）
　① 　学习没意思　　学习很有意思
　② 　有钱就有爱情　没钱也有爱情

2. 次の単語を並べ替え、正しい文章にした上で全文を和訳しなさい。
　例： 信用证 / 一般 / 我们 / 采用 / 付款
　　　　我们一般采用信用证付款。
　　　（われわれは通常、信用状による支払方法を採る。）
　① 关心 / 我们 / 问题 / 也 / 这个 / 很
　② 特别 / 什么 / 的 / 要求 / 我们 / 没有
　③ 大 / 比较 / 种 / 付款 / 这 / 风险 / 方式 / 的
　④ 电汇 / 我们 / 是 / 喜欢 / 最 / 方式 / 的 / 付款

3. 次の文を中国語に訳しなさい。
　中国ABC公司は、一般的に信用状による支払条件をとっています。国際的規則に基づき、一覧払取消不能信用状でさえあればよいとしています。しかし、今回の注文量が比較的多いため、許支配人は鈴木さんに代金の20%を前払いするよう依頼しました。鈴木さんは20%の代金の前払いの依頼を引き受けるものの、残りの80%はD/PまたはD/Aの方法を用いて支払うことを考えていました。許支配人はこの2つの支払条件、とりわけD/Aのほうはリスクが大きいので、引き受けないと言いました。結局、彼らは信用状による決済条件を用いることを約束しました。

　　　　　　　　　　　　　　　（結局：结果 jiéguǒ）

[解答]

1. (1) ① 除了棒球（以外），她还会打乒乓球。
　　　　　　（彼女は野球のほか、卓球もできる。）
　　　② 除了北海道（以外），她还去过大阪和名古屋。
　　　　　　（彼女は北海道のほか、大阪と名古屋にも行ったことがある。）
　 (2) ① 有人说学习没意思，其实学习很有意思。
　　　　　　（勉強はつまらないと言った人がいるが、実は勉強はとても面白い。）
　　　② 有人说有钱就有爱情，其实没钱也有爱情。
　　　　　　（お金があれば愛情があると言った人がいるが、実はお金がなくても愛情がある。）

2. ① 我们也很关心这个问题。
　　　　　（われわれもこのことは気にかけている。）
　 ② 我们没有什么特别的要求。
　　　　　（われわれは何も特別な要求があるわけではない。）
　 ③ 这种付款方式的风险比较大。
　　　　　（このような支払条件のリスクは比較的大きい。）
　 ④ 我们最喜欢的付款方式是电汇。
　　　　　（われわれが最も好む支払条件は電信為替です。）

3. 中国ABC公司一般采用信用证付款方式。根据国际惯例，只要是不可撤消的即期信用证就行。但是，这批订单的量比较大，所以许经理请铃木先生预付20%的货款。铃木先生接受了20%的货款预付请求，可是，剩余的80%，他想采用付款交单或者承兑交单的方式支付。许经理说，由于这两种付款方式，尤其是承兑交单方式风险很大，因此不接受。结果，他们说好采用信用证付款方式。

## 【文化・慣習編】

### 国际贸易中的付款方式

　　在国际贸易中，买卖双方的基本义务是：卖方发货，买方付钱。交易时买方希望安全收货；卖方希望安全收款。由于收货和收款直接关系到买卖双方的利益，因此，也常常要求双方在价格谈判中作出明确的规定。

　　目前，各国进出口业务中所使用的付款方式，主要采用汇款、托收和信用证三种方式。所谓汇款（Remittance），就是买卖双方签订合同以后，卖方把货物发给买方，而买方将货款用汇付方式汇给卖方的方式。汇款方式包括电汇、票汇和信汇。目前，常用的是电汇和票汇。汇款方式的特点是：费用少、速度快、操作简便。可是，汇款方式风险大。

　　托收是出口商为了向进口商收取货款，出具汇票委托银行代为收款的一种支付方式。在贸易实践中常用的是出口跟单托收。跟汇款方式相比，使用出口跟单托收时，货款回收有一定的保证。出口跟单托收可以分为付款交单（D/P）和承兑交单（D/A）两种方式。这种支付方式的特点是：银行费用低廉、手续简便、风险比较小。出口商采用这种支付方式的时候，最好先了解进口商的资信情况，并且有足够的资金。

　　信用证是银行根据国内进口商的申请，向国外出口商提供付款保证的支付方式。由于银行提供的是银行信用，因此采用信用证支付方式时，出口商收款的风险会大大地降低。信用证支付方式的特点是：改善进口商的谈判地位，货物有所保证，减少出口商的资金占用。一般来说，进口商和出口商希望对双方的行为进行一定的约定时，或者进口商处于卖方市场，出口商坚持使用信用证方式进行结算时，采用信用证方式支付。

　　（资料来源：中国银行网页 http://www.boc.cn/cbservice/cb3/cb33。有增删。）

## [新出単語]

| | | | |
|---|---|---|---|
| 1. | 义务（名詞） | yìwù | 義務、責務 |
| 2. | 发货（離合詞） | fā//huò | 商品を発送する、出荷する |
| 3. | 安全（形容詞/名詞） | ānquán | 安全である |
| 4. | 直接（形容詞） | zhíjiē | 直接の、じかに |
| 5. | 关系（名詞/動詞） | guānxi | 関係、つながり、関わり合い |
| 6. | 利益（名詞） | lìyì | 利益 |
| 7. | 明确（形容詞/動詞） | míngquè | 明確である、明確にする |
| 8. | 汇款（離合詞） | huì//kuǎn | 送金する、送金為替を組む |
| 9. | 托收（名詞） | tuōshōu | 取立て、コレクション |
| 10. | 所谓（形容詞） | suǒwèi | いわゆる、～というのは、 |
| 11. | 签订（動詞） | qiāndìng | （条約または契約を）締結し署名する、調印する |
| 12. | 将（介詞） | jiāng | （書面語）～を、（話し言葉の「把」に相当） |
| 13. | 汇付（動詞） | huìfù | 送金して支払う |
| 14. | 电汇（名詞） | diànhuì | 電信為替（Telegraphic Transfer：T/T） |
| 15. | 票汇（名詞） | piàohuì | （為替類を）現金にする（Remittance by Banker's Demand Draft：D/D） |
| 16. | 信汇（名詞） | xìnhuì | 郵便為替、送金手形（Mail Transfer：M/T） |
| 17. | 速度（名詞） | sùdù | 速度、スピード |
| 18. | 操作（動詞） | cāozuò | 操作する |
| 19. | 简便（形容詞） | jiǎnbiàn | 簡便である、簡単である |
| 20. | 收取（動詞） | shōuqǔ | 受け取る、もらう |
| 21. | 出具（動詞） | chūjù | （証明書などを）発行する、作成する |
| 22. | 汇票（名詞） | huìpiào | 為替手形 |
| 23. | 委托（動詞） | wěituō | 委託する、依頼する、任せる、頼む、委任する |

| | | | |
|---|---|---|---|
| 24. | 代为（動詞） | dàiwéi | 代わりに〜する、代行する |
| 25. | 相比（動詞） | xiāngbǐ | 比べる、比較する |
| 26. | 低廉（形容詞） | dīlián | （値段が）安い |
| 27. | 资信（名詞） | zīxìn | （企業あるいは個人の）信用、与信 |
| 28. | 足够（形容詞/動詞） | zúgòu | 足りる、十分である、〜に足りる、十分〜である |
| 29. | 申请（動詞） | shēnqǐng | 申請する、申し出る、申請 |
| 30. | 降低（動詞） | jiàngdī | 下がる、下げる |
| 31. | 改善（動詞） | gǎishàn | 改善（する）、よくする |
| 32. | 地位（名詞） | dìwèi | 地位、立場 |
| 33. | 减少（動詞） | jiǎnshǎo | 減らす、少なくする |
| 34. | 占用（動詞） | zhànyòng | 占用する |
| 35. | 行为（名詞） | xíngwéi | 行為、行動 |
| 36. | 进行（動詞） | jìnxíng | 行う、する、進める |
| 37. | 约定（動詞） | yuēdìng | 約束する、前もって取り決める |
| 38. | 坚持（動詞） | jiānchí | 堅持する、固執する |
| 39. | 结算（動詞） | jiésuàn | 決算（する） |

[文法]

1. 关系

（動詞）（〜に）関係する；関連する；かかわる

「关系到」の形で用いることが多い。

这是（一）个关系到能不能毕业的问题。

Zhè shì (yí) ge guānxi dào néng bu néng bìyè de wèntí.

これは卒業できるかどうかにかかわる問題である。

这件事关系到我们今后能不能合作，所以很重要。

Zhè jiàn shì guānxi dào wǒmen jīnhòu néng bu néng hézuò, suǒyǐ hěn

zhòngyào.
このことはわれわれが今後提携することができるかどうかにかかわっているので、とても重要である。

## 2. 所

(助詞)(他動詞の前に用い、名詞句を作る)～するところの(もの)
書面語に用いることが多い。
(1)「的」を伴って名詞を修飾する。

我所认识的人不多。　　Wǒ suǒ rènshi de rén bù duō.
　　　　　　　　　　私の知っている人は多くない。
他所说的话是对的，可是所用的方法是错的。
　　　　　　　　　　Tā suǒ shuō de huà shì duì de, kěshì suǒ yòng de fāngfǎ shì cuò de.
　　　　　　　　　　彼が言ったことは正しいが、用いた方法は間違っている。

(2)「的」を伴わずに名詞の代わりに用いる。

快要考试了，我们应该有所准备。Kuàiyào kǎoshì le, wǒmen yīnggāi yǒu suǒ zhǔnbèi.
　　　　　　　　　　まもなくテストになるが、われわれは幾らか準備をすべきである。
产量每年都有所增加。　　Chǎnliàng měinián dōu yǒu suǒ zēngjiā.
　　　　　　　　　　生産高は毎年増加している。

## 3. 所谓

(形容詞)(説明・解釈すべき語句の前に用い、次にその説明・解釈をする)(よくいわれている)～というのは；～とは；いわゆる

　名詞、動詞、主述句を修飾する。述語にはならない。
所谓民主，只是一种手段。Suǒwèi mínzhǔ, zhǐshì yì zhǒng shǒuduàn.
　　　　　　　　　　いわゆる民主とは、一種の手段に過ぎない。

所谓有钱人，就是有很多钱的人。　Suǒwèi yǒu qián rén, jiùshì yǒu hěn duō qián de rén.
いわゆるお金持ちとは、お金をたくさん持っている人である。

## 4. 将

（介詞）（書面語）～を
話し言葉の「把」に相当する

她将房间打扫干净了。　　　　　Tā jiāng fángjiān dǎsǎo gānjìng le.
彼女は部屋を綺麗に掃除した。

屋子里的空气不好，将门打开吧。　Wūzi li de kōngqì bù hǎo, jiāng mén dǎkāi ba.
部屋の空気が良くないので、ドアを開けよう。

我们一定要将这个工作做好。　　　Wǒmen yídìng yào jiāng zhège gōngzuò zuò hǎo.
われわれは絶対にこの仕事をしっかりやろうよ。

## 5. 相比

（動詞）（両方を）比べる；比較する

跟他相比，我的汉语水平还不高。　Gēn tā xiāngbǐ, wǒ de Hànyǔ shuǐpíng hái bù gāo.
彼と比べ、私の中国語のレベルがまだ高くはない。

和去年相比，产量提高了1倍。　　　Hé qùnián xiāngbǐ, chǎnliàng tígāo le yí bèi.
昨年と比べ、生産高は倍増した。

## 6. 并且

（接続詞）しかも；かつ；また；そして

一般に書面語に用いられ、並列または累加を表す。「并且」の後には副詞「也」「还」「又」などが呼応することも多い。

| 她长得很漂亮，并且会打扮。 | Tā zhǎng de hěn piàoliang, bìngqiě huì dǎbàn. |

彼女は美しく、しかもおしゃれがうまい。

| 他会说汉语，并且说得很好。 | Tā huì shuō Hànyǔ, bìngqiě shuō de hěn hǎo. |

彼は中国語を話せるが、しかもとても上手である。

[訳文]

## 国際貿易における支払方法

　国際貿易の中で、買い手と売り手の双方の基本的な義務は、売り手は貨物を引渡し、買い手はお金を支払うことです。取引するときには、買い手は貨物を無事に受け取ることを希望しますが、売り手は代金を確実に回収することを願います。貨物の受取りと代金の回収は買い手と売り手の双方の利益に直接かかわります。したがって、双方が価格交渉の中で明確に決めておくことも求められます。

　現在、各国で輸出入業務に使われている支払方法は、主に送金、取立と信用状の3つの方法です。いわゆる送金とは、買い手と売り手の双方は契約締結後に、売り手は貨物を買い手に引渡すのに対して、買い手は代金を売り手に送金する方法をいいます。送金方法には電信為替（T/T）、送金小切手（D/D）と普通送金（M/T）が含まれています。現在、電信為替（T/T）と送金小切手（D/D）がよく使われています。送金による支払方法の特徴は、費用が少なく、スピードが速く、操作が簡単なところにあります。しかし、送金方式には大きいリスクが潜んでいます。

代金取立とは、輸出者が輸入者から商品の代金を回収するために、手形を振出し、代わりに代金の取立を銀行に依頼する支払方法です。貿易実務でよく使われるのは、荷為替手形による代金取立です。送金方式と比べ、荷為替手形による代金取立を用いる場合には、代金回収はある程度確保されます。荷為替手形による代金取立は、手形支払書類渡し（D/P）と手形引受書類渡し（D/A）の2種類に再分類されます。代金取立による方式は、銀行の費用が安く、手続きが簡単で、リスクが低いことに特徴づけられます。輸出者がこの支払方法を用いる際には、輸入者の信用状況を事前に調査し、その上で充分な資金を準備したほうがよいでしょう。

　信用状とは、銀行が国内の輸入者の依頼を受け、外国の輸出者に代金を支払うことを確約する方法を指します。銀行が供与したのは銀行信用であるため、信用状による支払方法を用いるときには輸出者の代金回収のリスクは大きく下がるでしょう。信用状による支払方法の特徴として、輸入者の交渉地位を改善し、貨物の引渡しを保証し、輸出者の資金に対する占用を減らすことが挙げられます。一般的に言うと、輸入者と輸出者が相手方の行為に一定の制限を加えようとする場合、または輸入者が売り手市場に置かれ、輸出者は信用状を用いて決済することに固執する場合には、信用状による支払方法を採用します。

　（出所：中国銀行 HP http://www.boc.cn/cbservice/cb3/cb33 により作成。）

# 第8章

## 梱包（包装）

## 【会話編】

❖中国 ABC 公司の会議室で
（在中国 ABC 公司的会议室）

| 铃　　木： | 下面我想就包装问题向许经理请教一下。 |
| Líng mù： | Xiàmian wǒ xiǎng jiù bāozhuāng wèntí xiàng Xǔ jīnglǐ qǐngjiào yíxià. |
| 鈴　　木： | 次に、梱包のことについて許支配人に何点か教えていただきたいです。 |
| 许 经 理： | 请说。铃木先生对包装有什么要求吗？ |
| Xǔ jīnglǐ： | Qǐng shuō. Língmù xiānsheng duì bāozhuāng yǒu shénme yāoqiú ma? |
| 許支配人： | どうぞ。鈴木さんは梱包に何かご要望がございますか。 |
| 铃　　木： | 许经理，您是知道的，包装具有保护商品和促进销售的作用。所以我很想了解一下贵公司的出口包装方法。 |
| Líng mù： | Xǔ jīnglǐ, nín shì zhīdao de, bāozhuāng jùyǒu bǎohù shāngpǐn hé cùjìn xiāoshòu de zuòyòng. Suǒyǐ wǒ hěn xiǎng liǎojiě yíxià guì gōngsī de chūkǒu bāozhuāng fāngfǎ. |
| 鈴　　木： | 許支配人、ご存知の通り、梱包は商品を保護し、販売を促進する効果があります。ゆえに、私は御社の輸出品梱包方法を詳しく知りたいと思います。 |
| 许 经 理： | 我们一般委托专门的包装公司。 |

| | |
|---|---|
| Xǔ jīnglǐ： | Wǒmen yìbān wěituō zhuānmén de bāozhuāng gōngsī. |
| 許支配人： | わが社では通常、梱包は専門の梱包業者に依頼しています。 |
| 铃　　木： | 服装的包装一般使用什么材料？ |
| Líng mù： | Fúzhuāng de bāozhuāng yìbān shǐyòng shénme cáiliào? |
| 鈴　　木： | アパレル製品の梱包材として一般的にどのようなものが使われますか。 |
| 许 经 理： | 包装材料主要使用塑料袋、纸箱和防潮材料。我们通常用瓦楞硬纸板箱，每箱装3打，然后用胶带封口。 |
| Xǔ jīnglǐ： | Bāozhuāng cáiliào zhǔyào shǐyòng sùliào dài, zhǐxiāng hé fángcháo cáiliào. Wǒmen tōngcháng yòng wǎléng yìng zhǐbǎn xiāng, měi xiāng zhuāng sān dá, ránhòu yòng jiāodài fēngkǒu. |
| 許支配人： | 梱包材として主にビニール袋、段ボール箱と防湿材料を使用します。わが社では通常ウォールカートンを使っており、1箱に3ダースを入れ、それからガムテープで封をします。 |
| 铃　　木： | 除了这种折叠式包装以外，还有其他的包装方法吗？ |
| Líng mù： | Chúle zhè zhǒng zhédié shì bāozhuāng yǐwài, háiyǒu qítā de bāozhuāng fāngfǎ ma? |
| 鈴　　木： | この折りたたみ式梱包以外に他の梱包方法はございますか。 |
| 许 经 理： | 您说的是立体包装吗？ |
| Xǔ jīnglǐ： | Nín shuō de shì lìtǐ bāozhuāng ma? |
| 許支配人： | あなたがおっしゃりたいのは立体梱包ですか。 |
| 铃　　木： | 对。套装可不可以采用立体包装呢？ |
| Líng mù： | Duì. Tàozhuāng kě bu kěyǐ cǎiyòng lìtǐ bāozhuāng ne? |
| 鈴　　木： | その通りです。スーツには立体梱包を用いることができますか。 |
| 许 经 理： | 可以是可以，不过这样一来，我们的包装费用就高了。 |
| Xǔ jīnglǐ： | Kěyǐ shì kěyǐ, búguò zhèyàng yìlái, wǒmen de bāozhuāng fèiyòng jiù gāo le. |
| 許支配人： | できることはできますが、そうすると当方の梱包費用は高くつきますね。 |

| | |
|---|---|
| 铃　　木： | 贵公司只不过多买些衣架和塑料袋，可是却省得折叠了，况且在高档服装的物流中一般都采用这种挂装运输。 |
| Líng mù： | Guì gōngsī zhǐbuguò duō mǎi xiē yījià hé sùliào dài, kěshì què shěngde zhédié le, Kuàngqiě zài gāodàng fúzhuāng de wùliú zhōng yìbān dōu cǎiyòng zhè zhǒng guànzhuāng yùnshū. |
| 鈴　　木： | 御社はハンガーとビニール袋だけを多めに買うようになるに過ぎませんし、その上にスーツを折り畳む必要がなくなります。またアパレル高級製品の物流ではこのような立体梱包のままで輸送される方法を用いるのが一般的です。 |
| 许　经　理： | 那么套装就采用立体包装吧。 |
| Xǔ jīnglǐ： | Nàme tàozhuāng jiù cǎiyòng lìtǐ bāozhuāng ba. |
| 許支配人： | それでしたら、スーツには立体梱包を採用します。 |
| 铃　　木： | 谢谢。许经理，我还想问一个问题，洗涤标志能不能用日语表示？ |
| Líng mù： | Xièxie. Xǔ jīnglǐ, wǒ hái xiǎng wèn yíge wèntí, xǐdí biāozhì néng bu néng yòng Rìyǔ biǎoshì? |
| 鈴　　木： | どうも有難うございます。許支配人、もう1つお尋ねしたいのですが、洗濯表示マークには日本語を使っていただいてもよろしいですか。 |
| 许　经　理： | 当然可以。铃木先生还有什么要求吗？ |
| Xǔ jīnglǐ： | Dāngrán kěyǐ. Língmù xiānsheng hái yǒu shénme yāoqiú ma? |
| 許支配人： | もちろんできます。鈴木さん、この他にまだ何かご要望がございますか。 |
| 铃　　木： | 没有了。在日本，顾客是上帝。我们不得不考虑用户的方便啊。 |
| Líng mù： | Méiyǒu le. Zài Rìběn, gùkè shì Shàngdì. Wǒmen bùdé bù kǎolǜ yònghù de fāngbiàn a. |
| 鈴　　木： | もう大丈夫です。日本では、「お客様は神様」といっています。われわれはユーザーの立場から考えざるをえません。 |
| 许　经　理： | 这个我们能理解。 |
| Xǔ jīnglǐ： | Zhège wǒmen néng lǐjiě. |
| 許支配人： | それは私どももよく理解できます。 |

铃　　木：　谢谢。
Líng mù：　Xièxie.
鈴　　木：　どうも有り難うございます。

[新出単語]

| | | | |
|---|---|---|---|
| 1. | 包装（動詞/名詞） | bāozhuāng | 包装する、パッキング |
| 2. | 请教（動詞） | qǐngjiào | 教えを請う、教えてもらう |
| 3. | 具有（動詞） | jùyǒu | 備える、持つ |
| 4. | 保护（動詞） | bǎohù | 保護する、守る |
| 5. | 促进（動詞） | cùjìn | 促進する、拍車をかける |
| 6. | 做法（名詞） | zuòfǎ | やり方、仕事の順序 |
| 7. | 专门（形容詞） | zhuānmén | 専門の、専門に |
| 8. | 服装（名詞） | fúzhuāng | 服装、身なり |
| 9. | 材料（名詞） | cáiliào | 材料、原料 |
| 10. | 塑料（名詞） | sùliào | プラスチック |
| 11. | 袋（名詞） | dài | 袋 |
| 12. | 纸箱（名詞） | zhǐxiāng | 段ボール箱、商品包装用の板紙箱 |
| 13. | 防潮（動詞） | fángcháo | 湿気を防ぐ、防湿の |
| 14. | 瓦楞纸（名詞） | wǎléngzhǐ | 段ボール（中芯紙の波形が「瓦楞」（屋根瓦の溝）のようであることから、「瓦楞纸板」ともいう。 |
| 15. | 硬（形容詞） | yìng | 堅い |
| 16. | 装（動詞） | zhuāng | 積む、詰め込む |
| 17. | 打（量詞） | dá | ダース |
| 18. | 胶带（名詞） | jiāodài | ガムテープ |
| 19. | 封口（動詞） | fēng//kǒu | 封をする |
| 20. | 折叠（動詞） | zhédié | 折り畳む、折り畳み式の |
| 21. | 立体（形容詞） | lìtǐ | 立体、立体感がある |
| 22. | 一来（接続詞） | yìlái | 〜すると〜になる |
| 23. | 只不过（副詞） | zhǐbuguò | ただ〜にすぎない |

| | | |
|---|---|---|
| 24. 衣架（名詞） | yījià | ハンガー、外套掛け |
| 25. 却（副詞） | què | かえって、にもかかわらず |
| 26. 省得（接続詞） | shěngde | しないですむように |
| 27. 况且（接続詞） | kuàngqiě | その上、それに、まして |
| 28. 高档（形容詞） | gāodàng | 高級の、上等の |
| 29. 物流（名詞） | wùliú | 物流 |
| 30. 挂（動詞） | guà | 掛ける、掛かる |
| 31. 洗涤（動詞） | xǐdí | 洗浄する、洗い清める |
| 32. 标志（名詞） | biāozhì | しるし、マーク |
| 33. 顾客（名詞） | gùkè | 顧客、お得意 |
| 34. 上帝（名詞） | Shàngdì | 神 |
| 35. 不得不（文型） | bùdé bù | 〜せざるを得ない |
| 36. 考虑（動詞） | kǎolǜ | 考慮する、考える |
| 37. 用户（名詞） | yònghù | 使用者、利用者、ユーザー |
| 38. 方便（形容詞） | fāngbiàn | 便利な、便利である |

[文法]

1. 就

   （介詞）（動作の対象や範囲を示す）〜について；〜に基づいて

   同学们就这个问题提出了很多意见。　Tóngxué men jiù zhège wèntí tíchū le hěn duō yìjiàn.
   みなさんはこの問題についてたくさん主張した。

   就学习成绩来说，我还没有你好。　Jiù xuéxí chéngjì láishuō, wǒ hái méiyǒu nǐ hǎo.
   勉強の成績から言えば、私はあなたにも及ばない。

   我想就包装问题向您请教一下。　Wǒ xiǎng jiù bāozhuāng wèntí xiàng nín qǐngjiào yíxià.
   梱包のことについてあなたに教えていた

だきたい。

## 2. 只不过

(副詞) ただ〜にすぎない

文末に「罢了 (bàle)」「而已 (éryǐ)」などを用いて語気を強めることが多い。

| | |
|---|---|
| 北京，我只不过去了一次。 | Běijīng, wǒ zhǐbuguò qù le yí cì.<br>北京へは、私はたった一度行ったにすぎない。 |
| 我只不过有点儿感冒。 | Wǒ zhǐbuguò yǒudiǎnr gǎnmào.<br>私はただ少々風邪を引いただけだ。 |
| 我只不过跟你开个玩笑罢了，你别当真呀。 | Wǒ zhǐbuguò gēn nǐ kāi ge wánxiào bàle, nǐ bié dàng zhēn ya.<br>私はただあなたに冗談を言っただけだ。本気にしないでください。 |

## 3. 却

(副詞) (話し手の予想や通常の道理に反するとき) 〜のに；かえって；にもかかわらず；ところが

| | |
|---|---|
| 大家都去旅行了，他却没去。 | Dàjiā dōu qù lǚxíng le, tā què méi qù.<br>皆が旅行に行ったのに、彼は行かなかった。 |
| 现在已经是春天了，日本却下雪。 | Xiànzài yǐjīng shì chūntiān le, Rìběn què xià xuě.<br>今はすでに春なのに、日本では雪が降っている。 |
| 天气不冷，他却穿了很多衣服。 | Tiānqì bù lěng, tā què chuān le hěn duō yīfu.<br>寒くないのに、彼はたくさん服を着ていた。 |

## 4. 省得

（接続詞）（好ましくないことを）しないですむように

前を受けて後の文の冒頭に用いる。話し言葉に用いることが多い。

自己的事情自己做，省得麻烦别人。Zìjǐ de shìqing zìjǐ zuò, shěngde máfan biérén.

他人を煩わさないですむように、自分のことは自分でやる。

你去之前最好先打个电话，省得白跑一趟。

Nǐ qù zhīqián zuìhǎo xiān dǎ ge diànhuà, shěngde bái pǎo yí tàng.

無駄足にならないように、あなたは出かける前に電話を掛けたほうがよいだろう。

你到了北京就给她发电子邮件，省得她担心。

Nǐ dào le Běijīng jiù gěi tā fā diànzǐ yóujiàn, shěngde tā dānxīn.

彼女が心配しないように、君は北京に着いたらすぐ彼女にメールを送りなさい。

## 5. 况且

（接続詞）その上；それに；まして；かつまた

「又」「也」「还」などを呼応させて用いることが多い。

我不喜欢那件衣服，况且颜色也太土了。

Wǒ bù xǐhuan nà jiàn yīfu, kuàngqiě yánsè yě tài tǔ le.

私はその服が好きではない、それに色もセンスがない。

我们大概能按时回学校，因为路不太远，况且我们还有自行车。

Wǒmen dàgài néng ànshí huí xuéxiào, yīnwèi lù bú tài yuǎn, kuàngqiě wǒmen hái yǒu zìxíngchē.

第 8 章 梱包（包装）　　121

私たちはたぶん時間どおりに学校に戻れる、道は遠くないし、その上私たちには自転車があるから。

## 6. 不得不

（文型）（2重否定：後には動詞句や「这样」「如此（rúcǐ）」などを伴い、状況に迫られ）〜せざるをえない；やむをえず〜しなければならない

末班车已经开走了，我不得不打的回家。

Mòbānchē yǐjīng kāi zǒu le, wǒ bùdé bù dǎdī huíjiā.

終電（終バス）がもう出てしまったので、タクシーで帰らざるをえない。

这是学校的规定，我不得不这么做。Zhè shì xuéxiào de guīdìng, wǒ bùdé bù zhème zuò.

これは校則なので、私はこうせざるをえない。

---

［ドリル］
1. 次の文の下線部をその下部にある語句に置き換えた上で、和訳しなさい。
(1) 我只不过有点儿感冒罢了。　　（私はただ少し風邪を引いただけだ。）
　① 他　　　跟你开个玩笑
　② 妈妈　　说说
(2) 大家都去旅行了，他却没去。　（皆が旅行に行ったのに、彼は行かなかった。）
　① 小孩子都知道这件事　　不知道
　② 大家都想吃西餐　　　想吃中国菜　（西餐 xīcān：洋食）

2. 次の単語を並べ替え、正しい文章にした上で全文を和訳しなさい。
　例：　铃木先生 / 要求 / 什么 / 吗 / 有

鈴木先生有什么要求吗？
（鈴木さん、何かご要望がありますか。）
① 这个 / 就 / 向 / 一下 / 问题 / 我 / 请教 / 想 / 您
② 包装 / 委托 / 我们 / 公司 / 一般 / 的 / 专门
③ 不得不 / 用户 / 我们 / 的 / 考虑 / 方便
④ 标志 / 表示 / 洗涤 / 使用 / 可以 / 日语

**3. 次の文を中国語に訳しなさい。**

梱包は商品を保護し、販売を促進する効果があります。したがって、鈴木さんは本日、梱包のことについて許支配人に少し質問しました。輸出商品の梱包に関しては、中国 ABC 公司は通常、専門の梱包会社に依頼しています。梱包材として主にビニール、段ボール箱と防湿材料があります。梱包方法には、折り畳み式の梱包のほか、立体梱包もあります。アパレル高級製品の物流では立体梱包のままで輸送される方法を用いるのが一般的です。

[解答]

1. （1） ① 他只不过跟你开个玩笑罢了。
　　　　　（彼はあなたに冗談を言っただけである。）
　　　② 妈妈只不过说说罢了。
　　　　　（お母さんはちょっと言っただけである。）
　（2） ① 小孩子都知道这件事，他却不知道。
　　　　　（子供はみなこのことを知っているのに、彼は知らなかった。）
　　　② 大家都想吃西餐，他却想吃中国菜。
　　　　　（みんなは洋食を食べたがるのに、彼は中華料理を食べたがる。）

2. ① 我想就这个问题向您请教一下。
　　　（この問題についてちょっと教えていただきたい。）
　② 我们一般委托专门的包装公司。

　　　　（われわれは一般的には専門の梱包業者に依頼する。）
　③ 我们不得不考虑用户的方便。
　　　　（われわれはユーザーの立場から考えざるをえない。）
　④ 洗涤标志可以使用日语表示。
　　　　（洗濯表示マークは日本語を使っていい。）

3.　包装具有保护商品、促进销售的作用。所以，铃木先生今天就包装问题向许经理请教了一下。关于出口商品的包装，中国ABC公司一般委托专门的包装公司。包装材料主要有塑料袋、纸箱和防潮材料。包装方法除了折叠式包装以外，还有立体包装。在高档服装的物流中一般采用立体包装运输。

## 【文化・慣習編】

### 商品的包装

　　商品的包装具有保护商品品质、宣传商品、促进销售的作用。它是实现商品的价值和增加附加价值的必要工具之一。出口商品的包装，也是提高商品在国际市场的竞争能力，扩大销售，增加销售价格的有效手段。

　　一般说来，商品的包装可以分为运输包装和销售包装两大类。运输包装也叫外包装或者大包装。它是把货物先装入特定的容器、或者用特定的方式装好以后，然后再进行外包装的方式。而销售包装，也叫内包装或者小包装，是在商品制造出来以后用适当的材料或容器所进行的初次包装。

　　在国际贸易买卖中，包装条件是买卖合同中的一项主要交易条件。提供约定的或者通用的商品包装，是卖方的主要义务之一。根据《联合国国际货物销售合同公约》第35条（1）款的规定，"卖方必须按照合同规定的方式装箱或包装。"卖方交付的货物，如果没有按合同规定的方式装箱或者包装，就构成违约。因此，为了明确双方当事人的责任，通常都应该在买卖合同中对商品的包装作出明确和具体的规定。

（资料来源：吴百福主编《进出口贸易实务教程（修订本）》上海人民出版社，2000年，58-63页。有删改。）

### [新出単語]

| | | | |
|---|---|---|---|
| 1. | 宣传（動詞） | xuānchuán | 宣伝する、広報する |
| 2. | 实现（動詞） | shíxiàn | 実現（する）、達成する |
| 3. | 价值（名詞） | jiàzhí | 価値 |
| 4. | 增加（動詞） | zēngjiā | 増加する、増える、増やす |
| 5. | 附加（動詞） | fùjiā | 付加する、付け加える |
| 6. | 工具（名詞） | gōngjù | 工具、道具、器具 |
| 7. | 之一（文型） | zhī/yī | 〜の1つ |
| 8. | 市场（名詞） | shìchǎng | 市場、マーケット |

| | | | |
|---|---|---|---|
| 9. | 竞争（動詞） | jìngzhēng | 競争する、競い合う |
| 10. | 能力（名詞） | nénglì | 能力、技量、腕前 |
| 11. | 扩大（動詞） | kuòdà | 拡大する、広げる |
| 12. | 有效（形容詞） | yǒuxiào | 有効である、効果がある |
| 13. | 手段（名詞） | shǒuduàn | 手段 |
| 14. | 容器（名詞） | róngqì | 容器、入れ物 |
| 15. | 制造（動詞） | zhìzào | 製造する、造る |
| 16. | 适当（形容詞） | shìdàng | 適当である、妥当である |
| 17. | 项（量詞） | xiàng | 項目別・種目別・種類別に分けられる事物を数える |
| 18. | 通用（動詞） | tōngyòng | 通用する、あまねく用いられる |
| 19. | 公约（名詞） | gōngyuē | 条約 |
| 20. | 款（名詞） | kuǎn | （法律・規定・条約などの条文中の）項目、条項（通常「条」の下が「款」で、「款」の下が「項」となる） |
| 21. | 交付（動詞） | jiāofù | 交付する、渡す |
| 22. | 构成（動詞） | gòuchéng | 構成する、つくり上げる |
| 23. | 违约（動詞） | wéiyuē | 約束に背く、契約に違反する |
| 24. | 通常（形容詞） | tōngcháng | 通常の、普通の |

[固有名詞]

| | | | |
|---|---|---|---|
| 1. | 联合国（名詞） | Liánhéguó | 国連 |

[文法]

**1. 具有**

（動詞）備える；持つ

普通は書き言葉に用い、後ろには単音節の目的語は置けない。信念や風格など抽象名詞に用いることが多い。

他具有很强的好奇心。　　Tā jùyǒu hěn qiáng de hàoqí xīn.
彼は強い好奇心を持っている。

这次选举具有深远的历史意义。　Zhè cì xuǎnjǔ jùyǒu shēnyuǎn de lìshǐ yìyì.
今回の選挙は深遠な歴史的意義を有する。

商品的包装具有保护商品和促进销售的作用。
Shāngpǐn de bāozhuāng jùyǒu bǎohù shāngpǐn hé cùjìn xiāoshòu de zuòyòng.
商品の包装は商品を守り、販売を促進する働きがある。

**2. 之一**

（文型）〜の1つ

有几个学生的学习成绩很好，其中之一是小李。
Yǒu jǐ ge xuésheng de xuéxí chéngjì hěn hǎo, qízhōng zhī yī shì Xiǎo Lǐ.
成績が良い学生は何人かいるが、李さんはその中の1人である。

我的爱好很多，其中之一就是打棒球。
Wǒ de àihào hěn duō, qízhōng zhī yī jiù shì dǎ bàngqiú.
私の趣味はたくさんあるが、野球はその中の1つである。

今年的产量是去年的三分之一。　Jīnnián de chǎnliàng shì qùnián de sān fēn zhī yī.

今年の生産高は昨年の3分の1である。

## 3. 一般说来
（慣用句）（独立成分として文頭に用い）一般的に言うと；概して言えば

| | |
|---|---|
| 一般说来，学外语时最难的是听力。 | Yībān shuō lái, xué wàiyǔ shí zuì nán de shì tīnglì.<br>概して言えば、外国語を勉強するとき、最も難しいのはリスニングである。 |
| 一般说来，年轻人爱睡懒觉。 | Yībān shuō lái, niánqīng rén ài shuì lǎn jiào.<br>概して言えば、若者は寝坊助だ。 |
| 一般说来，不吃早饭对身体不好。 | Yībān shuō lái, bù chī zǎofàn duì shēntǐ bù hǎo.<br>概して言えば、朝食抜きは体には良くない。 |

## 4. 先……，（然后）再……
（文型）（先に～して）それから

| | |
|---|---|
| 先讨论一下，然后再作决定。 | Xiān tǎolùn yíxià, ránhòu zài zuò juédìng.<br>先に少し検討し、それから決定をする。 |
| 我们先去书店买书，然后再去邮局。 | Wǒmen xiān qù shūdiàn mǎi shū, ránhòu zài qù yóujú.<br>われわれはまず本屋へ本を買いに行って、それから郵便局に行く。 |
| 你先去车站，然后再回饭店吧。 | Nǐ xiān qù chēzhàn, ránhòu zài huí fàndiàn ba.<br>あなたはまず駅に行って、それからホテルへ戻ってください。 |

5. **用**

(介詞)(「用+名詞」の形で道具・手段・材料を示し)〜で;〜を用いて

| | |
|---|---|
| 我喜欢用圆珠笔写字。 | Wǒ xǐhuan yòng yuánzhūbǐ xiě zì. |
| | 私はボールペンで字を書くのが好きだ。 |
| 他经常用英文写信。 | Tā jīngcháng yòng Yīngwén xiě xìn. |
| | 彼はよく英語で手紙を書く。 |
| 她每天用热水洗脸。 | Tā měitiān yòng rèshuǐ xǐ liǎn. |
| | 彼女は毎日お湯で顔を洗う。 |

6. **对**

(介詞)(問題となる事柄を示す)〜について;〜に対して

对国际形势,大家都谈了自己的看法。
　　　　　　　Duì guójì xíngshì, dàjiā dōu tán le zìjǐ de kànfǎ.
　　　　　　　国際情勢について、みんなは自分の考えを述べた。

我们会对这件事作出安排的。　Wǒmen huì duì zhè jiàn shì zuò chū ānpái de.
　　　　　　　われわれはこのことについて必ず処理する。

在合同中应该对商品的包装作出明确的规定。
　　　　　　　Zài hétong zhōng yīnggāi duì shāngpǐn de bāozhuāng zuò chū míngquè de guīdìng.
　　　　　　　契約書には商品の梱包について明確な規定を盛り込むべきである。

[訳文]

## 商品の梱包

　商品の包装は商品の品質を保護し、商品を宣伝し、販売を促進する働きがあります。それは商品の価値を実現し、付加価値を向上させるために必要な手段の1つです。輸出商品の包装は、商品の国際市場での競争力を高め、販売を拡大し、販売価格を上げる有効な手段でもあります。

　概して言えば、商品の包装は、大別して輸送のための包装と販売のための包装の2つに分けられます。輸送のための包装とは、外装もしくは大きい梱包とも呼ばれます。これはまず貨物を特定の容器に入れ、または、特定の方法でしっかり詰め込み、その後外部の梱包を行う方法です。これに対して、販売のための包装とは、内装もしくは小さい包装とも呼ばれ、商品を造り上げてから適当な材料または容器で1回目の包装をする方法です。

　国際貿易取引の中で、包装条項は売買契約において1つの主要な取引内容です。約定通りに、または一般に通用する商品包装を提供することは、売主の基本義務の1つです。『国際物品売買に関する国連条約』第35条（1）項の規定によれば、「売主は、契約に定められた方法に従って（貨物を）箱に入れ、または包装しなければならない。」となっています。売主が引き渡した貨物は、契約に定められた方法通りの箱入れや包装が行われなかった場合、これは契約違反になります。したがって、当事者双方は責任を明確にするために、売買契約において一般的には、商品の包装について明確、且つ具体的な規定を設けるべきです。

　（出所：呉百福主編『進出口貿易実務教程（改訂版）』上海人民出版社、2000年、58-63ページより作成。）

# 第9章

## 貨物輸送(货物运输)

## 【会話編】

❖中国 ABC 公司の会議室で
（在中国 ABC 公司的会议室）

| | |
|---|---|
| 铃　　木： | 许经理，大概什么时候能够交货？ |
| Líng mù： | Xǔ jīnglǐ, dàgài shénme shíhou nénggòu jiāohuò? |
| 鈴　　木： | 許支配人、大体いつ頃貨物を出荷できますか。 |
| 许 经 理： | 我们初步考虑在明年3月底交货。 |
| Xǔ jīnglǐ： | Wǒmen chūbù kǎolǜ zài míngnián sān yuè dǐ jiāohuò. |
| 許支配人： | われわれはいちおう来年の3月末に船積みしようと考えています。 |
| 铃　　木： | 明年3月底？太晚了。能不能在明年2月中旬交货？ |
| Líng mù： | Míngnián sān yuè dǐ? Tài wǎn le. Néng bu néng zài míngnián èr yuè zhōngxún jiāohuò? |
| 鈴　　木： | 来年3月末？　それは遅すぎますね。来年2月の中旬に出荷していただくことはできないでしょうか。 |
| 许 经 理： | 这个……，看来很困难。因为订单太多，我们来不及生产啊。 |
| Xǔ jīnglǐ： | Zhège……, kànlái hěn kùnnan. Yīnwèi dìngdān tài duō, wǒmen láibují shēngchǎn a. |
| 許支配人： | それは……、どうも難しいようですね。注文が多いため、われわれの生産が追い付きません。 |
| 铃　　木： | 可是，如果交货期限是明年3月底的话，我们会错过最佳的销售时机。 |

| | |
|---|---|
| Líng mù： | Kěshì, rúguǒ jiāohuò qīxiàn shì míngnián sān yuè dǐ dehuà, wǒmen huì cuòguò zuìjiā de xiāoshòu shíjī. |
| 鈴　　木： | しかし、船積み時期が来年の3月末になると、われわれは販売のかき入れ時を逃すことになるでしょう。 |
| 许 经 理： | 那好吧。交货期限就定在2月中旬。 |
| Xǔ jīnglǐ： | Nà hǎo ba. Jiāohuò qīxiàn jiù dìng zài èr yuè zhōngxún. |
| 許支配人： | それならこうしましょう。船積み期限を2月の中旬に決めましょう。 |
| 铃　　木： | 实在太感谢了。 |
| Líng mù： | Shízài tài gǎnxiè le. |
| 鈴　　木： | 本当に有難うございます。 |
| 许 经 理： | 不客气。我们也谢谢您特意来上海订购我们的产品。 |
| Xǔ jīnglǐ： | Bú kèqi. Wǒmen yě xièxie nín tèyì lái Shànghǎi dìnggòu wǒmen de chǎnpǐn. |
| 許支配人： | どういたしまして。われわれの製品を買うためわざわざ上海にお越しくださいまして、どうも有難うございます。 |
| 铃　　木： | 那我们下面谈谈货物的运输问题，好吗？ |
| Líng mù： | Nà wǒmen xiàmian tántan huòwù de yùnshū wèntí, hǎo ma? |
| 鈴　　木： | それでは、次に貨物輸送のことを話し合いましょうか。 |
| 许 经 理： | 铃木先生，我们这次采用的是货交承运人（FCA Shanghai）价格。根据国际惯例，采用这个价格时，买方应该指定承运人。 |
| Xǔ jīnglǐ： | Língmù xiānsheng, wǒmen zhècì cǎiyòng de shì huò jiāo chéngyùnrén（FCA Shanghai）jiàgé. Gēnjù guójì guànlì, cǎiyòng zhège jiàgé shí, mǎifāng yīnggāi zhǐdìng chéngyùnrén. |
| 許支配人： | 鈴木さん、われわれが今回用いるのは運送人渡し（FCA Shanghai）価格です。国際的規則により、FCA価格を用いる場合には、買い手が運送人を指定すべきです。 |
| 铃　　木： | 按理说，的确是应该由我们自己指定承运人。但是，考虑到日本的运费比较贵，所以我们打算委托贵公司代办租船订舱。 |
| Líng mù： | Ànlǐ shuō, díquè shì yīnggāi yóu wǒme zìjǐ zhǐdìng |

chéngyùnrén. Dànshì, kǎolǜ dào Rìběn de yùnfèi bǐjiào guì, suǒyǐ wǒmen dǎsuàn wěituō guì gōngsī dàibàn zū chuán dìng cāng.

鈴　　木： 道理から言えば、運送人の指定は確かにわれわれがやるべきです。しかし、日本の運賃が比較的高いので、われわれは御社に船腹の予約を依頼するつもりです。

许 经 理： 这个当然可以。但是，我们认为，这批货采用班轮运输可能更经济、实惠。况且上海港是世界上集装箱吞吐量最大的港口，从上海港开往日本的集装箱班轮航线已经有好几条了。

Xǔ jīnglǐ： Zhège dāngrán kěyǐ. Dànshì, wǒmen rènwéi, zhè pī huò cǎiyòng bānlún yùnshū kěnéng gèng jīngjì, shíhuì. Kuàngqiě Shànghǎi gǎng shì shìjiè shang jízhuāngxiāng tūntǔliàng zuìdà de gǎngkǒu, cóng Shànghǎi gǎng kāiwǎng Rìběn de jízhuāngxiāng bānlún hángxiàn yǐjīng yǒu hǎo jǐ tiáo le.

許支配人： それはもちろん結構です。しかし、われわれは今回の貨物をコンテナ定期船で運んだ方がより経済的で、かつ実用的になるかもしれないと思います。まして上海港は世界最大のコンテナ取扱量を誇り、日本へのコンテナ定期船航路がすでにいくつも開かれていますよ。

铃　　木： 可不。采用班轮运输的话，运价公开，时间有保证，非常方便。许经理，那么租船订舱就拜托贵公司了。

Líng mù： Kěbù. Cǎiyòng bānlún yùnshū dehuà, yùnjià gōngkāi, shíjiān yǒu bǎozhèng, fēicháng fāngbiàn. Xǔ jīnglǐ, nàme zū chuán dìng cāng jiù bàituō guì gōngsī le.

鈴　　木： その通りです。定期船輸送を利用する場合には、運賃がオープン価格であり、定時航行を行うため、とても便利です。許支配人、それでは貨物海上輸送の手配を御社にお頼みしますよ。

许 经 理： 行是行，只是运费和其他杂费由贵公司承担。这样行吗？

Xǔ jīnglǐ： Xíng shì xíng, zhǐshì yùnfèi hé qítā záfèi yóu guì gōngsī chéngdān. Zhèyàng xíng ma?

| | |
|---|---|
| 許支配人： | 良いことはいいですが、ただ運賃とその他の雑費は御社によって支払っていただくことになります。それでよろしいですね。 |
| 铃　木： | 这个没问题。这样吧，关于运费付款方式，贵公司可以采用"运费到付"。货到日本后，由我们支付。 |
| Líng mù： | Zhège méi wèntí. Zhèyàng ba, guānyú yùnfèi fùkuǎn fāngshì, guì gōngsī kěyǐ cǎiyòng "yùnfèi dào fù." Huò dào Rìběn hòu, yóu wǒmen zhīfù. |
| 鈴　木： | その点は問題ありません。それでは、こうしましょう。運賃の支払方法については、御社は「運賃着払い」を利用することができます。貨物が日本に到着した後、われわれが運賃を支払います。 |
| 许 经 理： | 好吧。就这么定了。 |
| Xǔ jīnglǐ： | Hǎoba. Jiù zhème dìng le. |
| 許支配人： | 分かりました。これにて決定といたしましょう。 |
| 铃　木： | 许经理，给你们添麻烦了。谢谢你们的协助。 |
| Líng mù： | Xǔ jīnglǐ, gěi nǐmen tiān máfan le. Xièxie nǐmen de xiézhù. |
| 鈴　木： | 許支配人、お手数をおかけしました。ご協力有り難うございます。 |
| 许 经 理： | 不客气。 |
| Xǔ jīnglǐ： | Bú kèqi. |
| 許支配人： | どういたしまして。 |

[新出単語]

| | | | |
|---|---|---|---|
| 1. | 大概（副詞） | dàgài | たぶん、およそ |
| 2. | 初步（形容詞） | chūbù | 初歩の、初歩的な |
| 3. | 底（名詞） | dǐ | （年・月の）末、終わり |
| 4. | 晚（形容詞） | wǎn | 遅い、遅れる |
| 5. | 中旬（名詞） | zhōngxún | 中旬 |
| 6. | 看来（動詞） | kànlái | 見たところ、思うに |
| 7. | 来不及（動詞） | láibují | 間に合わない、追いつかない |
| 8. | 期限（名詞） | qīxiàn | 期限 |
| 9. | 错过（動詞） | cuòguò | （時機を）失う、（対象を）逸する |

| | | | |
|---|---|---|---|
| 10. | 最佳（形容詞） | zuìjiā | 最もよい |
| 11. | 时机（名詞） | shíjī | 時機、タイミング |
| 12. | 实在（副詞） | shízài | 確かに、本当に |
| 13. | 特意（副詞） | tèyì | わざわざ |
| 14. | 指定（動詞） | zhǐdìng | 指定する |
| 15. | 按理说（慣用句） | ànlǐ//shuō | 理屈から言えば、本来から言えば、「按说」ともいう |
| 16. | 自己（人称代名詞） | zìjǐ | 自分（で）、自身（で） |
| 17. | 代办（動詞） | dàibàn | 代わってする、代行する |
| 18. | 当然（副詞） | dāngrán | もちろん、いうまでもなく |
| 19. | 班轮（名詞） | bānlún | （汽船の）定期便、定期船 |
| 20. | 可能（助動詞/名詞） | kěnéng | 〜かもしれない、〜らしい |
| 21. | 更（副詞） | gèng | 一層、ますます、さらに |
| 22. | 经济（形容詞） | jīngjì | 経済的である、むだがない |
| 23. | 实惠（形容詞） | shíhuì | 実用的である |
| 24. | 世界（名詞） | shìjiè | 世界 |
| 25. | 集装箱（名詞） | jízhuāngxiāng | コンテナ |
| 26. | 吞吐量（名詞） | tūntǔliàng | 貨物取扱量 |
| 27. | 开往（動詞） | kāiwǎng | 〜に向けて発車（出航）する |
| 28. | 航线（名詞） | hángxiàn | 航路（航海路と航空路の総称） |
| 29. | 好（副詞） | hǎo | なんと（〜であろうか） |
| 30. | 可不（慣用句） | kěbù | そうよ、なるほどね |
| 31. | 运价（名詞） | yùnjià | 運送費、運賃 |
| 32. | 公开（形容詞/動詞） | gōngkāi | 公開の、公開する、公にする |
| 33. | 只是（接続詞） | zhǐshì | ただ、ただし |
| 34. | 杂费（名詞） | záfèi | 雑費 |
| 35. | 协助（動詞） | xiézhù | 協力する、助力する |

[固有名詞]
1. 租船订舱　　　zū chuán dìng cāng　　傭船したり船腹の予約をしたりする
　　　　　　　　　　　　　　　　　　　　ことによって船の手配をすること
2. 运费到付　　　yùnfèidàofù　　　　　運賃着払い

[文法]
1. 看来
（動詞）（多く挿入語に用い、推量を表す）見たところ（では）〜のようだ；見たところ〜しそうだ；〜かもしれない

看来你还不知道这件事。　　Kànlái nǐ hái bù zhīdao zhè jiàn shì.
　　　　　　　　　　　　　　見たところ君はまだこの事を知らないようだね。
这个工作看来今天可以干完。　Zhège gōngzuò kànlái jīntiān kěyǐ gàn wán.
　　　　　　　　　　　　　　この仕事は今日中に片付きそうだ。
看来他还没想好。　　　　　　Kànlái tā hái méi xiǎng hǎo.
　　　　　　　　　　　　　　どうやら彼はまだ決めていないようだ。

2. 来不及
（動詞）（十分な時間がなく〜するのに）間に合わない；追いつかない

马上要上课了，来不及吃饭了。　Mǎshàng yào shàngkè le, láibují chīfàn le.
　　　　　　　　　　　　　　授業がもうすぐ始まるので、食事をする暇がなくなった。
她现在再后悔也来不及了。　　Tā xiànzài zài hòuhuǐ yě láibují le.
　　　　　　　　　　　　　　彼女はいまさら後悔しても遅い。
我还有别的事，来不及去机场送你了。
　　　　　　　　　　　　　　Wǒ hái yǒu bié de shì, láibují qù jīchǎng sòng nǐ le.
　　　　　　　　　　　　　　私は別の用事があるので、空港へあなたを見送りに行けなくなった。

## 3. 按理说

(慣用句)(独立成分として文頭に用い)理屈から言えば；本来から言えば「按说」ともいう。

按理说，我不应该这么办。　Ànlǐ shuō, wǒ bù yīnggāi zhème bàn.
理屈から言えば、私はこのように処理すべきではない。

按理说，我们应该去他家看看他。
Ànlǐ shuō, wǒmen yīnggāi qù tājiā kànkan tā.
理屈から言えば、われわれは彼の家へ彼を見舞いに行くべきである。

按理说，他应该告诉我们一声。Ànlǐ shuō, tā yīnggāi gàosu wǒmen yìshēng.
本来ならば、彼から一言あるべきだ。

## 4. 好

(副詞)(「好+数量詞/形容詞」の形で用い、数量の多いこと・時間の長いこと・程度の甚だしいことを感嘆の気持ちをこめて言う場合)なんと(~であろうか)；とても(~だ)

她在大阪买了好几件衣服。　Tā zài Dàbǎn mǎi le hǎo jǐ jiàn yīfu.
彼女は大阪で何枚もの服を買った。

我学习了好几年中文。　Wǒ xuéxí le hǎo jǐ nián Zhōngwén.
私は何年も中国語を学んだ。

星期天孩子回来了，家里好热闹。
Xīngqītiān háizi huí lái le, jiāli hǎo rè nao.
日曜日は子供が帰ってきて、家の中はとてもにぎやかである。

## 5. 可不

(慣用句)そうだよ；もちろんである；なるほどね
あいづちを打つときに使う。「可不是」「可不是吗」ともいう。ただし、使う

ときには、必ず文頭に置く。

　　可不，我也这么想。　　　　Kěbù, wǒ yě zhème xiǎng.
　　　　　　　　　　　　　　　そうだよ、私もそう思っている。
　　他汉语说得真好。　　　　　Tā Hànyǔ shuō de zhēn hǎo.
　　　　　　　　　　　　　　　彼は中国語が本当に上手だ。
　　――可不，他说得跟中国人一样。
　　　　　　　　　　　　　　　――Kěbù, tā shuō de gēn Zhōngguó rén yíyàng.
　　　　　　　　　　　　　　　――おっしゃる通りで、彼の中国語は中国人と同じだ。
　　今天真冷啊。　　　　　　　Jīntiān zhēn lěng a.
　　　　　　　　　　　　　　　今日は本当に寒いね。
　　――可不，像冬天似的。　　――Kěbù, xiàng dōngtiān shìde.
　　　　　　　　　　　　　　　――そうだね。冬のようだ。

## 6. 只是

（接続詞）（軽い逆接を表す）ただ；ただし；だが

先行する文に話の重点があり、「只是」で始まる文は先行の文を修正したり補足したりする。

　　这东西好是好，只是贵了些。　Zhè dōngxi hǎo shì hǎo, zhǐshì guì le xiē.
　　　　　　　　　　　　　　　この品物はよいことはよいが、ただ少し値が張る。
　　我也很想去旅行，只是最近没空儿。
　　　　　　　　　　　　　　　Wǒ yě hěn xiǎng qù lǚxíng, zhǐshì zuìjìn méi kòngr.
　　　　　　　　　　　　　　　私も旅行したいが、近ごろひまがない。
　　我真想去美国留学，只是没那么多钱。
　　　　　　　　　　　　　　　Wǒ zhēn xiǎng qù Měiguó liúxué, zhǐshì méi nàme duō qián.
　　　　　　　　　　　　　　　私は本当にアメリカへ留学に行きたいが、そ

んなにたくさんのお金を持っていない。

[ドリル]

1. 次の文の下線部をその下部にある語句に置き換えた上で、和訳しなさい。

　(1)　看来你还不知道这件事。
　　　　（どうやら君はまだこのことを知らないようだね。）
　　①　　　他跟女朋友分手了　　　（分手 fēnshǒu：別れる）
　　②　　　明天是阴天　　　　　　（阴天 yīntiān：曇り）
　(2)　我上个星期看了好几本书。　（先週、私は本を何冊も読んだ。）
　　①　　　买　　双鞋
　　②　　　做　　件事

2. 次の単語を並べ替え、正しい文を作りなさい。
　例：　谈谈 / 问题 / 运输 / 我们 / 吧
　　　　我们谈谈运输问题吧。（われわれは輸送のことを少し話そう。）
　①　不会 / 时机 / 你们 / 最佳 / 销售 / 的 / 错过
　②　世界 / 上海港 / 是 / 的 / 上 / 最大 / 港口
　③　代办 / 委托 / 贵公司 / 我们 / 租船订舱 / 一下
　④　贵公司 / 运费 / 杂费 / 支付 / 以及 / 由 / 其他

3. 次の文を中国語に訳しなさい。
　　今日、鈴木さんと許支配人は貨物の船積みと輸送について話し合いました。許支配人の会社は注文を多く受けており、生産が追い付かないため、鈴木さんが注文した貨物を来年3月末に船積みするつもりでした。しかし、鈴木さんは販売のかき入れ時を失わないためには、2月中旬に船積みするよう、要求しました。許支配人は鈴木さんの要求を受け入れました。
　　輸送のことについて、日本の運賃が比較的高いため、鈴木さんは海上運送の手配を許支配人に依頼しました。許支配人は鈴木さんの依頼を引き受けたものの、定期船輸送の利用を鈴木さんに提案しました。なぜなら、定

期船を利用すれば、運賃がオープン価格であるし、定時航行を行っているため、とても便利だからです。そして、上海港はコンテナ取扱量が世界で最大の港であるし、上海港から日本へのコンテナ定期船航路はすでにいくつも開かれているからです。

[解答]

1. (1) ① 看来他跟女朋友分手了。　（どうやら彼は彼女と別れたようだ。）
       ② 看来明天是阴天。　　　　（明日はどうやら曇りのようだ。）
   (2) ① 我上个星期买了好几双鞋。（先週、私は靴を何足も買った。）
       ② 我上个星期做了好几件事。（先週、私はいくつものことをやった。）

2. ① 你们不会错过最佳的销售时机。
      （君たちは販売のかき入れ時を逃すはずがない。）
   ② 上海港是世界上最大的港口。
      （上海港は世界で最大の港である。）
   ③ 我们委托贵公司代办一下租船订舱。
      （われわれは御社に船舶手配の代行をお願いする。）
   ④ 运费以及其他杂费由贵公司支付。
      （運賃およびその他の雑費は御社が負担する。）

3. 　今天，铃木先生和许经理商谈了有关交货和运输问题。许经理他们公司由于订单很多，来不及生产，因此打算在明年3月底交铃木先生订的货。但是，为了不错过最佳的销售时机，铃木先生要求在2月中旬交货。许经理接受了铃木先生的要求。
   　关于运输问题，因为日本的运费比较贵，所以铃木先生委托许经理租船订舱。许经理接受了铃木先生的委托，但是他建议铃木先生采用班轮运输。因为采用班轮运输的话，运价公开，时间有保证，非常方便。况且上海港是世界上最大的港口，从上海港开往日本的集装箱班轮航线已经有好几条了。

# 【文化・慣習編】

## 关于货物运输

　　交货，是指卖方按照合同约定的时间、地点和运输方式把货物交给买方的行为。一提到交货，我们就会想到货物运输。其实，在国际贸易中，货物运输是非常重要的一个环节。因为它是履行合同、确保货款收回的关键。

　　国际贸易的运输方式有很多，其中使用最多的是海上运输。因为海上运输具有运输量大、运费低的优点，所以在国际贸易的货物运输中占80％以上。海上运输，按照船舶经营方式可以分为班轮运输和租船运输。所谓班轮，是指按照规定的航行时刻表、在固定的航线和港口往返和运载货物的船舶；而租船是指租船人为了运输货物向船东租借船舶。租船运输和班轮运输有很大的区别，班轮运输的特点是船舶、港口、航线和费率都固定。可是，采用租船运输的时候，租船航运的时间、行驶的航线、停靠的港口和船方收取的运费或租金以及装卸费等由租船人和船东商定。

　　根据国际商会制定的《2010年国际贸易术语解释通则（INCOTERMS 2010）》的规定，采用FCA条件时，由买方订立运输合同并指定承运人。然而，在贸易实践中，虽然是FCA合同，但是由于各种原因，买方偶尔会委托卖方租船订舱。根据国际惯例，买方要求卖方协助订立运输合同时，只要买方承担费用和风险，卖方可以办理。

[新出単語]

| | | | |
|---|---|---|---|
| 1. | 地点（名詞） | dìdiǎn | 場所、位置 |
| 2. | 提到（動詞） | tí//dào | 話が～に触れる、～に言及する |
| 3. | 想到（動詞） | xiǎng//dào | 思いつく、思い出す、頭に浮かぶ |
| 4. | 环节（名詞） | huánjié | 環節、一環 |
| 5. | 履行（動詞） | lǚxíng | （約束・義務を）履行する、実行する |
| 6. | 确保（動詞） | quèbǎo | 確保する |

| | | | |
|---|---|---|---|
| 7. | 收回（動詞） | shōuhuí | 取り戻す、取り返す、回収する |
| 8. | 关键（名詞） | guānjiàn | 肝心な点、キーポイント |
| 9. | 优点（名詞） | yōudiǎn | 長所、メリット |
| 10. | 占（動詞） | zhàn | 占める、（ある状況）にある |
| 11. | 以上（方位詞） | yǐshàng | 〜より上、〜以上 |
| 12. | 船舶（名詞） | chuánbó | 船舶、船（の総称） |
| 13. | 经营（動詞） | jīngyíng | 経営する、営む |
| 14. | 航行（動詞） | hángxíng | 航行する、運行する |
| 15. | 时刻表（名詞） | shíkèbiǎo | 時刻表 |
| 16. | 往返（動詞） | wǎngfǎn | 往復する |
| 17. | 运载（動詞） | yùnzǎi | 積載・運送する |
| 18. | 船东（名詞） | chuándōng | 船主、船舶の所有者 |
| 19. | 租借（動詞） | zūjiè | 賃貸しをする、賃借りをする |
| 20. | 区别（名詞/動詞） | qūbié | 違い、区別、差、区別する |
| 21. | 费率（名詞） | fèilǜ | 運賃率 |
| 22. | 航运（名詞） | hángyùn | 水上運送事業の総称、河川運輸、沿海運輸、遠洋運輸を含む |
| 23. | 行驶（動詞） | xíngshǐ | （車や船が）走る、進む |
| 24. | 停靠（動詞） | tíngkào | （汽船・汽車）を横付けにする、〜に止まる、〜に停船する |
| 25. | 船方（名詞） | chuánfāng | 船会社 |
| 26. | 租金（名詞） | zūjīn | 貸し賃、借り賃 |
| 27. | 以及（接続詞） | yǐjí | および、並びに |
| 28. | 商定（動詞） | shāngdìng | 相談して決める、合意に達する |
| 29. | 商会（名詞） | shānghuì | 商業会議所 |
| 30. | 制定（動詞） | zhìdìng | 制定する、取り決める |
| 31. | 术语（名詞） | shùyǔ | 述語、専門用語 |
| 32. | 解释（動詞） | jiěshì | 解釈する、説明する |
| 33. | 通则（名詞） | tōngzé | すべてに通じる規則、通則 |
| 34. | 然而（接続詞） | rán'ér | （書面語）けれども、しかし |

35. 虽然（接続詞）　　　　　suīrán　　　　　〜ではあるけれども
36. 各种（指示代詞）　　　　gèzhǒng　　　　各種の、さまざまな
37. 偶尔（副詞/形容詞）　　　ǒu'ěr　　　　　たまに、ときたま、まれに

## [文法]

### 1. 提到

（動詞）話が〜に触れる；〜に言及する

他昨天还提到了这个问题。　　Tā zuótiān hái tídào le zhège wèntí.
　　　　　　　　　　　　　　彼は昨日この問題にも触れた。
一提到过去的事，她就流泪。　Yì tídào guòqù de shì, tā jiù liú lèi.
　　　　　　　　　　　　　　過去の事に触れると、彼女は涙をこぼす。
一提到学习，她就头疼。　　　Yì tídào xuéxí, tā jiù tóuténg.
　　　　　　　　　　　　　　話が勉強のことになると、彼女は頭が痛くなる。

### 2. 以及

（接続詞）（主要なものとそれに次ぐもの、または時間的に先のものと後のものをつなぎ）および；並びに；そして
主として書き言葉に用いる。
我想去北京、上海以及深圳看看。Wǒ xiǎng qù Běijīng, Shànghǎi yǐjí Shēnzhèn kànkan.
　　　　　　　　　　　　　　私は北京、上海および深圳を見に行きたい。
她喜欢吃鸡、鱼以及蛋糕。　　Tā xǐhuan chī jī, yú yǐjí dàngāo.
　　　　　　　　　　　　　　彼女は鶏、魚およびケーキを食べるのが好きだ。
图书馆里有英语书、汉语书以及法语书。
　　　　　　　　　　　　　　Túshūguǎn li yǒu Yīngyǔ shū, Hànyǔ shū yǐjí Fǎyǔ shū.
　　　　　　　　　　　　　　図書館に英語の本、中国語の本およびフランス語の本がある。

## 3. 然而

（接続詞）けれども；しかし；しかるに；ところが

書き言葉に用いることが多い。

他年龄不大，然而知识面很广。　Tā niánlíng bú dà, rán'ér zhīshi miàn hěn guǎng.

彼は若いが、知識が豊富だ。

我不喜欢这个方法，然而没有别的办法。

Wǒ bù xǐhuan zhège fāngfǎ, rán'ér méiyǒu bié de bànfǎ.

私はその方法を好まないけれども、ほかに打つ手がなかった。

我不喜欢这门课，然而又不得不上。

Wǒ bù xǐhuan zhè mén kè, rán'ér yòu bùdé bú shàng.

私はこの授業が好きではないけれども、受けざるをえない。

## 4. 虽然……但是……

（文型）（一方を事実であると認めながらも、同時に他方も成立することを認める）～ではあるけれども；～とはいえども

「虽然」は主語の前にも後にも用いられる。後続の文で「但是」の他、「可是」「可」「却」などが呼応することも多い。

他虽然年纪大了，但是身体还挺好。

Tā suīrán niánjì dà le, dànshì shēntǐ hái tǐng hǎo.

彼は年を取っているが、まだ元気である。

这孩子虽然年龄不大，但是知道的事情却不少。

Zhè háizi suīrán niánlíng bú dà, dànshì zhīdao de shìqing què bù shǎo.

この子は年こそ若いけれども、知っている

ことは少なくない。
虽然他说的确有这件事，但是我不相信。

Suīrán tā shuō díquè yǒu zhè jiàn shì, dànshì wǒ bù xiāngxìn.

彼はそれを事実だと言うけれども、私は信じない。

## 5. 偶尔

（副詞）たまに；ときたま；まれに

他经常吃日本菜，偶尔也吃中国菜。

Tā jīngcháng chī Rìběncài, ǒu'ěr yě chī Zhōngguócài.

彼は普段日本料理を食べるが、たまには中国料理も食べる。

我们偶尔见面。　　　　Wǒmen ǒu'ěr jiànmiàn.

われわれはときたま顔を合わせる。

我星期天常在家睡懒觉，偶尔也去看看电影。

Wǒ xīngqītiān cháng zài jiā shuì lǎnjiào, ǒu'ěr yě qù kànkan diànyǐng.

私は日曜日はいつも家で寝坊をするが、時おり映画を観る。

●「偶尔」と「偶然」の違い

「偶尔」は「经常（jīngcháng）」（いつも、しょっちゅう）の反対語で、発生頻度が低いことを表します。

「偶然」は「必然（bìrán）」（必ず、必然的に）の反対語で、意外であることを表します。

[訳文]

## 貨物輸送について

　引渡しとは、売り手が契約に定められた期限、場所と輸送方式に従って貨物を買い手に引渡す行為をいいます。引渡しに言及すると、われわれはすぐに貨物を輸送することを連想します。実際のところ、国際貿易において貨物輸送は非常に重要な部分です。これは契約の履行、代金の回収を確保できるかどうかのカギだからです。

　国際貿易の輸送方式には幾つかの方法はありますが、そのうち海上輸送が最も多く使われています。海上輸送は、輸送量が多く、運賃が安いというメリットがあるので、国際貿易の貨物輸送ではその80％以上を占めています。船舶の運営形態の違いに基づき、海上輸送は定期船輸送と不定期船輸送に分けられます。定期船とは、定められた航行日程表に従って、定められた航路と港間を運航し、貨物を積載・運送する船をさします。これに対して、不定期船とは、船舶賃借人が貨物を運ぶために船舶所有者から船舶を傭船して運送に従事させる船舶のことを言います。不定期船輸送と定期船輸送には大きな違いがあります。定期船輸送は船舶、寄港地、航路と運賃率がともに固定されているところに特徴があります。しかし、不定期船輸送の場合には、利用する傭船の航行時間、航路、寄港地と船会社の徴収する運賃または賃借料および荷役費用などは、船舶賃借人と船舶所有者との話し合いによって決められます。

　国際商業会議所が制定した『INCOTERMS 2010』の規定によれば、FCA条件を用いる場合には、買い手が運送契約を締結し、運送人を指定しなければなりません。しかしながら、貿易実務ではFCA契約でありながらも、買い手が様々な原因により、たまには船舶の手配を売り手に依頼します。国際的規則に基づき、買い手が売り手に運送契約の締結に協力するよう要求した場合には、買い手が費用とリスクを負担するならば、売り手は運送契約の締結を代行することができます。

# 第10章

## 货物保险（货物保险）

## 【会話編】

❖中国ABC公司の会議室で
（在中国ABC公司的会议室）

许 经 理： 铃木先生，咱们谈了半天了。休息一下，好吗？
Xǔ jīnglǐ： Língmù xiānsheng, zánmen tán le bàntiān le. Xiūxi yíxià, hǎo ma?
許支配人： 鈴木さん、われわれは長い時間話しました。少し休憩しませんか。

铃　　木： 好哇。我可以抽支烟吗？
Líng mù： Hǎo wa. Wǒ kěyǐ chōu zhī yān ma?
鈴　　木： いいですね。タバコを吸ってもいいですか。

许 经 理： 可以。（等铃木抽完烟回来后）您喝点儿什么？是咖啡，还是红茶？
Xǔ jīnglǐ： Kěyǐ. (Děng Língmù chōu wán yān huílái hòu) Nín hē diǎnr shénme? Shì kāfēi, háishì hóngchá?
許支配人： いいですよ。（鈴木さんがタバコを吸って戻ってきた後に）何を召し上がりますか。コーヒーですか、それとも紅茶ですか。

铃　　木： 来杯咖啡吧。
Líng mù： Lái bēi kāfēi ba.
鈴　　木： コーヒーをいただきます。

许 经 理： 这是牙买加的蓝山咖啡，味道很不错。请您慢用。

| | |
|---|---|
| Xǔ jīnglǐ： | Zhè shì Yámǎijiā de Lánshān kāfēi, wèidao hěn búcuò. Qǐng nín màn yòng. |
| 許支配人： | これはジャマイカのブルーマウンテンコーヒーですが、とても美味しいです。どうぞごゆっくりお召し上がり下さい。 |
| 铃　　木： | 这可是咖啡中的极品啊。谢谢您。（喝完咖啡后）哎，许经理，我还想向您请教一个问题，可以吗？ |
| Líng mù： | Zhè kě shì kāfēi zhōng de jípǐn a. Xièxie nín.（Hē wán kāfēi hòu）Āi, Xǔ jīnglǐ, wǒ hái xiǎng xiàng nín qǐngjiào yíge wèntí, kěyǐ ma? |
| 鈴　　木： | これはコーヒーの極上品ですね。どうも有難うございます。（コーヒーを飲み終わった後）さあ、許支配人、また1つのことを教えていただきたいと思いますが、よろしいでしょうか。 |
| 许 经 理： | 有什么问题，请尽管说。 |
| Xǔ jīnglǐ： | Yǒu shénme wèntí, qǐng jǐnguǎn shuō. |
| 許支配人： | 何かお聞きになりたいことがありましたら、遠慮なくおっしゃって下さい。 |
| 铃　　木： | 我想了解一下有关中国海运保险方面的情况。 |
| Líng mù： | Wǒ xiǎng liǎojiě yíxià yǒuguān Zhōngguó hǎiyùn bǎoxiǎn fāngmiàn de qíngkuàng. |
| 鈴　　木： | 私は中国の海上保険について詳しく知りたいのです。 |
| 许 经 理： | 马莲小姐对海运保险很熟悉，请她给你介绍介绍吧。 |
| Xǔ jīnglǐ： | Mǎlián xiǎojiě duì hǎiyùn bǎoxiǎn hěn shúxī, qǐng tā gěi nǐ jièshào jièshào ba. |
| 許支配人： | 馬蓮さんが海上保険に大変詳しいので、彼女に説明してもらいましょう。 |
| 马　　莲： | 那么我来给您简单地介绍一下吧。首先中国的货物运输保险，按照能否单独投保，可以分为基本险和附加险两类。基本险可以单独投保，而附加险则不能单独投保，只有在投了一种基本险以后才能加附加险。 |
| Mǎ lián： | Nàme wǒ lái gěi nín jiǎndān de jièshào yíxià ba. Shǒuxiān |

|  |  | Zhōngguó de huòwù yùnshū bǎoxiǎn, ànzhào néngfǒu dāndú tóubǎo, kěyǐ fēnwéi jīběnxiǎn hé fùjiāxiǎn liǎng lèi. Jīběnxiǎn kěyǐ dāndú tóubǎo, ér fùjiāxiǎn zé bù néng dāndú tóubǎo, zhǐyǒu zài tóu le yì zhǒng jīběnxiǎn yǐhòu cáinéng jiā fùjiāxiǎn. |

馬　　蓮： それでは、簡単にご説明しましょう。まず中国の貨物輸送保険は単独で付保できるかどうかにより、基本的な保険と付加保険の２種類に分けられます。基本的な保険は単独で付保できるのに対して、付加保険は単独で付保できません。１つの基本的な保険を付保してから、はじめて付加保険をかけることができます。

铃　　木： 那海洋运输货物保险的基本险别有哪些呢？
Líng mù： Nà hǎiyáng yùnshū huòwù bǎoxiǎn de jīběnxiǎn bié yǒu nǎxiē ne?
鈴　　木： それでは、海上貨物輸送保険の基本的な保険の区分にはどのようなものがありますか。
马　　莲： 有平安险、水渍险和一切险三种。
Mǎ lián： Yǒu Píng'ānxiǎn, Shuǐzīxiǎn hé Yíqièxiǎn sān zhǒng.
馬　　蓮： 分損不担保（F.P.A）、分損担保（W.A.）と全危険担保（All Risks）の３種類があります。
铃　　木： 一切险是保险公司承担一切责任的意思吗？
Líng mù： Yíqièxiǎn shì bǎoxiǎn gōngsī chéngdān yíqiè zérèn de yìsi ma?
鈴　　木： 全危険担保とは、保険会社があらゆる責任を負うという意味ですか。
马　　莲： 不是这个意思。一切险的责任范围是，除了包括平安险和水渍险的各项责任以外，还负责被保险货物在运输途中由于一般外来风险所造成的全部或者部分损失。
Mǎ lián： Bú shì zhège yìsi. Yíqièxiǎn de zérèn fànwéi shì, chúle bāokuò Píng'ānxiǎn hé Shuǐzīxiǎn de gè xiàng zérèn yǐwài, hái fùzé bèibǎoxiǎn huòwù zài yùnshū túzhōng yóuyú yìbān wàilái fēngxiǎn suǒ zàochéng de quánbù huòzhě bùfen sǔnshī.
馬　　蓮： その意味ではありません。全危険担保の補填範囲は、分損不担

と分損担保におけるそれぞれの補填内容に加え、被保険貨物に輸送の途中で通常の外来の出来事によってもたらされた全部または部分の損失も補填します。

铃　木： 附加险里有哪些险别呢？
Líng mù： Fùjiāxiǎn li yǒu nǎxiē xiǎn bié ne?
鈴　木： 付加保険の区分にはどんなものがありますか。
马　莲： 《中国保险条款》中的附加险有一般附加险和特殊附加险两种。其中，特殊附加险里又包括战争险、罢工险等8种特殊外来风险所造成的损失。
Mǎ lián： "Zhōngguó bǎoxiǎn tiáokuǎn" zhōng de fùjiāxiǎn yǒu yìbān fùjiāxiǎn hé tèshū fùjiāxiǎn liǎng zhǒng. Qízhōng, tèshū fùjiāxiǎn li yòu bāokuò Zhànzhēngxiǎn, Bàgōngxiǎn děng bā zhǒng tèshū wàilái fēngxiǎn suǒ zàochéng de sǔnshī.
馬　蓮： 『中国保険条款』における付加保険には通常の付加保険と特殊の付加保険の2種類があります。そのうち、特殊の付加保険にはまた戦争危険やストライキ危険など8種類の、外来の出来事によって生じた損害を含めます。
铃　木： 明白了。那贵公司在投保时一般选择什么样的险别呢？
Líng mù： Míngbai le. Nà guì gōngsī zài tóubǎo shí yìbān xuǎnzé shénmeyàng de xiǎn bié ne?
鈴　木： 分かりました。それでは、御社は保険をかける際に通常どの種類の保険を選びますか。
马　莲： 我们一般选择基本险里的一切险和特殊附加险里的战争险。
Mǎ lián： Wǒmen yìbān xuǎnzé jīběnxiǎn li de Yíqièxiǎn hé tèshūxiǎn li de Zhànzhēngxiǎn.
馬　蓮： われわれは通常、基本的な保険区分の中の全危険担保と特殊の付加保険区分の戦争危険を選択します。
铃　木： 投保的费率是多少呢？
Líng mù： Tóubǎo de fèilǜ shì duōshǎo ne?
鈴　木： 保険料率はどのぐらいですか。

马　　莲： 一般海运货物保险费率是0.6%。像一些贵重、容易损坏的物品还要加0.3%。

Mǎ lián： Yìbān hǎiyùn huòwù bǎoxiǎn fèilǜ shì bǎi fēn zhī líng diǎn liù. Xiàng yìxiē guìzhòng, róngyì sǔnhuài de wùpǐn hái yào jiā bǎi fēn zhī líng diǎn sān.

馬　　蓮： 一般的には、海上貨物輸送の保険料率は0.6%です。貴重で、かつ壊れやすいような貨物には、さらには0.3%を加える必要があります。

铃　　木： 看来保险险别和费率很复杂，得好好儿研究研究。

Líng mù： Kànlái bǎoxiǎn xiǎn bié hé fèilǜ hěn fùzá, děi hǎohāor yánjiū yánjiū.

鈴　　木： どうやら保険区分と保険料率はとても複雑そうですが、よく検討しなければなりませんね。

许 经 理： 您说得对。

Xǔ jīnglǐ： Nín shuō de duì.

許支配人： おっしゃる通りです。

**[新出単語]**

1. 半天（名詞）　　　bàntiān　　　長い時間、半日
2. 抽烟（離合詞）　　chōu//yān　　タバコを吸う、喫煙する
3. 咖啡（名詞）　　　kāfēi　　　　コーヒー
4. 红茶（名詞）　　　hóngchá　　　お茶
5. 味道（名詞）　　　wèidao　　　味
6. 极品（名詞）　　　jípǐn　　　　極上の品、最高級品
7. 还（副詞）　　　　hái　　　　　また、更に、その上
8. 海运（名詞）　　　hǎiyùn　　　海上輸送
9. 方面（名詞）　　　fāngmiàn　　方面、面、側
10. 简单（形容詞）　　jiǎndān　　　簡単である、やさしい
11. 能否（動詞）　　　néngfǒu　　（書面語）～できるかどうか
12. 单独（形容詞）　　dāndú　　　単独の

第10章　貨物保険（货物保险）　　151

| | | | |
|---|---|---|---|
| 13. | 投保（動詞） | tóubǎo | 保険を掛ける |
| 14. | 加（動詞） | jiā | 足す、加える、重ねる |
| 15. | 险别（名詞） | xiǎnbié | 保険の類別、保険区分 |
| 16. | 范围（名詞） | fànwéi | 範囲 |
| 17. | 途中（名詞） | túzhōng | 途中、中途 |
| 18. | 外来（形容詞） | wàilái | 外来の、よそから来た |
| 19. | 造成（動詞） | zàochéng | （多く抽象的な事物を）作り上げる、引き起こす、もたらす |
| 20. | 部分（名詞） | bùfen | 部分 |
| 21. | 损失（動詞/名詞） | sǔnshī | 失う、損害を受ける、損失を出す、損失、損害 |
| 22. | 选择（動詞） | xuǎnzé | 選択する、選ぶ |
| 23. | 贵重（形容詞） | guìzhòng | 貴重である |
| 24. | 容易（形容詞） | róngyì | やさしい、容易である、〜しやすい |
| 25. | 损坏（動詞） | sǔnhuài | 損なう、壊す、傷める |
| 26. | 研究（動詞） | yánjiū | 研究する、検討する、ちょっと考えてみる |

[固有名詞]

| | | | |
|---|---|---|---|
| 1. | 牙买加 | Yámǎijiā | ジャマイカ |
| 2. | 蓝山咖啡 | Lánshānkāfēi | ブルーマウンテンコーヒー |
| 3. | 平安险 | Píng'ānxiǎn | 分損不担保（F.P.A.） |
| 4. | 水渍险 | Shuǐzīxiǎn | 分損担保（W.A.） |
| 5. | 一切险 | Yíqièxiǎn | 全危険担保（All Risks） |
| 6. | 战争险 | Zhànzhēngxiǎn | 戦争危険（War Risks） |
| 7. | 罢工险 | Bàgōngxiǎn | ストライキ危険（Strike Risks） |

[文法]

1. 時量補語

「時量」は、「時間量詞」の略語である。「時量補語」はある動作あるいは状態の持続時間について補足的な説明をする。

| | |
|---|---|
| 我们谈了半天了。 | Wǒmen tán le bàntiān le. |
| | われわれは長い時間話した。 |
| 她每天睡八个小时。 | Tā měitiān shuì bā ge xiǎoshí. |
| | 彼女は毎日8時間寝る。 |
| 我休息了两个小时。 | Wǒ xiūxi le liǎng ge xiǎoshí. |
| | 私は2時間休憩した。 |

動詞の後に目的語がある場合には、その動詞をもう一度繰り返して使用する。このとき、時量補語を2番目の動詞の後に置く。

| | |
|---|---|
| 我学汉语学了3个月。 | Wǒ xué Hànyǔ xué le sān ge yuè. |
| | 私は中国語を3ヶ月勉強していた。 |
| 昨天我睡觉睡了7个小时。 | Zuótiān wǒ shuìjiào shuì le qī ge xiǎoshí. |
| | きのう私は7時間寝ていた。 |
| 我找他找了一下午，他去哪儿了？ | Wǒ zhǎo tā zhǎo le yí xiàwǔ, tā qù nǎr le? |
| | 私は午後ずっと彼を探していたが、彼はどこにいったのか。 |

もし目的語が人称代名詞ではない場合は、時量補語を動詞と目的語の間においてもよい。時量補語と目的語の間には「的」を入れてもよい。

| | |
|---|---|
| 去中国留学以前，铃木学了1个月（的）汉语。 | Qù Zhōngguó liúxué yǐqián, Língmù xué le yí ge yuè（de）Hànyǔ. |
| | 中国に留学する前に、鈴木さんは中国語を1ヶ月勉強していた。 |
| 昨天马莲睡了10个小时（的）觉。 | Zuótiān Mǎlián shuì le shí ge xiǎoshí（de）jiào. |

きのう馬蓮さんは10時間眠った。

## 2. 还
（副詞）（ある事柄のほかに別の事柄が付け加わることを示し）また；更に；そのうえ；加えて

| 我买了一件衣服，还买了一本书。 | Wǒ mǎi le yí jiàn yīfu, hái mǎi le yì běn shū. |
| | 私は服を1着買い、更に本を1冊買った。 |
| 那个电影真好看，我还想再看一遍。 | Nàge diànyǐng zhēn hǎokàn, wǒ hái xiǎng zài kàn yíbiàn. |
| | あの映画はとても面白いから、もう一度見たい。 |
| 我学汉语，还学习中国经济。 | Wǒ xué Hànyǔ, hái xuéxí Zhōngguó jīngjì. |
| | 私は中国語を勉強し、更に中国経済も勉強している。 |

## 3. 来
（動詞）（「来＋動詞」の形で動詞の示す動作をこれからやるという意味を示し）～しよう

| 我来说两句。 | Wǒ lái shuō liǎng jù. |
| | 私が少し話そう。 |
| 你去买票，我来收拾行李。 | Nǐ qù mǎi piào, wǒ lái shōushi xíngli. |
| | 君は切符を買いに行ってくれ、私は荷物を整理しよう。 |
| 我来自我介绍一下。 | Wǒ lái zìwǒ jièshào yíxià. |
| | 私がちょっと自己紹介をしよう。 |

## 4. 尽管
（副詞）（なんらの条件も制限も受けずに行えることを表す）かまわずに；遠

慮なく；いくらでも

你有什么困难尽管说，大家可以帮助你。
Nǐ yǒu shénme kùnnan jǐnguǎn shuō, dàjiā kěyǐ bāngzhù nǐ.
何か困ることがあったら遠慮なく言ってください、みんなが力になるから。

你有意见尽管提出来。
Nǐ yǒu yìjiàn jǐnguǎn tí chū lái.
文句があったらいくらでも言ってください。

今天你尽管吃，我做了很多。
Jīntiān nǐ jǐnguǎn chī, wǒ zuò le hěn duō.
今日あなたは遠慮なく食べてください、私はたくさん作ったから。

## 5. 被

（介詞）（「主語（受動者）+「被」+ 名詞（動作主）+ 述語動詞」の形の受動文に用い、名詞（動作主）を導く。述語動詞には動作行為の完成や結果を示す語句を伴うか、または動詞自身にこのような意味を伴い）〜に〜される；〜によって〜される

他的钱包被小偷偷走了。
Tā de qiánbāo bèi xiǎotōu tōu zǒu le.
彼の財布は泥棒に盗まれた。

那本书被马莲借走了。
Nà běn shū bèi Mǎlián jiè zǒu le.
あの本は馬蓮さんが借りて持って行った。

我没有被妈妈打过。
Wǒ méiyǒu bèi māma dǎ guo.
私は母親にぶたれたことはなかった。

（助詞）

(1)「被」の後に行為者を伴わず直ちに述語動詞を用いる。

他的自行车被偷走了。
Tā de zìxíngchē bèi tōu zǒu le.
彼の自転車は盗まれた。

她的手表被摔坏了。
Tā de shǒubiǎo bèi shuāi huài le.
彼女の腕時計は落として壊れた。

(2)「被+動詞」を他の名詞と共に用い名詞連語を作る。

| | |
|---|---|
| 被害人 | bèihàirén |
| | 被害者 |
| 被保险货物 | bèi bǎoxiǎn huòwù |
| | 被保険貨物 |
| 被保险人 | bèi bǎoxiǎnrén |
| | 被保険者 |

## 6. 得

（助動詞）（意志上・事実上・道理上）ぜひとも～しなければならない
一般に否定には「不用」を用いる。

| | |
|---|---|
| 我得去一趟。 | Wǒ děi qù yí tàng. |
| | 私は一度行かなくてはならない。 |
| 想要好成绩就得努力。 | Xiǎngyào hǎo chéngjì jiù děi nǔlì. |
| | 良い成績を納めようと思ったら、努力しなければならない。 |
| 明天是星期天，你不用去学校，在家好好儿休息休息吧。 | |
| | Míngtiān shì xīngqītiān, nǐ búyòng qù xuéxiào, zài jiā hǎohāor xiūxi xiūxi ba. |
| | 明日は日曜日なので、君は学校に行く必要がないし、家で少しゆっくり休もう。 |

［ドリル］

1. 次の文の下線部をその下部にある語句に置き換えた上で、和訳しなさい。

(1) 你（是）<u>上午</u>去，还是<u>下午</u>去？
　　（あなたは午前中に行くか、それとも午後に行くか。）
　　①　　吃饭　　　吃面条　　　（面条 miàntiáo：ラーメン）
　　②　　换美元　　换日元
(2) <u>他的钱包被人偷走了</u>。　　（彼の財布は盗まれた。）
　　①我　书　　拿走

②我　电脑　用

2. 次の単語を並べ替え、正しい文章にした上で全文を和訳しなさい。
　　例： 牙买加 / 是 / 的 / 蓝山咖啡 / 这
　　　　这是牙买加的蓝山咖啡。
　　　　　（これはジャマイカのブルーマウンテンコーヒーである。）
　　① 请教 / 我 / 向 / 一个 / 想 / 您 / 问题
　　② 有关 / 海运 / 中国 / 了解 / 我 / 一下 / 想 / 的 / 方面 / 情况
　　③ 来 / 一下 / 我 / 简单 / 介绍 / 地
　　④ 是 / 一切险 / 吗 / 保险 / 承担 / 的 / 责任 / 意思 / 公司 / 一切

3. 次の文を中国語に訳しなさい。
　　鈴木さんは中国の海上保険に大変興味を持っています。馬蓮さんが海上保険を良く知っているので、許支配人は鈴木さんに説明するよう、彼女に命じました。
　　中国の貨物輸送に関する保険は、単独で付保できるかどうかにより、基本的な保険と付加保険とに大別されます。基本的な保険は、単独で付保できるのに対して、付加保険は単独で付保できず、基本的な保険を掛けた後にはじめて付保できるのです。海上貨物輸送の基本的な保険の区分は、分損不担保、分損担保と全危険担保の3種類があります。

[解答]
1.(1) ①你（是）吃饭，还是吃面条？　　（あなたはご飯を食べるか、それともラーメンを食べるか。）
　　　 ②你（是）换美元，还是换日元？　（あなたはドルを両替するか、それとも円を両替するか。）
　(2) ①我的书被人拿走了。　　　　　　（私の本は人に持っていかれた。）
　　　 ②我的电脑被人用了。　　　　　　（私のパソコンは人に使われた。）

2. ① 我想向您请教一个问题。 （1つのことを教えていただきたい。）
   ② 我想了解一下有关中国海运方面的情况。
   　　　　　　　　　　　　　（中国の海上輸送について調べたい。）
   ③ 我来简单地介绍一下。　（ちょっと簡単に説明しよう。）
   ④ 一切险是保险公司承担一切责任的意思吗？
   　　　　　　　　　　　　（全危険担保とは保険会社があらゆる責任を
   　　　　　　　　　　　　　負うという意味か。）

3. 铃木先生对中国的海运保险很感兴趣。因为马莲对海运保险很熟悉，所以许经理让她给铃木先生介绍一下。

   中国的货物运输保险，按照能否单独投保，可以分为基本险和附加险两类。基本险可以单独投保，而附加险不能单独投保，只有在投了基本险以后才能加附加险。海洋运输货物保险的基本险别有平安险、水渍险和一切险3种。

## 【文化・慣習編】

### 海上貨物保険

　在国际贸易中，买方和卖方签订了销售合同以后，双方应该各自履行自己的义务。根据国际惯例，采用FOB（FCA）条件和CFR（CPT）条件时，货物的保险应该由买方负责办理；而采用CIF（CIP）条件时，货物的保险则应该由卖方负责办理。我们知道，货物从卖方工厂或者仓库出来以后，通过长途运输被送到买方的工厂或者仓库。在整个装卸、运输过程中，货物可能会遇到各种意料不到的风险，遭受很大的损失。因此，为了能在货物受到损害或者发生灭失时能得到一定的经济补偿，卖方或买方都需要及时办理货物运输保险。

　货物运输保险，就是被保险人在货物装运以前确定装船日期和投保金额，向保险人投保运输险。被保险人，也叫投保人，一般是买方或者卖方；保险人，也叫承保人，一般是保险公司。投保人按照保险险别、保险金额和保险费率办理投保手续后，领取保险单据。如果被保险货物在运输过程中受损或者发生灭失，承保人按保险金额以及损失程度赔偿。

　做国际贸易时，货物运输保险非常重要。不过，投保人在投保运输险时，最好认真地研究一下险别。要是选择了责任范围大的险别，有可能会增加保险费的开支。然而，要是选择了责任范围过小的险别，又有可能得不到适当的经济赔偿。

### [新出単語]

1. 以后（名詞）　　　　　yǐhòu　　　　　以後、それより後、今後
2. 各自（指示代名詞）　　gèzì　　　　　　各自、めいめい、おのおの
3. 成本（名詞）　　　　　chéngběn　　　　コスト
4. 工厂（名詞）　　　　　gōngchǎng　　　 工場
5. 仓库（名詞）　　　　　cāngkù　　　　　倉庫
6. 出来（動詞＋方向補語）chū//lái　　　　出てくる、顔を出す
7. 长途（名詞）　　　　　chángtú　　　　 長距離、長い道のり
8. 整个（形容詞）　　　　zhěnggè　　　　 全体、全部

| | | | |
|---|---|---|---|
| 9. | 装卸（動詞） | zhuāngxiè | （荷物を）積み卸しする |
| 10. | 遇到（動詞＋結果補語） | yù//dào | 出会う、ぶつかる |
| 11. | 意料（動詞） | yìliào | 予想（する）、予測（する） |
| 12. | 遭受（動詞） | zāoshòu | （不幸または損害を）受ける、被る |
| 13. | 受到（動詞） | shòu//dào | 受ける |
| 14. | 灭失（名詞） | mièshī | （法律用語）物品が自然災害・盗難・遺失などにより存在しなくなること |
| 15. | 得到（動詞） | dédào | 得る、手に入れる |
| 16. | 补偿（動詞） | bǔcháng | 補償する、償う、埋め合わせる |
| 17. | 及时（形容詞/副詞） | jíshí | ちょうどよい時（に）、時機にかなっている |
| 18. | 以前（名詞） | yǐqián | 以前、それより前、〜以前 |
| 19. | 确定（形容詞/動詞） | quèdìng | 明確である、確定する、はっきり決める |
| 20. | 日期（名詞） | rìqī | 期日、日付 |
| 21. | 金额（名詞） | jīn'é | 金額 |
| 22. | 承保人（名詞） | chéngbǎorén | 保険者 |
| 23. | 领取（動詞） | lǐngqǔ | 受け取る、もらう |
| 24. | 单据（名詞） | dānjù | 証票、証券 |
| 25. | 程度（名詞） | chéngdù | レベル、程度 |
| 26. | 赔偿（動詞） | péicháng | 賠償する、弁償する |
| 27. | 非常（副詞） | fēicháng | 非常に、大変 |
| 28. | 认真（形容詞） | rènzhēn | まじめである、真剣である |
| 29. | 增加（動詞） | zēngjiā | 増加する、増える、増やす |
| 30. | 开支（名詞） | kāizhī | 費用、支出、支払い |
| 31. | 适当（形容詞） | shìdàng | 適当である、妥当である、ふさわしい |

## [文法]

### 1. 出来

（動詞＋方向補語）（中から外に）出て来る；（ある場所から）出て来る

| | |
|---|---|
| 他从屋里出来了。 | Tā cóng wū li chū lái le. |
| | 彼は部屋から出て来た。 |
| 你出来一下，我跟你说句话。 | Nǐ chū lái yíxià, wǒ gēn nǐ shuō jù huà. |
| | 話があるからちょっと出てきなさい。 |
| 这次很重要，大人物都出来了。 | Zhè cì hěn zhòngyào, dà rénwù dōu chū lái le. |
| | 大物がみな出てきたので、今回はとても重要であった。 |

### 2. 通过

（介詞）（媒介や手段を示す）〜を通じて；〜を通して；〜によって

| | |
|---|---|
| 我们通过翻译进行了交谈。 | Wǒmen tōngguò fānyì jìnxíng le jiāotán. |
| | われわれは通訳を交えて話し合った。 |
| 通过老张，我认识了他。 | Tōngguò Lǎo Zhāng, wǒ rènshi le tā. |
| | 張さんの紹介で、私は彼と知り合いになった。 |
| 她通过学习汉语了解中国。 | Tā gōngguò xuéxí Hànyǔ liǎojiě Zhōngguó. |
| | 彼女は中国語の勉強を通じて中国を理解する。 |

### 3. 会

（副詞）（起こりうべきことを予測して）〜であろう；〜はずである
単独で質問の答えに用いることができ、否定は「不会」。

| | |
|---|---|
| 今天不会下雨。 | Jīntiān bú huì xià yǔ. |
| | 今日は雨になりっこないよ。 |
| 他学习认真，一定会考上大学。 | Tā xuéxí rènzhēn, yídìng huì kǎo shàng dàxué. |
| | 彼は一生懸命勉強しているのだから、きっと大学に受かるだろう。 |

没想到会这么难。
Méi xiǎng dào huì zhème nán.
こんなに難しいとは思いもしなかった。

## 4. 及时

（副詞）早速；すぐさま；その都度

以后有什么问题，咱们及时商量。
Yǐhòu yǒu shénme wèntí, zánmen jíshí shāngliang.
今後問題が出たら直ちに話し合おう。

在货物装船前，买方或卖方要及时投保。
Zài huòwù zhuāng chuán qián, mǎifāng huò màifāng yào jíshí tóubǎo.
貨物の船積み前に、買い手または売り手は直ちに保険を掛けなければならない。

学生有不懂的地方，应该及时问老师。
Xuésheng yǒu bù dǒng de dìfang, yīnggāi jíshí wèn lǎoshī.
学生は分からないところがあったら、すぐに先生に聞くべきである。

## 5. 又

（副詞）（幾つかの動作・状態・状況が重なることを表し）その上；（～でもあり）また（～でもある）

「又」を後の項目に用いることができるし、各項目に用いることもできる。

他很聪明，又很努力，所以马上就学会了。
Tā hěn cōngming, yòu hěn nǔlì, suǒyǐ mǎshàng jiù xuéhuì le.
彼は賢く、その上努力するので、すぐに習得した。

我又想去又不想去，现在还没想好。

|  |  |
| --- | --- |
|  | Wǒ yòu xiǎng qù yòu bù xiǎng qù, xiànzài hái méi xiǎng hǎo.<br>行きたくもあり、行きたくもないし、いまはまだ決めていない。 |
| 这个孩子又会写又会算。 | Zhège háizi yòu huì xiě yòu huì suàn.<br>この子は字も書けるし、計算もできる。 |

[訳文]

## 海上貨物保険

　国際貿易では、買い手と売り手が売買契約を締結した後、双方は各自の義務を履行すべきです。国際的慣習に基づき、FOB（FCA）条件とCFR（CPT）条件を用いる場合には、貨物の保険は買い手が責任をもって手配すべきであるのに対して、CIF（CIP）条件を用いる場合には、貨物の保険は売り手が手配しなければなりません。われわれは、貨物は売り手の工場もしくは倉庫から出荷されてから、長距離の輸送を通して買い手の工場もしくは倉庫に搬入されることを知っています。船積みから荷卸しまでのすべての過程においては、貨物は様々な思いもよらない出来事に遭遇し、大きな損害を受けるかもしれません。したがって、貨物が損害を受けまたは滅失が発生した場合には一定の経済的補償を得るために、売り手または買い手は貨物輸送保険を直ちに掛ける必要があります。

　貨物輸送保険とは、被保険者が貨物を船積みする前に船積み日と保険価額が分かった時点で保険者に輸送保険を掛けるということです。被保険者は、付保する者とも呼ばれますが、保険者は、補償を行う者とも呼ばれ、一般には保険会社です。被保険者は、保険区分、保険価額と保険料率に基づいて付保の手続きを済ませた後に、保険証券を受け取ります。被保険貨物が輸送の過程において破損したり滅失した場合には、保険者は保険価額および損害の程度により保険金を支払います。

　国際貿易を行う際に、貨物輸送保険は非常に重要です。しかし、被保険者は

輸送保険を掛けるときには保険区分を真剣に検討したほうがよいでしょう。補填範囲が広い保険区分を選択すれば、保険料の出費が増えるかもしれません。しかし、補填内容があまりに少ない保険区分を選択すれば、今度はまた適当な経済的弁償をしてもらえないかもしれません。

# 第11章

## クレーム条項（索赔条款）

## 【会話編】

❖ 中国 ABC 公司の会議室で
（在中国 ABC 公司的会议室）

| | |
|---|---|
| 许经理：<br>Xǔ jīnglǐ： | 铃木先生，我们就合同条款事项谈了很多啊。您辛苦了！<br>Língmù xiānsheng, wǒmen jiù hétong tiáokuǎn shìxiàng tán le hěnduō a. Nín xīnkǔ le! |
| 許支配人： | 鈴木さん、われわれは契約条項についていろいろと話し合ってきました。お疲れ様でした。 |
| 铃　木：<br>Líng mù： | 您才辛苦呢。好在合同的主要条款基本上都谈完了。<br>Nín cái xīnkǔ ne. Hǎozài hétong de zhǔyào tiáokuǎn jīběn shang dōu tán wán le. |
| 鈴　木： | そちらこそお疲れ様でした。幸い、契約の主要な条項をほとんど全部話し合うことができました。 |
| 许经理：<br>Xǔ jīnglǐ： | 是啊。收获真不小。看来明天我们就能签合同了。<br>Shì a. Shōuhuò zhēn bù xiǎo. Kànlái míngtiān wǒmen jiù néng qiān hétong le. |
| 許支配人： | そうですね。大きな成果がありました。思うに、明日われわれは契約を結ぶことができそうです。 |
| 铃　木：<br>Líng mù： | 太好了。不过，许经理，我还有个担心。<br>Tài hǎo le. Búguò, Xǔ jīnglǐ, wǒ hái yǒu ge dān xīn. |
| 鈴　木： | それは何よりです。ところで、許支配人、私には1つ心配事がの |

第 11 章　クレーム条項（索赔条款）

|  |  |
|---|---|
| 许　经　理： | こっています。 |
| 許支配人： | 铃木先生担心什么？ |
| Xǔ jīnglǐ： | Língmù xiānsheng dān xīn shénme? |
| 許支配人： | 何を心配されていますか。 |
| 铃　　木： | 为了确保合同的履行，我们是不是应该附加一个索赔条款？ |
| Líng mù： | Wèile quèbǎo hétong de lǚxíng, wǒmen shìbushì yīnggāi fùjiā yíge suǒpéi tiáokuǎn? |
| 鈴　　木： | 契約の履行を確実なものにするために、クレーム条項を付け加えるべきではないでしょうか。 |
| 许　经　理： | 索赔条款？ |
| Xǔ jīnglǐ： | Suǒpéi tiáokuǎn? |
| 許支配人： | クレーム条項？ |
| 铃　　木： | 是的。中国有句俗话，叫……，叫什么来着？意思是先把计较利益得失的话说在前头，然后再讲情谊。 |
| Líng mù： | Shìde. Zhōngguó yǒu jù súhuà, jiào……, jiào shénme láizhe? Yìsi shì xiān bǎ jìjiào lìyì déshī de huà shuō zài qiántou, ránhuò zài jiǎng qíngyì. |
| 鈴　　木： | そうです。中国には１つのことわざがありますが、何と言いましたでしょうか。最初に利益の損得などを計算に入れて話し合い、はっきりさせておけば、あとは友情を重んずるということを意味するものです。 |
| 许　经　理： | 这叫"先小人，后君子"。 |
| Xǔ jīnglǐ： | Zhè jiào "Xiān xiǎorén, hòu jūnzǐ." |
| 許支配人： | それは"先小人，后君子。"のことですね。 |
| 铃　　木： | 对，对。就是这句话。 |
| Líng mù： | Duì, duì. Jiùshì zhè jù huà. |
| 鈴　　木： | そう、そうです。その言葉です。 |
| 许　经　理： | 铃木先生，您这是不相信我们啊。 |
| Xǔ jīnglǐ： | Língmù xiānsheng, nín zhèshì bù xiāngxìn wǒmen a. |
| 許支配人： | 鈴木さん、あなたは私どもを信じていないようですね。 |

铃　　木： 我不是不相信贵公司，而是觉得加了索赔条款，这对你我都有约束力。说不定哪方不履行合同，防患于未然，还是有好处的吧。

Líng mù： Wǒ bú shì bù xiāngxìn guì gōngsī, érshì juéde jiā le suǒpéi tiáokuǎn, zhè duì nǐ wǒ dōu yǒu yuēshù lì. Shuō budìng nǎfāng bù lǚxíng hétong, fáng huàn yú wèi rán, háishì yǒu hǎochù de ba.

鈴　　木： 私は御社を信じないわけではありませんが、クレーム条項を盛り込むと、私たちお互いにそれぞれ拘束力が生じます。どちらが契約を履行しなかったのか分からないという状況は、未然に防いでおいた方がやはりいいとお思いになりませんか。

许 经 理： 那倒是。关于索赔条款，我们一般规定如下："如果货物不符合合同规定，应该由卖方负责。买方在合同规定的索赔期限里提出索赔"。

Xǔ jīnglǐ： Nà dàoshì. Guānyú suǒpéi tiáokuǎn, wǒmen yībān guīdìng rúxià: "Rúguǒ huòwù bù fúhé hétong guīdìng, yīnggāi yóu màifāng fùzé. Mǎifāng zài hétong guīdìng de suǒpéi qīxiàn li tíchū suǒpéi."

許支配人： それはそうですね。クレーム条項については、われわれは通常次のように規定しています。「貨物が契約の規定に合致しなかった場合には、売り手が責任を負わなければならない。買い手は契約に定められたクレーム申し立て期間内にクレームを提起すること。」

铃　　木： 那我们顺便把索赔期限也定一下吧。

Líng mù： Nà wǒmen shùnbiàn bǎ suǒpéi qīxiàn yě dìng yíxià ba.

鈴　　木： それではついでにクレーム申し立て期間も決めておきましょう。

许 经 理： 行。索赔期限一般为货物在到货口岸卸货后 30 天内。在这个期限内买方凭商品检验机构出具的检验证书向卖方索赔。

Xǔ jīnglǐ： Xíng. Suǒpéi qīxiàn yìbān wéi huòwù zài dào huò kǒu'àn xiè huò hòu sānshí tiān nèi. Zài zhège qīxiàn nèi mǎifāng píng shāngpǐn jiǎnyàn jīgòu chūjù de jiǎnyàn zhèngshū xiàng

第11章 クレーム条項（索赔条款）

|  |  |
|---|---|
| | màifāng suǒpéi. |
| 許支配人： | いいですよ。クレーム申し立て期間は、一般的には貨物が仕向港で荷卸しされてから30日以内とされます。この期間において買い手は検品機関が発行した検品証明書に基づき売り手に損害賠償を要求します。 |
| 铃　　木： | 那您能介绍一下具体的损害赔偿办法吗？ |
| Líng mù： | Nà nín néng jièshào yíxià jùtǐ de sǔnhài péicháng bànfǎ ma? |
| 鈴　　木： | それでは、具体的な損害賠償方法を少しご紹介いただけますか。 |
| 许 经 理： | 我们一般采用下列3种办法进行理赔。一是同意买方退货；二是将货物贬值；三是调换有瑕疵的货物。 |
| Xǔ jīnglǐ： | Wǒmen yìbān cǎiyòng xiàliè sān zhǒng bànfǎ jìnxíng lǐpéi. Yī shì tóngyì mǎifāng tuìhuò; èr shì jiāng huòwù biǎnzhí; sān shì diàohuàn yǒu xiácī de huòwù. |
| 許支配人： | われわれは通常次の3つの方法を用いて賠償請求に応じて処理を行います。1つ目は買い手からの返品に応じること、2つ目は当該製品の値段を下げること、3つ目は欠陥品を交換することです。 |
| 铃　　木： | 看来贵公司很讲究信用啊。这下我就放心了。许经理，那可不可以把这些内容写进合同里呢？ |
| Líng mù： | Kànlái guì gōngsī hěn jiǎngjiu xìnyòng a. Zhèxià wǒ jiù fàng xīn le. Xǔ Jīnglǐ, nà kě bu kěyǐ bǎ zhèxiē nèiróng xiě jìn hétong li ne? |
| 鈴　　木： | 御社は信用をとても重んじるようですね。安心しました。許支配人、これらの内容を契約書に盛り込むことはできますか。 |
| 许 经 理： | 可以。铃木先生，那如果贵公司不及时开立信用证，怎么办呢？ |
| Xǔ jīnglǐ： | Kěyǐ. Língmù xiānsheng, nà rúguǒ guì gōngsī bù jíshí kāilì xìnyòngzhèng, zěnme bàn ne? |
| 許支配人： | いいですよ。鈴木さん、それでは御社が期限通りに信用状を開設しなかった場合には、どうしますか。 |
| 铃　　木： | 如果是这样的话，因此而给贵公司造成的损失由我方承担。 |

Líng mù： Rúguǒ shì zhèyàng dehuà, yīncǐ ér gěi guì gōngsī zāochéng de sǔnshī yóu wǒfāng chéngdān.

鈴　　木： そのようなことであれば、それによって御社にもたらされた損失は我が社の方で負担します。

許 経 理： 好。等一会儿，我让马莲把我们谈的内容全部归纳一下，写进合同里去，然后给您过目。

Xǔ jīnglǐ： Hǎo. Děng yíhuìr, wǒ ràng Mǎlián bǎ wǒmen tán de nèiróng quánbù guīnà yíxià, xiějìn hétong li qù, ránhòu gěi nín guòmù.

許支配人： 分かりました。後で私は馬蓮さんにわれわれの話し合った内容をまとめ、契約書に入れるよう、命じておきます。

铃　　木： 谢谢。那就拜托了。

Líng mù： Xièxie. Nà jiù bàituō le.

鈴　　木： 有り難うございます。それでは宜しくお願いします。


[新出単語]

| | | | |
|---|---|---|---|
| 1. | 索赔（動詞） | suǒpéi | クレーム（を出す）、賠償請求（をする） |
| 2. | 事項（名詞） | shìxiàng | 事項 |
| 3. | 才（副詞） | cái | ～といったら；それこそ～だ |
| 4. | 辛苦（形容詞） | xīnkǔ | 心身ともにつらい、骨が折れる、ご苦労さま |
| 5. | 好在（副詞） | hǎozài | 幸い、都合のよいことに |
| 6. | 收获（動詞/名詞） | shōuhuò | 取り入れる、収穫、成果 |
| 7. | 担心（離合詞） | dān//xīn | 心配する、懸念する |
| 8. | 俗话（名詞） | súhuà | 諺 |
| 9. | 来着（助詞） | láizhe | ～した、～していた |
| 10. | 计较（動詞） | jìjiào | あれこれ計算してこだわる（多くはけなす意味を含む） |
| 11. | 利益（名詞） | lìyì | 利益 |
| 12. | 得失（名詞） | déshī | 得失、損得、利害 |

| | | | |
|---|---|---|---|
| 13. | 前头（方位詞） | qiántou | 前、前の方、先 |
| 14. | 情谊（名詞） | qíngyì | 情誼、よしみ |
| 15. | 觉得（動詞） | juéde | 感じる、～と思う、～のような気がする |
| 16. | 约束（動詞） | yuēshù | 束縛する、制限する |
| 17. | 说不定（動詞/副詞） | shuō budìng | わからない、はっきり言えない、ひょっとしたら～かもしれない |
| 18. | 好处（名詞） | hǎochù | 有利な点、利益、恩恵 |
| 19. | 倒是（副詞） | dàoshì | まあ（～だ）、別段（～ではない） |
| 20. | 如下（動詞） | rúxià | 以下のごとし、下記の通りとなる |
| 21. | 提出（動詞） | tí//chū | 提出する、提起する |
| 22. | 顺便（副詞） | shùnbiàn | ついでに |
| 23. | 为（動詞） | wéi | なす、する、～とする |
| 24. | 检验（動詞） | jiǎnyàn | 検査する、検証する |
| 25. | 证书（名詞） | zhèngshū | 証明書 |
| 26. | 理赔（動詞） | lǐpéi | 賠償請求に応じて処理を行う |
| 27. | 退货（動詞） | tuì//huò | 商品を返却する、返品 |
| 28. | 贬值（離合詞） | biǎnzhí | 通貨を切り下げる、貨幣価値が下落する、価値が下がる |
| 29. | 调换（動詞） | diàohuàn | 交換する、取り替える |
| 30. | 瑕疵（名詞） | xiácī | 傷、欠点、瑕疵 |
| 31. | 这下（慣用句） | zhèxià | （前に述べたことを受け、その結果どうなるかを説明し）こう（そう）して、この（その）ようにして、こう（そう）なると |
| 32. | 怎么办（文型） | zěnme bàn | どうしよう |
| 33. | 因此（接続詞） | yīncǐ | それによって、そのことで |
| 34. | 一会儿（副詞/名詞） | yíhuìr | しばらく、まもなく |

[固有名詞]

1. 先小人，后君子。　Xiān xiǎorén, hòu jūnzǐ.　最初に利益の損得などを計算に入れて話し合い、はっきりさせておけば、あとは友情を重んずる。
2. 防患于未然　fáng huàn yú wèi rán　（熟語）事故や災害を未然に防止する。
3. 到货口岸　dào huò kǒu'àn　仕向港

[文法]

## 1. 才

（副詞）（断定の語気を強める）～といったら；それこそ～だ；～なんかするものか

文末に「呢」を伴うことが多い。

她才漂亮呢。　　　　　　　Tā cái piàoliang ne.
　　　　　　　　　　　　　彼女の美しさといったら。

昨天的棒球比赛才精彩呢。　Zuótiān de bàngqiú bǐsài cái jīngcǎi ne.
　　　　　　　　　　　　　昨日の野球試合の素晴らしかったこと。

这才是地地道道的名酒。　　Zhè cái shì dìdidàodao de míngjiǔ.
　　　　　　　　　　　　　これこそがほかならぬ本場物の名酒だ。

## 2. 好在

（副詞）幸い；都合のよいことに

好在他懂汉语，我们可以用汉语交谈。
　　　　　　　　　　　　　Hǎozài tā dǒng Hànyǔ, wǒmen kěyǐ yòng Hànyǔ jiāotán.
　　　　　　　　　　　　　幸い彼は中国語が分かるので、私たちは中国語で話し合える。

好在不太远，咱们走着去吧。Hǎozài bú tài yuǎn, zánmen zǒu zhe qù ba.
　　　　　　　　　　　　　幸いあまり遠くないので、われわれは歩い

ていこう。

## 3. 来着
（助詞）〜した；〜していた

文末に用い、過去の出来事を回想する気持ちを表す。話し言葉に用い、文中の動詞は「了」「过」を伴うことができない。

你刚才说什么来着？　　　　Nǐ gāngcái shuō shénme láizhe?
　　　　　　　　　　　　　君はさっき何と言っていましたか。

最近你忙什么来着？　　　　Zuìjìn nǐ máng shénme láizhe?
　　　　　　　　　　　　　最近君は何をしていたんだい。

上周末我去北海道来着。　　Shàng zhōumò wǒ qù Běihǎidào láizhe.
　　　　　　　　　　　　　先週末、私は北海道に行った。

## 4. （你）这是……
（文型）ある人に何をしているかを聞くときにはよく使われる。

你这是写什么呢？　　　　　Nǐ zhèshì xiě shénme ne?
　　　　　　　　　　　　　あなたは何を書いているの。

你这是要去哪儿？　　　　　Nǐ zhèshì yào qù nǎr?
　　　　　　　　　　　　　あなたはどこに行きたいの。

你这是做什么呢？　　　　　Nǐ zhèshì zuò shénme ne?
　　　　　　　　　　　　　あなたは何をしているの。

## 5. 说不定
(1)（動詞＋可能補語）わからない；はっきりいえない

不用等我，我来不来还说不定呢。Búyòng děng wǒ, wǒ lái bu lái hái shuō budìng ne.
　　　　　　　　　　　　　　　私が来られるかどうかはわからないので、待たないでください。

他几点回来，谁都说不定。　Tā jǐ diǎn huílái, shéi dōu shuō budìng.
　　　　　　　　　　　　　彼が何時に帰ってくるか、誰もはっきりわ

からない。
(2)（副詞）ひょっとしたら〜かもしれない

说不定他不来了，别等了。　　Shuō budìng tā bù lái le, bié děng le.
彼は来ないかもしれないので、待たないことにしよう。

那个人说不定是铃木的妈妈。　　Nà ge rén shuō budìng shì Língmù de māma.
あの人はひょっとしたら鈴木さんのお母さんかもしれない。

## 6. 顺便
（副詞）（〜した）ついでに（〜する）

看完电影，顺便去看朋友。　　Kàn wán diànyǐng, shùnbiàn qù kàn péngyou.
映画を観終わったら、ついでに友達を訪ねる。

出差到上海，顺便看了看亲戚。　　Chūchāi dào Shànghǎi, shùnbiàn kàn le kàn qīnqi.
上海へ出張のついでに親戚の家に立ち寄った。

明天去学校，顺便借几本书。　　Míngtiān qù xuéxiào, shùnbiàn jiè jǐ běn shū.
明日学校に行くので、ついでに本を何冊か借りる。

## 7. 因此
（接続詞）（節と節との関係を述べるのではなく、後節で前節の内容に基づいて連用修飾語として用い）それによって；そのことで

这次考试虽然考得不好，但是他没有因此流泪。
Zhècì kǎoshì suīrán kǎo de bù hǎo,

这两天下大雪，学校因此放假。 Zhè liǎng tiān xià dàxuě, xuéxiào yīncǐ fàngjià.
ここ数日、大雪が降ったので、学校はそのことで休みになった。

dànshì tā méiyǒu yīncǐ liú lèi.
今回のテストはうまくいかなかったものの、彼はそのことで涙をこぼさなかった。

[ドリル]
1. 次の文の下線部をその下部にある語句に置き換えた上で、和訳しなさい。
(1) 好在他会说汉语，我们可以用汉语交谈。
　　（幸い彼は中国語を話せるので、われわれは中国語で話し合える。）
　① 今天不下雨　　　去看红叶　（红叶 hóngyè：紅葉）
　② 学校里有电脑　　上网
(2) 看完电影，顺便去看朋友。
　　（映画を観終わったら、ついでに友達を訪ねる。）
　①买　东西　　吃午饭
　②复习　以后　　预习一下

2. 次の単語を並べ替え、正しい文章にした上で全文を和訳しなさい。
　例：　辛苦 / 您 / 了
　　　您辛苦了。（お疲れ様でした。）
　① 合同 / 谈完 / 好在 / 的 / 都 / 主要 / 了 / 条款
　② 签 / 明天 / 我们 / 看来 / 能 / 合同 / 就 / 了
　③ 应该 / 索赔 / 一个 / 附加 / 我们 / 条款
　④ 卖方 / 检验 / 向 / 买方 / 凭 / 索赔 / 证书 / 提出

3. 次の文を中国語に訳しなさい。
　鈴木さんと許支配人は契約条項についていろいろと話し合ってきまし

た。見たところ、明日は契約を結ぶことができそうです。ところが、契約の履行を確保するために、鈴木さんはクレーム条項を付け加えることを許支配人に要求しました。許支配人は同意しました。

クレーム条項は、次のように定められています。「貨物が契約の約定に合致しなかった場合には、売り手が責任を負わなければならない。買い手が契約に定められたクレーム申し立て期間にクレームを申し入れること。」

クレーム申し立て期間は、一般的に貨物が仕向港で荷卸しされてから30日以内とします。この期間において買い手は検品機関が発行した検品証明書に基づき売り手に損害賠償を請求します。

[解答]

1. (1) ① 好在今天不下雨，我们可以去看红叶。
　　　　　　　　　　　　　（幸い今日は雨が降らないので、われわれは紅葉を見に行くことができる。）
　　　② 好在学校里有电脑，我们可以上网。
　　　　　　　　　　　　　（幸い学校にはパソコンがあるので、われわれはインターネットを利用できる。）
　 (2) ① 买完东西，顺便吃午饭。（買い物が終わったら、ついでに昼ご飯を食べる。）
　　　② 复习完以后，顺便预习一下。
　　　　　　　　　　　　　（復習が終わったら、ついでに予習する。）

2. ① 好在合同的主要条款都谈完了。（幸いなのは、契約の主要な条項をほとんど話し合ったことである。）
　 ② 看来明天我们就能签合同了。　（どうやら明日は契約を結ぶことができそうだ。）
　 ③ 我们应该附加一个索赔条款。　（われわれはクレーム条項を盛り込むべきだ。）
　 ④ 买方凭检验证书向卖方提出索赔。

（買い手は検品証明書に基づき売り手に損害賠償を請求する。）

3. 铃木先生和许经理就合同条款谈了很多。看来明天就能签合同了。不过，为了确保合同的履行，铃木先生要求许经理附加一个索赔条款。许经理同意了。

　　索赔条款规定如下："如果货物不符合合同规定，应该由卖方负责。买方在合同规定的索赔期限里提出索赔。"

　　索赔期限一般为货物在到货口岸卸货后30天内。在这个期限内买方凭商品检验机构出具的检验证书向卖方索赔。

# 【文化·慣習編】

## 索赔与理赔

　　索赔，是指买卖合同的一方当事人因另一方当事人违约而遭受损失、并向另一方当事人提出损害赔偿的行为。理赔则是一方对于对方提出的索赔进行处理。因此，索赔和理赔是一个问题的两个方面。在国际贸易实践中，损害赔偿是最重要的，也是最常用的违约补救措施。

　　在索赔和理赔时，索赔依据和索赔期限都是很重要的问题。一方当事人提出索赔时，必须有充分的索赔依据。索赔依据包括：法律依据和事实依据两个方面。前者是指买卖合同和适用的法律规定；后者则指违约的事实以及书面证明。如果索赔时证据不足或出证机构不符合要求，都可能遭到对方拒绝赔偿。索赔期限是指受损害一方有权向违约方提出索赔的期限。按照法律和国际惯例，受损害一方只能在一定的索赔期限内提出索赔，否则就丧失了索赔权。

　　买卖双方为了在索赔和理赔时有所依据，一般在合同中订立索赔条款。在实践中，索赔条款通常采用的主要有"异议与索赔条款"和"罚金条款"两种。异议与索赔条款，一般是针对卖方交货质量、数量或包装不符合合同规定而订立的，主要包括索赔依据、索赔期限。有的还规定索赔处理办法。罚金条款，也叫违约金条款，多用于卖方延期交货或者买方延期接货或者延期付款的场合，它的特点是预先在合同中规定罚金的数额或罚金的百分率。

　　总之，为了维护双方的权益，订好国际货物买卖合同中的索赔条款，并在合同的履行中正确运用，是十分重要的。

　　（资料来源：吴百福主编《进出口贸易实务教程（修订本）》上海人民出版社，2000年，372-376页。有删改。）

第11章　クレーム条項（索赔条款）　177

[新出単語]

| | | | |
|---|---|---|---|
| 1. | 一方（名詞） | yìfāng | （当事者のうちの）一方、片方 |
| 2. | 当事人（指示代名詞） | dāngshìrén | 当事者 |
| 3. | 另一～（文型） | lìngyī… | 別の、ほかの |
| 4. | 对于（介詞） | duìyú | ～について、～に関して、～にとって、～に対して |
| 5. | 常用（形容詞） | chángyòng | 常用の、常用される |
| 6. | 补救（動詞） | bǔjiù | 埋め合わせる、挽回する |
| 7. | 措施（名詞） | cuòshī | 措置、処置、対策 |
| 8. | 充分（形容詞） | chōngfèn | 十分である |
| 9. | 事实（名詞） | shìshí | 事実 |
| 10. | 前者（名詞） | qiánzhě | 前者、前に挙げた事柄 |
| 11. | 适用（動詞） | shìyòng | 使用に適する、使える、適用できる |
| 12. | 后者（名詞） | hòuzhě | 後者 |
| 13. | 书面（名詞） | shūmiàn | 書面 |
| 14. | 证明（動詞/名詞） | zhèngmíng | 証明する、証拠立てる、裏付ける、証明書 |
| 15. | 证据（名詞） | zhèngjù | 証拠 |
| 16. | 不足（形容詞） | bùzú | 不十分である、不足する |
| 17. | 有权（動詞） | yǒuquán | （多くは、後に複音節動詞を伴い4字句を作り）～する権利がある、～する権限をもつ |
| 18. | 只能（副詞） | zhǐnéng | （そうすることが唯一取り得る方法であることを示し）せいぜい～しかできない、～し得るにとどまる |
| 19. | 否则（接続詞） | fǒuzé | さもなくば、さもないと、でないと |
| 20. | 丧失（動詞） | sàngshī | 喪失する、失う、なくす |
| 21. | 异议（名詞） | yìyì | 異議、反対意見 |
| 22. | 与（介詞） | yǔ | ～と、～と共に |
| 23. | 罚金（名詞） | fájīn | 罰金、ペナルティー |

| | | | |
|---|---|---|---|
| 24. | 针对（介詞） | zhēnduì | ～に対して、～に焦点を合わせて、～を目安として |
| 25. | 有的（代名詞） | yǒude | あるもの、ある人 |
| 26. | 处理（動詞） | chǔlǐ | 処理する、解決する |
| 27. | 用于（動詞） | yòngyú | ～に使う |
| 28. | 延期（動詞） | yánqī | 延期する |
| 29. | 预先（副詞） | yùxiān | あらかじめ、前もって |
| 30. | 数额（名詞） | shù'é | 定額、一定の数 |
| 31. | 百分率（数詞） | bǎifēnlǜ | 百分率、パーセンテージ |
| 32. | 维护（動詞） | wéihù | 守る、保つ、擁護する |
| 33. | 权益（名詞） | quányì | 権益 |
| 34. | 正确（形容詞） | zhèngquè | 正しい |
| 35. | 运用（動詞） | yùnyòng | 運用する、利用する |

[文法]

1. 因……而……

（文型）（書き言葉に用い）～によって（～する）；～のために（～する）

我们不能因困难而失去信心。　　Wǒmen bù néng yīn kùnnan ér shīqù xìnxīn.
厳しいからといって自信を失ってはいけない。

这次比赛因经验不足而失败了。　Zhècì bǐsài yīn jīngyàn bùzú ér shībài le.
今回の試合は経験不足のために敗北した。

2. 对于

（介詞）～について；～に関して；～にとって；～に対して

　　人・事物・行為間の対象関係や対応関係を表し、名詞のほか動詞やその他の語句を伴って介詞句を構成する。主として主語の後に用いるが、文頭に出すこともある。

第 11 章　クレーム条項（索賠条款）

| | |
|---|---|
| 他要是能来，对于我们很有利。 | Tā yàoshi néng lái, duìyú wǒmen hěn yǒulì.<br>彼が来れるなら、われわれにとって大変有利だ。 |
| 对于工作，他非常认真。 | Duìyú gōngzuò, tā fēicháng rènzhēn.<br>仕事に対して、彼は非常に真面目である。 |
| 对于这件事，我不同意你的看法。 | Duìyú zhè jiàn shì, wǒ bù tóngyì nǐ de kànfǎ.<br>このことについて、私は君の考えに賛成しない。 |

## 3. 否则

（接続詞）（多く書き言葉で複文の後節の冒頭に用い、また多く副詞「就」を伴い）もしそうでなければ；さもないと

| | |
|---|---|
| 最好下午去，否则就明天早上去。 | Zuìhǎo xiàwǔ qù, fǒuzé jiù míngtiān zǎoshang qù.<br>午後に行くのが一番良いが、でなければ明日の早朝に行く。 |
| 今天一定要把这个工作做完，否则就来不及了。 | Jīntiān yídìng yào bǎ zhège gōngzuò zuòwán, fǒuzé jiù lái bují le.<br>今日中にこの仕事を必ず完成しなければならない、さもなければ間に合わなくなる。 |
| 学汉语一定要认真，否则就很难学好。 | Xué Hànyǔ yídìng yào rènzhēn, fǒuzé jiù hěn nán xuéhǎo.<br>中国語を学ぶには必ず真面目に勉強しなければならない、さもなければ習得することは難しい。 |

## 4. 针对

（介詞）（動作・行為の対象や方針・政策・計画などに）ぴたりと的を定めて；ねらいをつけて；焦点を合わせて

针对学生的特点，老师热心地举例讲解。
Zhēnduì xuésheng de tèdiǎn, lǎoshī rèxīn de jǔlì jiǎngjiě.
学生の特徴に焦点を合わせて、先生は例を挙げて熱心に解説した。

他的话都是针对你说的。
Tā de huà dōu shì zhēnduì nǐ shuō de.
彼の話はあなたにねらいをつけて言ったものだ。

针对这个问题，你有什么办法？
Zhēnduì zhè ge wèntí, nǐ yǒu shénme bànfǎ?
この問題に関して、君は何か対処方法があるか。

## 5. 有的

（代名詞）（全体の中の一部分について述べ）あるもの；ある人
主語として用いるが、目的語に用いることはできない。

很多人学习中文，有的学习得很好。
Hěn duō rén xuéxí Zhōngwén, yǒude xuéxí de hěn hǎo.
多くの人は中国語を学んでおり、ある人は大変上手である。

有的学生很聪明，学过的生词都记得。
Yǒude xuésheng hěn cōngming, xué guò de shēngcí dōu jì de.
ある学生はとても頭がよくて、習った単語を全部覚えている。

| 有的这样说，有的那样说。 | Yǒude zhèyàng shuō, yǒude nàyàng shuō. そう言う人もいれば、別の言い方をする人もいる。 |

[訳文]

## クレーム申し立てとその処理

　クレーム申し立てとは、売買契約の一方の当事者は他方の当事者が契約に違反することによって損害を被り、他方の当事者に損害賠償を請求する行為をいいます。賠償請求に応じて処理することとは、相手方によって提起されたクレームについて一方が処理を行うことを指します。したがって、クレーム申し立てとその処理は1つの問題に関する2つの側面のことです。国際貿易実務では、損害賠償が最も重要であり、かつ最も常用される契約違反に対する救済措置です。

　クレーム申し立てとその処理を行う際、クレームを申し立てる根拠と提起期限はみな重要な問題です。一方の当事者はクレームを申し立てるときに必ず十分な根拠を持たなければなりません。クレームを申し立てる根拠は法的根拠と事実の根拠の2つを含みます。前者は売買契約と、適用される法的規定を指しますが、後者は契約違反の事実および書面による証明書を指します。クレームを申し立てる場合に、証拠不足または証明書を発行する機関が定められたものではないならば、相手方によって弁償が拒否される可能性があります。クレーム申し立て期間とは、損害を受けた一方は違約した者にクレームを申し立てる権利がある期間をいいます。法律および国際的規則に基づけば、損害を受けた一方は定められたクレーム申し立て期間内にしかクレームを申し立てることができません。その期限を過ぎればクレーム申し立ての権利を失います。

　クレーム申し立てとその処理を行うときに基準とされる根拠を有するために、売買双方が契約にクレーム条項を盛り込むのが一般的です。実務では、通常、クレーム条項として主に「異議とクレーム条項」と「ペナルティー条項」の2つが使われています。「異議とクレーム条項」は、一般的に売り手が引き

渡した貨物の品質、数量または包装が契約に合致しない場合に対して対処を定められるものですが、主にクレーム申し立ての根拠、クレーム申し立て期間を含めます。またクレームの処理方法を定めるものもあります。ペナルティー条項とは、違約金条項とも呼ばれますが、それは売り手の引渡遅延または買い手の受領遅延もしくは支払遅延の場合によく使われています。その特徴は、あらかじめ契約にペナルティーの金額またはペナルティーの割合を定めることにあります。

　要するに、双方の利益を守るために、国際物品売買契約におけるクレーム条項をしっかり定め、そして契約を履行する中で正しく活用されることは極めて重要です。

　（出所：呉百福主編『進出口貿易実務教程（改訂版）』上海人民出版社、2000年、372-376ページより作成。）

# 第12章

## 契約の締結（签订合同）

## 【会話編】

❖中国ABC公司の会議室で
（在中国ABC公司的会议室）

| 许经理： | 铃木先生，这是我们公司的合同样式，请您过目。 |
| Xǔ jīnglǐ： | Língmù xiānsheng, zhè shì wǒmen gōngsī de hétong yàngshì. Qǐng nín guò mù. |
| 許支配人： | 鈴木さん、これは弊社の契約書書式ですが、ひととおりご覧になってください。 |
| 铃　木： | 咱们今天就用这份合同来签字吗？ |
| Líng mù： | Zánmen jīntiān jiù yòng zhè fèn hétong lái qiānzì ma? |
| 鈴　木： | われわれは今日この契約書にサインしますか。 |
| 许经理： | 是的。您认为如何？ |
| Xǔ jīnglǐ： | Shì de. Nín rènwéi rúhé? |
| 許支配人： | そうしたいと思いますが、いかがお考えでしょうか。 |
| 铃　木： | 我没什么意见。只要能把我们这两天商谈的内容反映出来就行。 |
| Líng mù： | Wǒ méi shénme yìjiàn. Zhǐyào néng bǎ wǒmen zhè liǎng tiān shāngtán de nèiróng fǎnyìng chū lái jiù xíng. |
| 鈴　木： | 別に異存はありません。ここ2日間の商談内容が反映されていれば結構です。 |
| 许经理： | 那么请您先审核一下合同中的所有条款，尤其是合同金额、包装、交货期限和付款方式等条款。 |

| 許支配人： | Xǔ jīnglǐ: | Nàme qǐng nín xiān shěnhé yíxià hétong zhōng de suǒyǒu tiáokuǎn, yóuqí shì hétong jīn'é, bāozhuāng, jiāohuò qīxiàn hé fùkuǎn fāngshì děng tiáokuǎn. |
|---|---|---|

許支配人： それでは、まず契約におけるすべての条項、とくに契約の金額、梱包、引渡期限と支払方法などの条項をチェックしてください。

铃　木： 好。(接过合同)那请允许我确认一下。
Líng mù: Hǎo. (Jiē guò hétong) Nà qǐng yǔnxǔ wǒ quèrèn yíxià.
鈴　木： わかりました。(契約書を受け取って)それでは確認させていただきます。

马　莲： 如果有什么不妥，需要修改或补充的地方，请尽管提出来。
Mǎ lián: Rúguǒ yǒu shénme bùtuǒ, xūyào xiūgǎi huò bǔchōng de dìfang, qǐng jǐnguǎn tí chū lái.
馬　蓮： 何か適当ではないところや、修正または補足が必要なところがありましたら、いくらでもおっしゃってください。

铃　木： 谢谢。(说完后开始认真地看起合同来。过了一会儿说)包装条款里只写着"用坚固的新木箱或纸箱包装"，可是没有提到立体包装啊。
Líng mù: Xièxie. (Shuō wán hòu kāishǐ rènzhēn de kàn qǐ hétong lái. Guò le yíhuìr shuō) Bāozhuāng tiáokuǎn li zhǐ xiě zhe "Yòng jiāngù de xīn mùxiāng huò zhǐxiāng bāozhuāng," kěshì méiyǒu tí dào lìtǐ bāozhuāng a.
鈴　木： 有り難うございます。(話した後、契約書を真剣に読み始める。しばらくしてから話す)梱包条項に「頑丈かつ新しい木箱またはカートンで梱包する」としか書いてありませんが、立体梱包のことには触れていないのですね。

马　莲： 谢谢您的提醒。这一点我马上就修改。
Mǎ lián: Xièxie nín de tí xǐng. Zhè yìdiǎn wǒ mǎshàng jiù xiūgǎi.
馬　蓮： ご指摘いただき、どうも有り難うございます。この点については、すぐに修正します。

铃　木： 还有，关于交货期限，虽然我们商定的是"2月中旬"，但是在合

| | |
|---|---|
| | 同里写"2月中旬"的话，这似乎不太清楚。为了避免误解，我们把它改为"2月20日前交货，"怎么样？ |
| Líng mù： | Háiyǒu, guānyú jiāohuò qīxiàn, suīrán wǒmen shāngdìng de shì "èryuè zhōngxún," dànshì zài hétong li xiě "èryuè zhōngxún" dehuà, zhè sìhū bú tài qīngchu. Wèile bìmiǎn wùjiě, wǒmen bǎ tā gǎi wéi "èryuè èrshí rì qián jiāohuò," zěnmeyàng? |
| 铃　　木： | また、引渡期限について、われわれが決めたのは「2月中旬」だったものの、契約において「2月中旬」と書くと、それはいつかはっきりしないような気がします。誤解を避けるために、これを「2月20日までに引渡す」のほうに直したら、いかがでしょうか。 |
| 许 经 理： | 可以。我们按时交货就是了。 |
| Xǔ jīnglǐ： | Kěyǐ. Wǒmen ànshí jiāohuò jiùshile. |
| 許支配人： | いいですよ。我が社は期限通りに貨物を引渡すことができるし、そうすればよいだけですから。 |
| 铃　　木： | 此外，第20条规定"由于人力不可抗拒事故，而卖方交货延迟或者不能交货时，责任不在卖方。"我想确认一下，在中国，不可抗力具体指什么？ |
| Líng mù： | Cǐwài, dì èrshí tiáo guīdìng "Yóuyú rénlì bù kě kàngjù shìgù, ér màifāng jiāohuò yánchí huòzhě bù néng jiāohuò shí, zérèn bú zài màifāng." Wǒ xiǎng quèrèn yíxià, zài Zhōngguó, bù kě kàng lì jùtǐ zhǐ shénme? |
| 铃　　木： | この他に、第20条においては「不可抗力によって引渡遅延または引渡不能となる場合には、売主は責任を負わない。」と定められています。少し確認したいのですが、中国において不可抗力は具体的に何を指しますか。 |
| 许 经 理： | 根据《中国合同法》的规定，不可抗力是指不能预见、不能避免并不能克服的客观情况。它包括自然灾害、政府行为以及社会异常事件。因不可抗力而导致合同不能履行时，当事人全部或部分的违约责任应该被免除。 |

| | |
|---|---|
| Xǔ jīnglǐ： | Gēnjù "Zhōngguó hétong fǎ" de guīdìng, bù kě kàng lì shì zhǐ bù néng yùjiàn, bù néng bìmiǎn bìng bù néng kèfú de kèguān qíngkuàng. Tā bāokuò zìrán zāihài, zhèngfǔ xíngwéi yǐjí shèhuì yìcháng shìjiàn. Yīn bù kě kàng lì ér dǎozhì hétong bù néng lǚxíng shí, dāngshìrén quánbù huò bùfen de wéiyuē zérèn yīnggāi bèi miǎnchú. |
| 許支配人： | 『中国契約法』の規定によれば、不可抗力とは、客観的に予見不能、回避不能、なおかつ克服不能な出来事を指します。それは、自然災害、政府の行為および社会の突発的な出来事を含みます。不可抗力によって契約が履行不能になった場合には、当事者の違約責任は全部、または部分的に免除されるべきです。 |
| 铃　　木： | 关于政府行为，您能说得再具体一些吗？ |
| Líng mù： | Guānyú zhèngfǔ xíngwéi, nín néng shuō de zài jùtǐ yìxiē ma? |
| 鈴　　木： | 政府の行為については、もう少し具体的にご説明いただけますか。 |
| 许 经 理： | 比如，当事人签订合同后，政府颁布新的法律、政策、行政规定而导致合同不能履行的情况。 |
| Xǔ jīnglǐ： | Bǐrú, dāngshìrén qiāndìng hétong hòu, zhèngfǔ bānbù xīn de fǎlǜ, zhèngcè, xíngzhèng guīdìng ér dǎozhì hétong bù néng lǚxíng de qíngkuàng. |
| 許支配人： | たとえば、当事者が契約を締結した後に、政府が新しい法律、政策、行政規定を公布し、そのことにより契約が履行不能になった状況です。 |
| 铃　　木： | 那么哪些社会异常事件属于不可抗力的范围呢？ |
| Líng mù： | Nàme nǎxiē shèhuì yìcháng shìjiàn shǔyú bù kě kàng lì de fànwéi ne? |
| 鈴　　木： | それでは、どのような社会の突発的な出来事が不可抗力の範囲に入れられていますか。 |
| 许 经 理： | 像罢工、骚乱等一些突发性事件。这些事件是社会中的人为行为，对于合同当事人来说，在签订合同时也是不可预见的。 |
| Xǔ jīnglǐ： | Xiàng bàgōng, sāoluàn děng yìxiē tūfāxìng shìjiàn. Zhèxiē |

shìjiàn shì shèhuì zhōng de rénwéi xíngwéi, duìyú hétong dāngshìrén láishuō, zài qiāndìng hétong shí yě shì bù kě yùjiàn de.

許支配人： ストライキ、騒乱などのような突発的な出来事です。これらの出来事は世の中の人為的な行動とされますが、契約当事者にとってこれらもまた契約締結時に予見不能なものです。

铃　　木： 明白了。
Líng mù： míngbai le.
鈴　　木： わかりました。

许 经 理： 铃木先生，那我们让马莲小姐马上把合同修改一下，然后签字，好吗？
Xǔ jīnglǐ： Língmù xiānsheng, Nà wǒmen ràng Mǎlián xiǎojiě mǎshàng bǎ hétong xiūgǎi yíxià, ránhòu qiān zì, hǎo ma?
許支配人： 鈴木さん、それではわれわれは馬蓮さんに契約書を急いで修正してもらい、その後にサインしましょうか。

铃　　木： 好的。
Líng mù： Hǎode.
鈴　　木： 分かりました。

馬蓮さんが契約書を手直しした後
（马莲把合同修改好以后）

许 经 理： 铃木先生，合同已经修改好了。请您再确认一遍。
Xǔ jīnglǐ： Língmù xiānsheng, hétong yǐjīng xiūgǎi hǎo le. Qǐng nín zài quèrèn yí biàn.
許支配人： 鈴木さん、契約書はもう修正しました。もう一度ご確認ください。

铃　　木： （看完合同后）这次没什么问题了。
Líng mù： (Kàn wán hétong hòu) Zhècì méi shénme wèntí le.
鈴　　木： （契約書を見終わった後）今回はもう問題はないようです。

马　　莲： 那么，铃木先生，要是没有什么问题，请您在这儿签字吧。
Mǎ lián： Nàme, Língmù xiānsheng, yàoshi méiyǒu shénme wèntí, qǐng

|          |                                                                 |
|----------|-----------------------------------------------------------------|
|          | nín zài zhèr qiān zì ba.                                        |
| 馬　蓮：   | それでは、鈴木さん、もし問題がなかったら、ここにサインしてください。 |
| 铃　木：   | 好。（签字以后）许经理，谢谢你们的大力协助！                      |
| Líng mù： | Hǎo.（Qiān zì yǐhòu）Xǔ jīnglǐ, xièxie nǐmen de dàlì xiézhù! |
| 鈴　木：   | わかりました。（署名後）許支配人、力いっぱいのご協力をいただき、どうも有り難うございます。 |
| 许 经 理： | 铃木先生，我们应该谢谢您才是啊。                                  |
| Xǔ jīnglǐ： | Língmù xiānsheng, wǒmen yīnggāi xièxie nín cái shì a.        |
| 許支配人： | 鈴木さん、お礼を申し上げるのは私どもの方です。本当に有り難うございました。 |

[新出単語]

| 1.  | 签字（離合詞）   | qiān//zì  | 署名する、サインする、調印する |
| --- | --------------- | --------- | --------------------------- |
| 2.  | 如何（代名詞）   | rúhé      | どうか、どのように、いかに   |
| 3.  | 反映（動詞/名詞）| fǎnyìng   | 反映する、反映               |
| 4.  | 审核（動詞）     | shěnhé    | 審査する、突き合わせる       |
| 5.  | 不妥（形容詞）   | bùtuǒ     | 妥当でない、当を得ていない   |
| 6.  | 修改（動詞）     | xiūgǎi    | 改正する、改訂する、直す     |
| 7.  | 补充（動詞）     | bǔchōng   | 補充する、補足する           |
| 8.  | 坚固（形容詞）   | jiāngù    | 堅固である、丈夫である       |
| 9.  | 新（形容詞）     | xīn       | 新しい                       |
| 10. | 木箱（名詞）     | mùxiāng   | 木箱                         |
| 11. | 提醒（動詞）     | tí//xǐng  | （指示・ヒントを与えて）注意を促す |
| 12. | 马上（副詞）     | mǎshàng   | すぐに、直ちに               |
| 13. | 还有（接続詞）   | háiyǒu    | それから、そして、その上に   |
| 14. | 似乎（副詞）     | sìhū      | 〜らしい、〜のようである     |
| 15. | 避免（動詞）     | bìmiǎn    | 避ける、免れる、防止する     |
| 16. | 误解（動詞）     | wùjiě     | 誤解（する）                 |

| | | | |
|---|---|---|---|
| 17. | 改为（動詞＋結果補語） | gǎi//wéi | ～に直す、～を直して～になる |
| 18. | 就是了（助詞） | jiùshile | ～してよい、～すればいい、～したらいい |
| 19. | 人力（名詞） | rénlì | 人力、人の力 |
| 20. | 抗拒（動詞） | kàngjù | 反抗する、拒否する |
| 21. | 事故（名詞） | shìgù | 事故 |
| 22. | 延迟（動詞） | yánchí | 延ばす、遅らせる |
| 23. | 预见（動詞/名詞） | yùjiàn | 予見する、予見 |
| 24. | 克服（動詞） | kèfú | 克服する、打ち勝つ |
| 25. | 客观（名詞/形容詞） | kèguān | 客観、客観的である |
| 26. | 自然（名詞/副詞） | zìrán | 自然、自然に、勝手に |
| 27. | 灾害（名詞） | zāihài | 災害 |
| 28. | 社会（名詞） | shèhuì | 社会 |
| 29. | 异常（形容詞/副詞） | yìcháng | 尋常でない、普通と違う、非常に、特別に |
| 30. | 事件（名詞） | shìjiàn | 事件、（大きな）出来事 |
| 31. | 导致（動詞） | dǎozhì | （悪い結果を）導く、招く、引き起こす |
| 32. | 免除（動詞） | miǎnchú | 免除する、なくす |
| 33. | 颁布（動詞） | bānbù | （法令・条例などを）発布する、公布する |
| 34. | 行政（名詞） | xíngzhèng | 行政 |
| 35. | 属于（動詞） | shǔyú | ～に属する、～のものである |
| 36. | 范围（名詞） | fènwéi | 範囲 |
| 37. | 骚乱（動詞） | sāoluàn | 大騒ぎをする、（世の中が）乱れる |
| 38. | 突发（動詞） | tūfā | 突然起こる |
| 39. | 性（接尾詞） | xìng | ～的な、～性の |
| 40. | 人为（形容詞） | rénwéi | 人為の、人為的な |

[文法]

1. 起来

　（方向補語）（「動詞＋起来」の形で動作が始まり持続していくことを示し）
〜し始める；〜し出す
　目的語が付く場合には、一般的には「動詞＋起＋目的語＋来」の形で用いる。

| | |
|---|---|
| 听了他的话，大家都笑起来了。 | Tīng le tā de huà, dàjiā dōu xiào qǐ lái le.<br>彼の話を聞くと、みんなは笑い出した。 |
| 大家都唱起歌来了。 | Dàjiā dōu chàng qǐ gē lái le.<br>みんなは歌を歌い始めた。 |
| 他一说起话来就没完。 | Tā yì shuō qǐ huà lái jiù méi wán.<br>彼は話し出すと、止まらない。 |

2. 马上

　（副詞）すぐ；直ちに
　しばしば副詞「就」を伴う。主語の前に置かれることもある。

| | |
|---|---|
| 马上就考试了，你还不复习？ | Mǎshàng jiù kǎoshì le, nǐ hái bú fùxí?<br>もうすぐテストだが、君はまだ復習をしないのか。 |
| 马上就要下雨了。 | Mǎshàng jiùyào xià yǔ le.<br>もうすぐ雨が降る。 |
| 你等一下，我马上就来。 | Nǐ děng yíxià, wǒ mǎshàng jiù lái.<br>ちょっと待ってください、私はすぐ来るから。 |

3. 还有

　（接続詞）それから；そして；その上に
　早点吃的是牛奶、面包、还有水果。

　　　　　　　　Zǎodiǎn chī de shì niúnǎi, miànbāo, háiyǒu shuǐguǒ.
　　　　　　　　朝食でとったのはミルクとパンと、それに果物だ。

我昨天在京都买了衣服、鞋、还有帽子。
Wǒ zuótiān zài Jīngdū mǎi le yīfu, xié, háiyǒu màozi.
昨日、私は京都で服、靴、それに帽子を買った。

别让他知道，还有，也别让他太太知道。
Bié ràng tā zhīdao, háiyǒu, yě bié ràng tā tàitai zhīdao.
彼に知られないように、それから、彼の奥さんにも知られないよう。

## 4. 似乎

（副詞）〜らしい；〜のようである

他似乎明白了我说的意思。
Tā sìhū míngbai le wǒ shuō de yìsi.
彼は私の言う意味が分かったようだ。

她似乎不太喜欢吃饺子。
Tā sìhū bú tài xǐhuan chī jiǎozi.
彼女は餃子があまり好きではないようだ。

他似乎很紧张。
Tā sìhū hěn jǐnzhāng.
彼はとても緊張しているようだ。

## 5. 把……改为……

（文型）〜を〜に直す；〜を〜に変更する

在日本，有的大学想把开学时间改为9月。
Zài Rìběn, yǒude dàxué xiǎng bǎ kāixué shíjiān gǎi wéi jiǔ yuè.
日本では、一部の大学は入学時期を9月に変えようとしている。

我们把交货日期改为3月底，怎么样？
Wǒmen bǎ jiāohuò rìqī gǎi wéi sānyuè dǐ, zěnmeyàng?

われわれは納期を3月末に変更したらどうか。

1995年，中国把劳动时间改为5天工作制，每天工作8小时。

Yī jiǔ jiǔ wǔ nián, Zhōngguó bǎ láodòng shíjiān gǎi wéi wǔ tiān gōngzuò zhì, měitiān gōngzuò bā xiǎoshí.

1995年、中国は、労働時間を週に5日間に、毎日の仕事時間を8時間に変更した。

## 6. 就是了

（助詞）（平叙文の文末に用い、肯定の語気を示し）～してよい；～すればいい；～したらいい

我一定按期交货，你放心就是了。

Wǒ yídìng ànqī jiāohuò, nǐ fàngxīn jiùshile.

必ず期日どおり商品を納めるから、安心していればいい。

你要（是）想取得好成绩，好好儿学习就是了。

Nǐ yào (shi) xiǎng qǔdé hǎo chéngjì, hǎohāor xuéxí jiùshile.

よい成績を取りたければ、しっかり勉強すればいい。

别着急，我帮你就是了。　Bié zháojí, wǒ bāng nǐ jiùshile.

焦らないでいいですよ。私がお手伝いをすればいいことですから。

[ドリル]
1. 次の文の下線部をその下部にある語句に置き換えた上で、和訳しなさい。
(1) 大家都唱起歌来了。　　　（みんなは歌を歌い始めた。）
　① 跳　舞　　　　　　　（跳舞 tiàowǔ：ダンスをする）
　② 说　话
(2) 他似乎很紧张。　　　　　（彼は緊張しているようだ。）
　①她　很高兴
　②爸爸　不太喜欢吃纳豆。　（纳豆 nàdòu：納豆）

2. 次の単語を並べ替え、正しい文章にした上で全文を和訳しなさい。
　　例：　如何／您／认为
　　　　　您认为如何？（あなたはいかががお考えでしょうか。）
　① 公司／的／我们／这／合同／是／样式
　② 一下／您／审核／请／合同／的／中／条款／所有
　③ 不可抗力／客观／不可／情况／就是／预见／的
　④ 您／关于／具体／政府／一些／说／再／行为／得／能／吗

3. 次の文を中国語に訳しなさい。
　今日、鈴木さんと許支配人は契約を締結します。契約を締結する前に、許支配人は鈴木さんに中国 ABC 公司の契約書書式を確認するよう、お願いしました。鈴木さんは契約書を受け取って真面目に読み始めました。しばらくしてから、鈴木さんは梱包や引渡し、および不可抗力などの条項について幾つか質問しました。許支配人は馬蓮さんに修正を行うよう、命じました。
　馬蓮さんは鈴木さんの指摘どおりに修正を行いました。鈴木さんは契約書に問題がなかったと確認してから、契約書にサインをしました。

[解答]

1. (1) ① 大家都跳起舞来了。　　（みんなはダンスを踊り始めた。）
      ② 大家都说起话来了。　　（みんなは喋り始めた。）
   (2) ① 她似乎很高兴。　　　　（彼女はとても喜んでいるようだ。）
      ② 爸爸似乎不太喜欢吃纳豆。（お父さんは納豆があまり好きではないようだ。）

2. ① 这是我们公司的合同样式。　（これは我が社の契約書書式である。）
   ② 请您审核一下合同中的所有条款。
      （契約におけるすべての条項をチェックしてください。）
   ③ 不可抗力就是不可预见的客观情况。
      （不可抗力は客観的に予見不能な出来事である。）
   ④ 关于政府行为，您能说得再具体一些吗？
      （政府の行為については、もう少し具体的にご説明いただけないか。）

3. 今天铃木先生和许经理签订合同。在签订合同前，许经理请铃木先生确认一下中国ABC公司的合同样式。铃木先生接过合同，开始认真地读了起来。过了一会儿后，铃木先生就包装、交货、以及不可抗力等条款提了几个问题。许经理让马莲进行修改。

   马莲按照铃木先生说的进行了修改。铃木先生确认合同里没有问题以后，在合同上签字了。

# 【文化・慣習編】

## 关于合同

　　在国际贸易实践中，一方的发盘经另一方接受以后，交易即告成立。自合同成立时起，买卖当事人就受合同的拘束。因此，合同是当事人双方之间为买卖货物所达成的协议。依法成立的合同是买卖双方履行各自义务的重要法律依据，同时也是交易能够正常进行的保证。当事人应当按照约定履行自己的义务。当一方当事人违约时，另一方当事人可以凭合同采取补救措施，保护自己的合法权益。为此，签订合同在国际贸易实务中非常重要。

　　关于合同形式，根据《中国合同法》第10条的规定，"当事人订立合同，有书面形式、口头形式和其他形式。当事人约定采用书面形式的，应当采用书面形式"。当事人采用书面形式订立合同的，自双方当事人签字或者盖章时合同成立。合同，一般一式两份，买卖双方各保存一份，以便今后备查。

　　关于合同内容，一份有效的合同应该具备明确、合法的内容，不然的话，不是产生纠纷，就是导致合同无效。一般说来，国际货物买卖合同应该具备下列内容。

### 国际货物买卖合同的主要条款

| | | | |
|---|---|---|---|
| 1. | 开头 | 11. | 保险 |
| 2. | 日期 | 12. | 包装 |
| 3. | 唛头 | 13. | 付款条件 |
| 4. | 货物名称 | 14. | 装运条款 |
| 5. | 数量 | 15. | 质量保证 |
| 6. | 单价 | 16. | 检验和索赔 |
| 7. | 总价 | 17. | 索赔解决办法 |
| 8. | 装运期限 | 18. | 不可抗力事故 |
| 9. | 装运口岸 | 19. | 仲裁 |
| 10. | 到货口岸 | 20. | 签字栏 |

[新出単語]

| | | | |
|---|---|---|---|
| 1. | 发盘(動詞) | fāpán | オファーする、申し込む |
| 2. | 经(動詞) | jīng | 通じて、〜を経て |
| 3. | 即(副詞) | jí | (書面語)すぐに、即座に、たちどころに |
| 4. | 告(動詞) | gào | 告げる、話す、知らせる |
| 5. | 成立(動詞) | chénglì | 成立する |
| 6. | 自(介詞) | zì | 〜から、〜より |
| 7. | 起(動詞) | qǐ | (〜から)始まる |
| 8. | 拘束(動詞/形容詞) | jūshù | 制限する、束縛する |
| 9. | 达成(動詞) | dáchéng | (話し合い・交渉ごとが)成立する、達成する |
| 10. | 协议(動詞/名詞) | xiéyì | 協議する、話し合う、取決め、合意 |
| 11. | 依(介詞) | yī | 〜に従って、〜に基づいて、〜によって |
| 12. | 正常(形容詞) | zhèngcháng | 正常である |
| 13. | 保护(動詞/名詞) | bǎohù | 保護する、守る、大事にする |
| 14. | 合法(形容詞) | héfǎ | 合法的である、法にかなっている |
| 15. | 为此(造語) | wèicǐ | このために、ここに |
| 16. | 形式(名詞) | xíngshì | 形式 |
| 17. | 口头(名詞) | kǒutóu | 口頭 |
| 18. | 盖章(離合詞) | gàizhāng | 印鑑を押す、捺印する |
| 19. | 份(量詞) | fèn | (新聞・契約・資料などの数を数える際の)〜部、〜通 |
| 20. | 各(副詞) | gè | それぞれ、いずれも |
| 21. | 保存(動詞) | bǎocún | 保存する、残す |
| 22. | 备查(動詞) | bèichá | 審査・検査に備えて保存する |
| 23. | 具备(動詞) | jùbèi | 具備する、備える、完備している、整っている |
| 24. | 不然(接続詞) | bùrán | そうでなければ、さもなければ |

| | | | |
|---|---|---|---|
| 25. | 产生（動詞） | chǎnshēng | 発生する、生じる、現れる |
| 26. | 纠纷（名詞） | jiūfēn | 紛糾、紛争、もめごと |
| 27. | 无效（形容詞） | wúxiào | 無効である、失効する |

[文法]

1. 经

（動詞）（過程や手続き）を経て；～した結果；～されて
書き言葉に用いることが多い。

经检查，产品质量合格。　　Jīng jiǎnchá, chǎnpǐn zhìliàng hégé.
　　　　　　　　　　　　　検査したところ、製品の品質は合格だった。
经朋友介绍，我跟他认识了。　Jīng péngyou jièshào, wǒ gēn tā rènshi le.
　　　　　　　　　　　　　友達の紹介を経て、私は彼と出会った。
经作者同意，我们作了一些修改。　Jīng zuòzhě tóngyì, wǒmen zuò le yìxiē xiūgǎi.
　　　　　　　　　　　　　作者の同意を得て、一部字句を変更した。

2. 自

（介詞）～から；～より
時間の起点を表す。名詞・動詞・主述句と組み合わせる。

自古以来，日本人就喜欢吃生鱼片。
　　　　　　　　　　　　　Zì gǔ yǐlái, Rìběn rén jiù xǐhuan chī shēngyúpiàn.
　　　　　　　　　　　　　昔から、日本人は刺身が好きだった。
自上大学以后，他就没回过家。　Zì shàng dàxué yǐhòu, tā jiù méi huí guo jiā.
　　　　　　　　　　　　　大学に入ってから、彼は家に戻ったことがない。
日本的消费税自2017年4月开始上调到10%。
　　　　　　　　　　　　　Rìběn de xiāofèishuì zì èr líng yī qī nián sì yuè kāishǐ shàngtiáo dào bǎi fēn zhī shí.

日本の消費税は 2017 年 4 月 1 日から 10% に引き上げられる。

## 3. 起

（動詞）（「从・自＋名詞・代名詞＋起」の形で用い、〜の時間・場所から）始まる

| | |
|---|---|
| 我们自 12 月 25 日起开始放寒假。 | Wǒmen zì shí'èr yuè èrshíwǔ rì qǐ kāishǐ fàng hánjià.<br>私たちは 12 月 25 日から冬休みになる。 |
| 自明年 4 月起我们单位加工资。 | Zì míngnián sìyuè qǐ wǒmen dānwèi jiā gōngzī.<br>来年 4 月から我が社は賃上げする。 |
| 从明天起我们一起学习汉语吧。 | Cóng míngtiān qǐ wǒmen yìqǐ xuéxí Hànyǔ ba.<br>明日から一緒に中国語を勉強し始めよう。 |

## 4. 依

（介詞）（「依」＋名詞）の形で用い）〜に従って；〜に基づいて；〜によって

後の名詞が単音節でなければ、「着」をつけることができる。

| | |
|---|---|
| 谁都应该依法办事。 | Shéi dōu yīnggāi yīfǎ bànshì.<br>誰でも法律に従って事を運ぶべきである。 |
| 这件事就依着你说的办吧。 | Zhè jiàn shì jiù yī zhe nǐ shuō de bàn ba.<br>このことは君の言うとおりにやろう。 |
| 客人们依次就座。 | Kèren men yīcì jiù zuò.<br>お客さんは順序に従って着席した。 |

## 5. 不然

（接続詞）そうでなければ；さもなければ

複文で、後の文の冒頭に置き、結果・結論を述べる部分を引き出す。会話で

は、また「不然的话」「要不然」「要不」ともいう。

快走吧，不然就迟到了。　　　　Kuài zǒu ba, bùrán jiù chídào le.
急ぎなさい、さもないと遅刻してしまう。

趁热吃吧，不然就凉了。　　　　Chèn rè chī ba, bùrán jiù liáng le.
熱いうちに召し上がってください、さもなければ冷めてしまう。

明天我得上班，不然我可以陪你去玩玩儿。
Míngtiān wǒ děi shàngbān, bùrán wǒ kěyǐ péi nǐ qù wánwanr.
明日、私は仕事をしなければならない、さもなければ君に付き合って遊びに行くことができるのだが。

## 6. 不是……就是……

（文型）（二者択一を表し）〜でなければ〜だ；〜か〜かどちらかだ

他不是这个星期天来，就是下个星期天来。我记不清楚了。
Tā búshù zhège xīngqītiān lái, jiùshì xià ge xīngqītiān lái. Wǒ jì bu qīngchu le.
彼は今週の日曜日に来なければ、来週の日曜日に来るはずだ。私ははっきり覚えていない。

他每天都很忙，不是学习，就是打工。
Tā měitiān dōu hěn máng, búshì xuéxí, jiùshì dǎgōng.
彼は毎日忙しく、勉強でなければ、バイトだ。

这次他去广州，不是坐飞机，就是坐火车。
Zhècì tā qù Guǎngzhōu, búshì zuò fēijī, jiùshì zuò huǒchē.
今回、彼は広州に行くときに飛行機に乗らなければ、汽車に乗るはずだ。

[訳文]

## 契約について

　国際貿易実務では、一方当事者のオファーが他方の当事者によって承諾されたら、その時点で契約が成立します。契約が成立する時点から、売買当事者は契約に拘束されます。したがって、契約とは当事者双方の間で取引される貨物について達成された合意です。法律に従って成立した契約は、売買当事者双方がめいめいの義務を履行する際の重要な法的根拠であると同時に、取引をうまく進めるための保証です。当事者は約束どおりに自分の義務を履行しなければなりません。一方の当事者が契約違反を犯したときには、他方の当事者は契約に基づき救済措置をとり、自分の合法的な権益を守ることができます。そのために、契約を締結することは、国際貿易実務で非常に重要です。

　契約の形式については、『中国契約法』第10条の規定によれば、「当事者が契約を締結する形式には、書面による形式と口頭による形式、そしてその他の形式がある。当事者が書面による形式を用いることを約束した場合には、書面による形式を用いるべきである」。当事者が書面による形式で契約を締結するときには、双方の当事者が署名した、または捺印した時に契約は成立します。契約は通常、一式2部となり、売買当事者双方はそれぞれ1部ずつ保管して後日の紛争に備えます。

　契約の内容については、1つの有効な契約は明確で、かつ合法的な内容を具備していなければならず、そうでなければ紛争が発生しやすく、契約も無効になりがちです。一般的には、国際物品売買契約には下記の内容を盛り込むべきです。

## 国際物品売買契約の主要な条項

| | |
|---|---|
| 1. 頭書 | 11. 保険 |
| 2. 日付 | 12. 梱包 |
| 3. 荷印 | 13. 支払条件 |
| 4. 商品名 | 14. 船積み条項 |
| 5. 数量 | 15. 品質保証 |
| 6. 単価 | 16. 検査とクレーム申し立て |
| 7. 総額 | 17. クレームを処理する方法 |
| 8. 船積み期限 | 18. 不可抗力 |
| 9. 積出港 | 19. 仲裁 |
| 10. 仕向港 | 20. 署名欄 |

# 第13章

## 歓送会を開く（饯行）

## 【会話編】

❖明日、鈴木さんは帰国する。中国ABC公司は鈴木さんのために歓送会を開く。
（明天铃木先生就要回国了。中国ABC公司举行宴会为铃木先生饯行。）

| | |
|---|---|
| 张总经理： | 铃木先生，请入座吧。 |
| Zhāng zǒngjīnglǐ: | Língmù xiānsheng, qǐng rùzuò ba. |
| 張総経理： | 鈴木さん、どうぞご着席ください。 |
| 铃　　木： | 张总经理，谢谢贵公司安排了这么丰盛的晚宴。 |
| Líng mù: | Zhāng zǒngjīnglǐ, xièxie guì gōngsī ānpái le zhème fēngshèng de wǎnyàn. |
| 鈴　　木： | 張総経理、このように盛大な宴会を催してくださり、どうも有り難うございます。 |
| 张总经理： | 别客气。这两天每天都谈判到很晚，您辛苦了。 |
| Zhāng zǒngjīnglǐ: | Bié kèqi. Zhè liǎng tiān měitiān dōu tánpàn dào hěn wǎn, nín xīnkǔ le. |
| 張総経理： | どういたしまして。ここ2日間、毎日遅くまで商談をしていただき、お疲れ様でした。 |
| 铃　　木： | 我没关系。许经理和马莲小姐他们才辛苦呢。 |
| Líng mù: | Wǒ méi guānxi, Xǔ jīnglǐ hé Mǎlián xiǎojiě tāmen cái xīnkǔ ne. |
| 鈴　　木： | 私は大丈夫ですが、許支配人と馬蓮さんたちこそお疲れ様でした。 |

| | |
|---|---|
| 许经理： | 哪里哪里。这两天我们一直合作得很愉快，所以一点儿也不觉得辛苦。 |
| Xǔ jīnglǐ： | Nǎli nǎli. Zhè liǎng tiān wǒmen yìzhí hézuò de hěn yúkuài, suǒyǐ yìdiǎnr yě bù juéde xīnkǔ. |
| 許支配人： | とんでもございません。ここ2日間、われわれは始終協力し合ってきて、とても楽しく、全然疲れを感じませんでした。 |
| 张总经理： | 好。经过两天的洽谈，终于签订了合同。对我们双方来说，这是一个良好的开端，值得庆贺。 |
| Zhāng zǒngjīnglǐ： | Hǎo. Jīngguò liǎng tiān de qiàtán, zhōngyú qiāndìng le hétong. Duì wǒmen shuāngfāng láishuō, zhè shì yíge liánghǎo de kāiduān, zhí de qìnghè. |
| 張総経理： | 分かりました。2日間の話し合いを通じてついに契約を締結しました。われわれ双方にとり良いスタートを切ることができたことをお祝いすべきですね。 |
| 铃木： | 您说得对。但愿我们今后的合作更加顺利。 |
| Líng mù： | Nín shuō de duì. Dànyuàn wǒmen jīnhòu de hézuò gèngjiā shùnlì. |
| 鈴木： | その通りです。われわれの今後の協力がうまくいくよう、お祈り申し上げます。 |
| 张总经理： | 今天晚上首先庆祝咱们顺利地签订了合同，其次我们为铃木先生饯行。 |
| Zhāng zǒngjīnglǐ： | Jīntiān wǎnshang shǒuxiān qìngzhù zánmen shùnlì de qiāndìng le hétong, qícì wǒmen wèi Língmù xiānsheng jiànxíng. |
| 張総経理： | 今晩は最初にわれわれが契約をスムーズに締結したことを祝い、次に鈴木さんのために歓送会を開きます。 |
| 铃木： | 谢谢张总经理的一片盛情。 |
| Líng mù： | Xièxie Zhāng zǒngjīnglǐ de yí piàn shèngqíng. |
| 鈴木： | 張総経理のご厚意に感謝申し上げます。 |
| 张总经理： | 来，让我们共同举杯，为庆祝我们的合作成功，干杯！ |

| | |
|---|---|
| Zhāng zǒngjīnglǐ： | Lái, ràng wǒmen gòngtóng jǔ bēi, wèi qìngzhù wǒmen de hézuò chénggōng, gānbēi! |
| 張総経理： | さあ、皆さん、杯をかかげ、われわれの提携が良いスタートを切ったことを祝い乾杯しましょう。 |
| 大　　家： | 干杯！ |
| Dà jiā　： | Gānbēi! |
| 全　　員： | 乾杯！ |
| 张总经理： | 铃木先生，我来敬您一杯！感谢您千里迢迢来到上海购买我们的产品。 |
| Zhāng zǒngjīnglǐ： | Língmù xiānsheng, wǒ lái jìng nín yì bēi! Gǎnxiè nín qiānlǐ tiáotiáo lái dào Shànghǎi gòumǎi wǒmen de chǎnpǐn. |
| 張総経理： | 鈴木さん、二人で乾杯しましょう。われわれの商品を購入するために遠路はるばる上海にお越しいただいたことを感謝申し上げます。 |
| 铃　　木： | 不用谢。其实，我这次来上海的收获很大。所以想借这个难得的机会对张总、许经理以及中国ABC公司给予我的大力协助和周到安排表示衷心的感谢。 |
| Líng mù　： | Búyòng xiè. Qíshí, wǒ zhècì lái Shànghǎi de shōuhuò hěn dà. Suǒyǐ xiǎng jiè zhège nándé de jīhuì duì Zhāng zǒng, Xǔ jīnglǐ yǐjí Zhōngguó ABC gōngsī jǐyǔ wǒ de dàlì xiézhù hé zhōudào ānpái biǎoshì zhōngxīn de gǎnxiè. |
| 鈴　　木： | どういたしまして。実は、私は今回上海に来て大きな収穫を得ることができました。この貴重な機会を借りて張総経理、許支配人および中国ABC公司の皆さまが力いっぱいご協力くださり心を込めたサービスを提供してくださったことに対して心から感謝申し上げます。 |
| 张总经理： | 您太客气了。中国有句俗话，叫做"一回生，二回熟"。以后咱们就是老朋友了。 |
| Zhāng zǒngjīnglǐ： | Nín tài kèqi le. Zhōngguó yǒu jù súhuà, jiàozuò "Yì huí shēng, èr huí shú." Yǐhòu zánmen jiùshì lǎo péngyou le. |

| | |
|---|---|
| 張総経理： | そのようなお気遣いは無用です。中国には「初対面のときは知り合いでなくても、再会すれば友人となる。」という諺があります。これからわれわれは旧友同士ということになりますね。 |
| 铃　　木： | 那是那是。今后还请多多关照啊！ |
| Líng mù： | Nàshì nàshì. Jīnhòu hái qǐng duō duō guānzhào a. |
| 鈴　　木： | それはそうです。これからもどうぞ宜しくお願いします。 |
| 张总经理： | 彼此彼此。铃木先生，这是我送给您的一点儿心意，请您笑纳。 |
| Zhāng zǒngjīnglǐ： | Bǐcǐ bǐcǐ. Língmù xiānsheng, zhè shì wǒ sòng gěi nín de yìdiǎnr xīnyì, qǐng nín xiàonà. |
| 張総経理： | こちらこそ。鈴木さん、これは心ばかりのものですが、どうぞご笑納ください。 |
| 铃　　木： | 哇，茅台酒！这可是中国的名酒啊！张总经理，谢谢您送给我这么贵重的礼物。 |
| Líng mù： | Wā, Máotái jiǔ! Zhè kě shì Zhōngguó de míngjiǔ a! Zhāng zǒngjīnglǐ, xièxie nín sōng gěi wǒ zhème guìzhòng de lǐwù. |
| 鈴　　木： | おう、茅台酒ではありませんか。これは中国の名酒ですよ。張総経理、こんなに貴重なプレゼントをいただき、どうも有り難うございます。 |
| 张总经理： | 不用谢。做个纪念吧。 |
| Zhāng zǒngjīnglǐ： | Búyòng xiè. Zuò ge jìniàn ba. |
| 張総経理： | どういたしまして。記念品としましょう。 |
| 铃　　木： | 恭敬不如从命，那我就收下了。 |
| Líng mù： | Gōngjìng bùrú cóng mìng, nà wǒ jiù shōu xià le. |
| 鈴　　木： | お言葉に甘んじて、それでは、いただきます。 |
| 张总经理： | 铃木先生，明天是几点的飞机？ |
| Zhāng zǒngjīnglǐ： | Língmù xiānsheng, míngtiān shì jǐ diǎn de fēijī? |
| 張総経理： | 鈴木さん、明日は何時の飛行機ですか。 |
| 铃　　木： | 早上9：05 的飞机。 |
| Líng mù： | Zǎoshang jiǔ diǎn líng wǔ fēn de fēijī. |
| 鈴　　木： | 朝9：05の飛行機です。 |

张总经理： 我明天安排车先去旅馆接您，然后把您送到机场。
Zhāng zǒngjīnglǐ： Wǒ míngtiān ānpái chē xiān qù lǚguǎn jiē nín, ránhòu bǎ nín sòng dào jīchǎng.
張総経理： 明日私は車を手配してホテルへあなたを迎え、それから空港までお送りします。
铃　　木： 谢谢。给你们添麻烦了。
Líng mù： Xièxie. Gěi nǐmen tiān máfan le.
鈴　　木： どうも有り難うございます。お手数をおかけします。
张总经理： 祝您一路平安！
Zhāng zǒngjīnglǐ： Zhù nín yílù píng'ān!
張総経理： 道中ご無事でありますよう、お祈りします。
铃　　木： 谢谢。我回到日本以后，再跟您联系吧。
Líng mù： Xièxie. Wǒ huí dào Rìběn yǐhòu, zài gēn nín liánxì ba.
鈴　　木： どうも有り難うございます。日本に戻ってからまた連絡致します。

[新出単語]

| | | | |
|---|---|---|---|
| 1. | 就要（副詞） | jiùyào | まもなく、いますぐ |
| 2. | 饯行（動詞） | jiànxíng | 送別の宴を開く |
| 3. | 丰盛（形容詞） | fēngshèng | 豊富である、盛りだくさん |
| 4. | 晚宴（名詞） | wǎnyàn | 晩の宴会 |
| 5. | 终于（副詞） | zhōngyú | ついに、とうとう |
| 6. | 良好（形容詞） | liánghǎo | 良好である、よい |
| 7. | 开端（名詞） | kāiduān | 始まり、発端 |
| 8. | 值得（形容詞/動詞） | zhíde | 引き合う、〜する値打ちがある、〜するだけのことはある |
| 9. | 庆贺（動詞） | qìnghè | 慶賀する、祝う、祝賀する |
| 10. | 但愿（動詞） | dànyuàn | 願わくは〜であってほしい |
| 11. | 顺利（形容詞） | shùnlì | 物事が順調に運ぶ、すらすらとはかどる |
| 12. | 其次（指示代名詞） | qícì | 次、その次、それから |

| | | | |
|---|---|---|---|
| 13. | 片（量詞） | piàn | 状況・音声・話し声・気持ちなどに用い、ある範囲や程度を示す |
| 14. | 庆祝（動詞） | qìngzhù | 慶祝する、祝う |
| 15. | 千里迢迢（成語） | qiānlǐ tiáotiáo | 道のりが極めて遠い、遠路はるばる |
| 16. | 收获（動詞/名詞） | shōuhuò | （農作物を）取り入れる、収穫、成果、得るところ |
| 17. | 难得（形容詞） | nándé | 得難い、貴重である、（〜する機会が）めったにない |
| 18. | 机会（名詞） | jīhuì | 機会、チャンス |
| 19. | 衷心（形容詞） | zhōngxīn | 心からの、衷心よりの |
| 20. | 彼此（代名詞） | bǐcǐ | 両方、双方、お互いさま |
| 21. | 心意（名詞） | xīnyì | 心、気持ち |
| 22. | 笑纳（動詞） | xiàonà | （謙譲語）笑納する |
| 23. | 名酒（名詞） | míngjiǔ | 名酒 |
| 24. | 纪念（動詞/名詞） | jìniàn | 記念する、記念品 |
| 25. | 收下（動詞＋方向補語） | shōu//xià | 受け取って自分のものにする |
| 26. | 飞机（名詞） | fēijī | 飛行機 |
| 27. | 一路（名詞） | yílù | 道中、途中 |
| 28. | 平安（形容詞） | píng'ān | 無事である、安全である |

[固有名詞]

| | | | |
|---|---|---|---|
| 1. | 一回生，二回熟 | yì huí shēng, èr huí shú | 初対面のときは知り合いでなくても、再会すれば友人となる |
| 2. | 茅台酒 | Máotái jiǔ | 茅台酒 |
| 3. | 恭敬不如从命 | gōngjìng bùrú cóng mìng | （客が）あくまで遠慮するよりは（主人の）言う通りにした方がよい（相手の好意を受け入れる時に用いる言葉） |

[文法]

1. 就要

(副詞) まもなく；いますぐ

「……的时候」など以外は、文末に「了」を伴う。

电车就要开了。　　　　　　　Diànchē jiùyào kāi le.
　　　　　　　　　　　　　　電車はすぐ出る。

他就要来了，你等一会儿吧。　Tā jiùyào lái le, nǐ děng yíhuìr ba.
　　　　　　　　　　　　　　彼はまもなく来るから、ちょっと待ってください。

铃木就要离开中国的时候，张总经理为他饯行。
　　　　　　　　　　　　　　Língmù jiùyào líkāi Zhōngguó de shíhou, Zhāng zǒngjīnglǐ wèi tā jiànxíng.
　　　　　　　　　　　　　　鈴木さんがもうすぐ中国を去るとき、張総経理は彼のために歓送会を開いた。

2. 一点儿

(副詞)（「一点儿＋也/都＋不/没（有）」または「一点儿＋名詞＋都/也＋不/没（有）」の形で用い）少しも；ちっとも；少しの～も

我一点儿也不累。　　　　　　Wǒ yìdiǎnr yě bú lèi.
　　　　　　　　　　　　　　私は少しも疲れていない。

他一点儿都不喜欢她。　　　　Tā yìdiǎnr dōu bù xǐhuan tā.
　　　　　　　　　　　　　　彼は彼女のことをまったく好きではない。

她感冒了，一点儿东西也不想吃。Tā gǎnmào le, yìdiǎnr dōngxi yě bù xiǎng chī.
　　　　　　　　　　　　　　彼女は風邪を引いたため、全然食べたがらない。

●（「一＋量詞（＋名詞）＋也/都＋不/没（有）」または「一＋動量詞＋也/都＋不/没（有）の形で用い）少しの～も

「一」の前に時には介詞の「连」を使ってもよい。

我今天身体不舒服,早饭一口也没吃。
Wǒ jīntiān shēntǐ bù shūfu, zǎofàn yì kǒu yě méi chī.
今日私は体調不良で朝食を一口も食べなかった。

来上海以后,他连一次电影也没看过。
Lái Shànghǎi yǐhòu, tā lián yí cì diànyǐng yě méi kànguo.
上海に来てから、彼は映画を一度も見たことがない。

中国我一次也没去过。
Zhōngguó wǒ yícì yě méi qùguo.
私は中国には一度も行ったことがない。

## 3. 终于

(副詞)(やや長い過程を経た後に何らかの結果が発生することを示し)ついに;とうとう

等了半天,他终于来了。
Děng le bàntiān, tā zhōngyú lái le.
長いこと待って、彼はとうとうやって来た。

他终于找到了一个理想的工作。
Tā zhōngyú zhǎodào le yíge lǐxiǎng de gōngzuò.
彼はとうとうお気に入りの仕事を見つけた。

经过1年的努力,他终于考上了哈佛大学。
Jīngguò yì nián de nǔlì, tā zhōngyú kǎo shàng le Hāfó dàxué.
1年間の努力を経て、彼はついにハーバード大学に入学した。

## 4. 值得

(動詞)(行為が有意義か無意義かの点から)十分(〜するに)値する;〜するだけの値打ちがある;〜するだけの価値がある

否定形は「不值得」である。
他的经验值得学习。　　　　　　Tā de jīngyàn zhíde xuéxí.
　　　　　　　　　　　　　　　彼の経験は学ぶべきである。
这个音乐会非常好，值得去听听。Zhège yīnyuèhuì fēicháng hǎo, zhíde qù tīngting.
　　　　　　　　　　　　　　　このコンサートは大変素晴らしいので、聴きにいく値打ちがある。
这件事不值得你难过。　　　　　Zhè jiàn shì bù zhíde nǐ nánguò.
　　　　　　　　　　　　　　　このことを君は悲しむべきではない。

## 5. 但愿

（動詞）ひたすら〜であることを願う；願わくは〜であってほしい

要是我们毕业后能找到一个工作就好了。
　　　　　　　　　　　　　　　Yàoshi wǒmen bìyè hòu néng zhǎodào yíge gōngzuò jiù hǎo le.
　　　　　　　　　　　　　　　卒業後仕事を見つけられればいいなあ。
——但愿如此。　　　　　　　　——Dànyuàn rúcǐ.
　　　　　　　　　　　　　　　——そうあってくれればいい（のだが）。
但愿明天是晴天。　　　　　　　Dànyuàn míngtiān shì qíngtiān.
　　　　　　　　　　　　　　　明日は晴れてほしいものだ。
但愿他能够梦想成真。　　　　　Dànyuàn tā nénggòu mèngxiǎng chéng zhēn.
　　　　　　　　　　　　　　　彼が夢を実現できることを祈る。

## 6. 首先……其次……

（文型）（項目を列挙するときに用い）第1に〜、次に〜

「其次」の代わり、「再次（zàicì）」「第二（dì'èr）」「然后（ránhòu）」を使うこともできる。

首先来说说中国，其次再来说说日本。
　　　　　　　　　　　　　　　Shǒuxiān lái shuōshuo Zhōngguó, qícì zài

lái shuōshuo Rìběn.
第1に中国について話し、次に日本について話す。

首先要保证质量，其次要考虑数量。
Shǒuxiān yào bǎozhèng zhìliàng, qícì yào kǎolǜ shùliàng.
第1に品質を保証しなければならず、次に数量を考えなければならない。

首先要有学习热情，其次要讲究学习方法。
Shǒuxiān yào yǒu xuéxí rèqíng, qícì yào jiǎngjiu xuéxí fāngfǎ.
第1に勉強の情熱を持たなければならず、次に勉強方法を工夫しなければならない。

## 7. 庆祝

(動詞) 慶祝する；(みんなで) 祝う

为了庆祝球队的胜利，咱们应该开个酒会。
Wèile qìngzhù qiúduì de shènglì, zánmen yīnggāi kāi ge jiǔhuì.
チームの勝利を祝うために、われわれは飲み会を開くべきである。

今年元旦要举行盛大的庆祝活动。Jīnnián Yuándàn yào jǔxíng shèngdà de qìngzhù huódòng.
今年のお正月は盛大な祝賀行事を行わなければならない。

明天我要去参加庆祝孔子学院成立5周年的活动。
Míngtiān wǒ yào qù cānjiā qìngzhù Kǒngzǐ xuéyuàn chénglì wǔ zhōunián de huódòng.
明日、私は孔子学院成立5周年を祝うため

の行事に参加しに行かなければならない。

● 「庆祝」と「庆贺」の違い

「庆祝」は普通、大きな、普遍的な意味をもつ喜び、たとえば、大きな祝日や指導者の誕生日などをみんなで祝うときに用いる。

「庆贺」は普通の喜び事、たとえば、一般の人々の誕生日や成功などを祝うのに使う。

---

[ドリル]

**1. 次の文の下線部をその下部にある語句に置き換えた上で、和訳しなさい。**

(1) 来中国以后，他连一次电影也没看过。
　　（中国に来てから、彼は映画を一度も見たことがない。）
　① 　　　　　　件衣服　　买
　② 　　　　　　家商店　　去

(2) 首先来说说中国，其次再来说说日本。
　　（第1に中国について話し、次に日本について話す。）
　① 谈谈投资项目　　谈谈投资金额（项目 xiàngmù：プロジェクト）
　② 介绍一下大阪　　介绍一下京都

**2. 次の単語を並べ替え、正しい文章にした上で全文を和訳しなさい。**

　例：　入座 / 请 / 吧
　　　　请入座吧。（どうぞご着席ください。）
　① 安排 / 谢谢 / 这么 / 的 / 晚宴 / 贵公司 / 了 / 丰盛
　② 两天 / 合同 / 终于 / 经过 / 的 / 签订 / 洽谈 / 了
　③ 我们 / 顺利 / 今后 / 但愿 / 的 / 更加 / 合作
　④ 上海 / 大 / 我 / 收获 / 这次 / 很 / 来 / 的

**3. 次の文を中国語に訳しなさい。**

　明日、鈴木さんは帰国します。鈴木さんがもうすぐ中国を去るとき、張総経理は彼のために送別の宴を設けました。今回、鈴木さんは中国ABC

公司の商品を購入するために遠路はるばる上海に来ました。張総経理は鈴木さんに感謝するために、鈴木さんに献杯しました。鈴木さんは張総経理の厚意に感謝しました。

　鈴木さんは今回上海に来て大きな収穫を得ることができました。彼はこの貴重な機会を借りて張総経理、許支配人および中国 ABC の人たちが力いっぱい協力し、心を込めたサービスを提供してくれたことに対して感謝の意を表しました。

[解答]

1. (1) ① 来中国以后，他连一件衣服也没买过。
　　　　　（中国に来てから、彼は服を一着も買ったことがない。）
　　　② 来中国以后，他连一家商店也没去过。
　　　　　（中国に来てから、彼は一軒の店にも入ったことすらない。）
　 (2) ① 首先来谈谈投资项目，其次再来谈谈投资金额。
　　　　　（第1に投資プロジェクトについて話し、次に投資金額を話す。）
　　　② 首先来介绍一下大阪，其次再来介绍一下京都。
　　　　　（第1に大阪について話し、次に京都について話す。）

2. ① 谢谢贵公司安排了这么丰盛的晚宴。
　　　（このように盛大な宴会を催していただき、感謝している。）
　 ② 经过两天的洽谈，终于签订了合同。
　　　（2日間の話し合いを通じてついに契約を締結した。）
　 ③ 但愿我们今后的合作更加顺利。
　　　（われわれの今後の協力がうまくいくよう、祈る。）
　 ④ 我这次来上海的收获很大。
　　　（今回上海に来て大きな収穫を得ることができた。）

3. 　铃木先生明天回国。在铃木先生就要离开中国的时候，张总经理为他饯行。这次，铃木先生为了购买中国 ABC 公司的产品千里迢迢来到上海。张总经理为

感谢铃木先生敬了他一杯。铃木先生感谢张总经理的一片盛情。

　　铃木先生这次来上海的收获很大。他借这个难得的机会对张总经理、许经理以及中国 ABC 公司给予他的大力协助和周到安排表示衷心的感谢。

## 【文化・慣習編】

### 礼尚往来

　中国是礼仪之邦，自古以来就十分注重礼节。《礼记·曲礼》曰："礼尚往来，往而不来，非礼也；来而不往，亦非礼也。"中国人认为，送礼是表达友好、增进友谊的一种方式。因此，千百年来，送礼一直是中国人生活中的一件大事。逢年过节，亲朋好友之间都会互相登门拜访并馈赠礼品。

　送礼是一门学问。送给谁，送什么，什么时候送，怎么送，其实都很有讲究，有一套约定俗成的规矩。所以说，如何送礼而不失礼，这里面学问可大了。一般说来，中国人习惯根据友谊的深浅、关系的远近、职位的高低等来选择礼品。作为商务礼品，比较受欢迎的是景泰蓝瓶、漆线雕、名画复制品和金银币，还有中国的名酒、名茶等等。

　中国人喜欢双数，所以送礼时一般送成双成对的礼物。比如，两瓶酒，两条烟，两盒茶叶，两盒糕点等等。送礼时，中国人爱说："这是我的一点心意，请笑纳。""这是一点小意思，不成敬意，请您收下。"之类的话。

　按照中国的习惯，接受客人礼物时，一般都要先推辞一番后才接受。因为在中国人看来，客人赠送礼物时，如果毫不客气、理所当然地接受的话，会给客人造成一种贪得无厌的感觉。所以，中国人在接受礼物之前，一般都说："带什么东西呀！您真是太客气了。""不用这么客气嘛。"这样的客气话。

　接过客人送的礼物以后，中国人不是当着客人的面把礼物打开，而是通常把礼物放在一旁。之所以这么做，是因为中国人认为当场打开礼物是很不礼貌的，而且会给客人留下没有教养的印象。要是客人送的是食品，万一打开后数量不够分的话，就会让客人感到难看。因此，只有等客人离开以后，中国人才打开看看，或者开始品尝。

　还礼的时候，一般也不是当场还，而是过了一段时间后才开始还礼。如果是当场还礼的话，会给客人一种错觉，那就是接受礼品的人不想和他相处，更不想跟他加深感情。

## ［新出単語］

| | | | |
|---|---|---|---|
| 1. | 礼仪（名詞） | lǐyí | 儀礼、礼儀儀式 |
| 2. | 邦（名詞） | bāng | 国 |
| 3. | 注重（動詞） | zhùzhòng | 重要視する、特に力を入れる |
| 4. | 礼节（名詞） | lǐjié | 礼儀作法 |
| 5. | 曰（動詞） | yuē | いわく、言う |
| 6. | 往（動詞） | wǎng | 行く |
| 7. | 非礼（形容詞） | fēilǐ | 非礼である、無知である |
| 8. | 也（助詞） | yě | （書面語）（判断・解釈の語気を示し）〜である、〜だ |
| 9. | 亦（副詞） | yì | （書面語）同様に、また、〜もまた |
| 10. | 送礼（動詞） | sòng//lǐ | プレゼントする、贈り物をする |
| 11. | 表达（動詞） | biǎodá | 表現する、言い表す、伝える |
| 12. | 增进（動詞） | zēngjì | 増進する、増強促進する |
| 13. | 友谊（名詞） | yǒuyì | 友誼、友好、友情 |
| 14. | 一直（副詞） | yìzhí | まっすぐに、ずっと |
| 15. | 生活（名詞/動詞） | shēnghuó | 生活、暮らし、生活する |
| 16. | 大事（名詞） | dàshì | 大事件、大きな事柄 |
| 17. | 亲朋（名詞） | qīnpéng | 親戚と友人 |
| 18. | 登门（動詞） | dēng//mén | （他人の家を）訪問する |
| 19. | 拜访（動詞） | bàifǎng | （敬語）訪問する、お訪ねする |
| 20. | 馈赠（動詞） | kuìzèng | （物を）贈る |
| 21. | 礼品（名詞） | lǐpǐn | 贈り物、プレゼント |
| 22. | 规矩（名詞） | guīju | 決まり、習わし |
| 23. | 所以说（慣用句） | suǒyǐshuō | だからして、それだから |
| 24. | 商务（名詞） | shāngwù | 商用、ビジネス |
| 25. | 复制品（名詞） | fùzhìpǐn | 複製品 |

| | | | |
|---|---|---|---|
| 26. | 金银币（名詞） | jīnyínbì | 金貨と銀貨 |
| 27. | 小意思（名詞） | xiǎoyìsi | （謙譲語）（客をもてなしたり品物を贈ったりする時の言葉、気持ちを表わすもの）心ばかりのもの、寸志、ほんのおしるし |
| 28. | 敬意（名詞） | jìngyì | 敬意 |
| 29. | 推辞（動詞） | tuīcí | 辞退する、遠慮する、お断りする |
| 30. | 番（量詞） | fān | 回、度（かなりの労力や時間をかけた行為、または一定の過程を経過した行為の回数を数える） |
| 31. | 毫不（文型） | háobù | 少しも〜しない |
| 32. | 带（動詞） | dài | 携帯する、持つ |
| 33. | 一旁（方位詞） | yìpáng | そば、傍ら |
| 34. | 之所以……是因为……（文型） | zhīsuǒyǐ…… shìyīnwèi…… | 〜であるゆえんは〜であるからだ |
| 35. | 当场（副詞） | dāngchǎng | その場で、現場で |
| 36. | 打开（動詞） | dǎ//kāi | 開ける、開く、とく |
| 37. | 留下（動詞） | liúxià | 残しておく、残る |
| 38. | 教养（名詞） | jiàoyǎng | 教育する、しつける、教養（多くは「有」「没有」の目的語として用いる） |
| 39. | 食品（名詞） | shípǐn | 食料品、食品 |
| 40. | 万一（接続詞） | wànyī | 万が一、ひょっとしたら |
| 41. | 难看（形容詞） | nánkàn | 醜い、不格好である、みっともない、面目がない |
| 42. | 离开（動詞） | líkāi | 離れる、分かれる |
| 43. | 品尝（動詞） | pǐncháng | 味を見る、味わう、吟味する |

| | | | |
|---|---|---|---|
| 44. | 还礼（動詞） | huánlǐ | 答礼する、返礼する |
| 45. | 错觉（名詞） | cuòjué | 錯覚 |
| 46. | 相处（動詞） | xiāngchǔ | 付き合う |
| 47. | 加深（動詞） | jiāshēn | 深める、深まる |
| 48. | 感情（名詞） | gǎnqíng | 感情、気持ち |

## [固有名詞]

1. 礼尚往来（熟語）　lǐ shàng wǎng lái　（礼は往来を尊ぶ）（個人的交際・国家間の交渉に用い）相手が訪問すればこちらも相手を訪問する
2. 逢年过节（熟語）　féng nián guò jié　新年や節句（祭日）のたびに
3. 约定俗成（熟語）　yuē dìng sú chéng　（物事の名称や社会習慣などが）習わしとしてしだいに定まって一般化する
4. 景泰蓝　Jǐngtàilán　七宝焼（明の景泰年間に大量に生産されたので、「景泰藍」と呼ばれる。）
5. 漆线雕　Qīxiàndiāo　厦門特産の工芸品
6. 成双成对（熟語）　chéng shuāng chéng duì　2つになり、対になる
7. 理所当然（熟語）　lǐ suǒ dāng rán　理の当然である
8. 贪得无厌（熟語）　tān dé wú yàn　貪欲で飽くことを知らない

## [文法]

### 1. 所以说

（慣用句）（前文で前提を、後文でその結論を述べ）だからして；それだから
日本和中国是一衣带水的邻邦。所以说，日中两国应该搞好关系。
　　　　　　　　　　Rìběn hé Zhōngguó shì yī yī dài shuǐ de línbāng. Suǒyǐshuō, Rìzhōng liǎngguó yīnggāi gǎo hǎo guānxi.

日本と中国は一衣帯水の隣国である。だから、日中両国は仲良くすべきである。

健康是最大的财富。所以说，我们应该注重健康管理。
Jiànkāng shì zuìdà de cáifù. Suǒyǐshuō, wǒmen yīnggāi zhùzhòng jiànkāng guǎnlǐ.
健康が最大の財産である。だから、われわれは健康管理を重要視すべきである。

这次考试很重要。所以说，你要好好儿复习。
Zhècì kǎoshì hěn zhòngyào. Suǒyǐshuō, nǐ yào hǎohāor fùxí.
今回のテストは大変重要である。だから、君はよく復習しなさい。

## 2. 在……看来

（文型）（行為の主体）にとっては；としては；から（見れば）；に言わせると

这件事，在他看来不成问题，在我看来问题大了。
Zhè jiàn shì, zài tā kànlái bù chéng wèntí, zài wǒ kànlái wèntí dà le.
このことは、彼にとっては問題にならないが、私にとっては大きな問題である。

在学生看来，拿学分、按时毕业最重要。
Zài xuésheng kànlái, ná xuéfēn, ànshí bìyè zuì zhòngyào.
学生にとっては、単位をもらって予定通りに卒業することが一番重要である。

在中国人看来，当着客人的面打开礼物不太礼貌。
Zài Zhōngguórén kànlái, dāng zhe kèren de miàn dǎ kāi lǐwù bú tài lǐmào.

中国人にとっては、お客さんの目の前でプレゼントを開くことはあまり礼儀正しいとはいえない。

## 3. 毫不

（文型）（多くは２音節の動詞・形容詞の前に用い）少しも～しない
用法は「一点儿也不」と同じである。
那孩子对妈妈毫不客气地说："给我钱。"
　　　　　　　　　　Nà háizi duì māma háo bú kèqi de shuō: "Gěi wǒ qián."
　　　　　　　　　　あの子供は母親にまったく遠慮もなく「金をくれ」と言った。
他装出毫不在乎的样子。Tā zhuāng chū háo bú zàihu de yàngzi.
　　　　　　　　　　彼は一切意に介さないふりをする。
他对那女孩儿毫不犹豫地说："我不喜欢你。"
　　　　　　　　　　Tā duì nà nǚháir háo bù yóuyù de shuō: "Wǒ bù xǐhuan nǐ."
　　　　　　　　　　彼は何のためらいもなくあの女の子に「君のことが好きではない」と告げた。

## 4. 之所以……是因为……

（文型）（まず結果を述べ、続けてその理由・原因を明らかにし、結果と理由・原因の結びつきが緊密であることを強調し）～が～であるゆえんは～であるからだ；～であるわけは～に原因する
这孩子之所以这么做，是因为想让妈妈高兴。
　　　　　　　　　　Zhè háizi zhī suǒyǐ zhème zuò, shì yīnwèi xiǎng ràng māma gāoxìng.
　　　　　　　　　　この子がこのようにするゆえんは、お母さんを喜ばせたいからだ。
中国的乒乓球之所以强，是因为人们从小就开始打乒乓球了。

中国的乒乓球之所以强，是因为人们从小就开始打乒乓球了。

Zhōngguó de pīngpāngqiú zhī suǒyǐ qiáng, shì yīnwèi rénmen cóngxiǎo jiù kāishǐ dǎ pīngpāngqiú le.
中国の卓球が強いゆえんは、人々は子供の頃から卓球をやり始めたからだ。

我之所以不去留学，是因为没有钱。

Wǒ zhī suǒyǐ bú qù liúxué, shì yīnwèi méiyǒu qián.
私が留学に行かないゆえんは、お金がないからだ。

## 5. 万一

（接続詞）（可能性がきわめて小さな仮定を表す）万が一、ひょっとしたら 多くは望ましくない事の発生を表す。

咱们早点儿出发吧，万一赶不上飞机呢？

Zánmen zǎodiǎnr chūfā ba, wànyī gǎnbushàng fēijī ne?
われわれは少し早めに出発しよう。万が一飛行機に間に合わなかったらどうするのか。

你最好带把伞，万一下雨了呢？

Nǐ zuìhǎo dài bǎ sǎn, wànyī xià yǔ le ne?
傘を持っていった方がよい。万が一雨が降ったらどうするのか。

万一找不到他，你就打电话给我。

Wànyī zhǎo bu dào tā, nǐ jiù dǎ diànhuà gěi wǒ.
万が一彼を見つけられなかったら、私に電話をかけてください。

[訳文]

## 礼は往来を尊ぶ

　中国は礼儀の国であるため、昔から礼儀作法を非常に重んじてきました。『礼記・曲礼』に曰く：「礼は往来を尊ぶから、自分が相手を訪問したにもかかわらず相手が会いに来てくれなければ、失礼にあたるが、相手が自分を訪問したにもかかわらず自分が相手を訪問しなければ、これもまた失礼にあたる。」とのことです。中国人は、贈り物は友好関係を構築し、友情を増進するための１つの手段であると見ています。したがって、千百年来、贈り物を贈ることは中国人の生活で一貫して大事な１つだとされているのです。新年や節句（祭日）のたびに、親戚、友人および良き友はみな互いに家を訪問し、そして贈り物を贈り合うようになってきています。

　贈り物を贈ることは１つの学問です。誰に贈るか、何を贈るか、いつ贈るか、どうやって贈るかについては、実際にはなかなか奥が深く、ひととおりの決まりができています。それゆえに、どうやって失礼にならずに贈り物を贈るかについて、実に広くて奥深い学問になっています。一般的には、中国人は友情の深さ、仲の良さ、ポストの高さなどにより贈り物を選ぶ習慣があります。ビジネス上の進物としては、景泰藍の瓶、漆線雕、名画の複製品と金貨・銀貨、また中国の名酒、銘茶などが比較的歓迎されています。

　中国人は偶数が好きなゆえに、贈り物を贈るときには、対になるものを贈るのが一般的です。たとえば、２本のお酒、２カートンのタバコ、２箱のお茶、２箱の菓子など。贈り物を贈る際、中国人は、「これはほんの気持ちですが、どうかご笑納ください。」「これは心ばかりのものです。こんな贈り物でかえって失礼ですが、どうぞお納めください。」などのような言葉を述べるのを好みます。

　中国の習慣に従えば、客から贈り物を受け取る場合には、先に一度遠慮した後、はじめて受け取るのが普通です。なぜなら、中国人にとって、客が贈り物を渡すときに全然遠慮もせずに、当たり前のように受け取れば、客に貪欲で飽くことを知らないという印象を与えかねないからです。したがって、中国人は

贈り物を受け取る際、一般的には「何も持ってこられなくてよかったのですよ。本当にお気を遣わせてしまい申し訳ありません。」「気を遣う必要はありませんよ。」のような丁寧な言葉を述べます。

　客から贈り物を受け取った後に、中国人は客の目の前で貰ったものを開けずに、そのままそばに置いておくのが一般的です。このようにするゆえんは、中国人はその場でもらったものを開けるのは礼儀正しいことではなく、客にしつけがなっていない印象を与えかねないと考えるからです。客が食料品を贈った場合に、万が一開けてみて、数が人数分に十分に足りていないとしたら、相手を恥ずかしく思わせることになるでしょう。したがって、普通お客が帰ってから、中国人ははじめて開けてみる、または、味見をするのです。

　お返しをする場合には、通常、その場でお返しをせず、しばらく日が経ってからはじめてお返しをします。もしその場でお返しをしたら、贈り物を受け取る人は、この人は自分と付き合う気がなく、まして友情を深めることなどなおさらだ、と思っているのか、という誤ったメッセージを相手に送ることになるでしょう。

# パート2

## 【電子メール編】

## 【電子メール編】

　20世紀末に軍事的な目的から誕生し、その後教育機関や研究者により活用され、さらには民間企業や一般にも解放されるようになったインターネットは、またたく間に世界中に広がっていきました。そのような情報技術化（ICT=Information and Communication Technology）時代を迎え、私たちを取り巻くビジネス環境はめざましい変貌を遂げています。
　インターネットが利用できる環境であれば、いつでもどこでも電子メールを送受信でき、しかも情報を瞬時に相手方に伝達できるようになっています。そのために、ほとんどの企業は、国内また国際商取引において商品に関する問い合わせ、受・発注、購買・販売、発送・受領、またクレーム申し立てなど一連の業務を電子メールにより行っています。
　電子メールを上手に書ける人は、新しい顧客を獲得するだけではなく、取引先とのビジネス関係を強化することもできます。逆に、メールに書いた内容が舌足らずで意を尽くさなければ、誤解が起き、顧客の流失を招きかねません。中国語でビジネスメールを書くときには、ビジネスレター作成の場合と同じように基本的なルールがあります。それは次の6つの要素からなっています。

### 1. 明快さ
　電子メールの内容は、読む人にとって相手の言いたいことが一目瞭然で分かるようなものでなければなりません。一般的には、わかりやすい話し言葉で文章を作り、主旨を明快に伝えることが求められます。難解な表現や誤解を招きやすい言葉の使用は避けなければなりません。

### 2. 簡潔さ
　用件を手短に、要領よく相手方に伝えることが必要です。伝えることと伝えないことの取捨選択や、文意の整理もせずに、冗長な言葉でメールをダラダラと、またくどくどと書いていけば、メールの主旨がぼやけてしまう恐れがある

からです。

### 3. 正確さ

ビジネスメールは当事者双方の権利と義務に影響を及ぼす重要な書類ですので、正確に書くことが必要です。具体的には、文法上のミスがなく、句読点を適切に使用し、事実や数字を間違いなく伝えることです。

### 4. 具体的

ビジネスメールは、おおざっぱで、かつ抽象的な表現や語句の使用を避け、平叙文で具体的に書かなければなりません。事実や数字に基づいて具体的に説明する必要があります。

### 5. 丁重さ

ビジネスメールを書く際、丁重さは必要不可欠な要素の1つです。1通の丁重なビジネスメールは、新たなビジネスパートナーとの出会いや取引先との交流の増進に役立つことはいうまでもありません。この意味で、相手方を傷つけるような言葉遣いは禁物です。また、できるかぎり相手の立場に立って物事を考え、文化の違いに配慮する必要もあります。そうすれば、相手との間にWin-Winの関係を構築できることになります。

### 6. 婉曲的

婉曲な表現は、送信者と受信者双方にとって、ビジネス関係を維持する上でとても重要です。たとえ相手方に落ち度があったとしても、あまりにも直接的に相手の非を咎（とが）めると、相手を傷つけやすく、場合によって逆効果になることがあります。「婉曲に」ということは、多くの場合は相手を否定することではなく、肯定することを指します[1]。

---

[1] 趙銀徳主編『外貿函電』機械工業出版社、2006年、1-3ページを基に筆者作成。

このように、ビジネス電子メールをより効果的なものにするためには、伝えるべきメッセージを「明快に」、「簡潔に」、「正確に」、「具体的に」、「丁重に」、そして「婉曲に」書かなければなりません。この【パート2　電子メール編】では、中国の取引先との間で行われる輸出入取引において、これら6つの要素をどのように活かして、中国語のビジネス電子メールを書いていったらよいかを学んでいきます。

　なお、中国語のメールでは各段落の行頭は2文字分のスペースを空けて書き出す決まりになっています。この点も忘れないようにしましょう。

# 第1章

# 引き合い（询价）

　貿易取引では、輸出者は自社商品を販売するために、まず見本やカタログなどに価格表を添えて相手方に送り、セールスに力を入れます。一方、輸入者は、購入したい商品について引き合い（Inquiry）を出します。

　引き合いとは、輸入者が輸出者に対して輸出者が販売する製品や商品を輸入したい旨の意思を伝え、資料やサンプル、見積書などを要求することをいいます。輸出者宛に製品に関する問い合わせのメールを送信することは、輸入者が輸出者とビジネス関係を作り上げたいという意思表示となります。そのために、引き合いのメールを書くときには、上述した6つの要素を念頭に置いて書くべきです。一般的には、引き合いのメールには下記のような内容を織り込みます。

① 相手のことを知るきっかけを説明すること
② 自社の取扱業務や社歴などを簡単に紹介すること
③ 引き合いのメールを書く目的を明記すること
④ 返事を待っていること

　引き合いへの返信には、相手が当社に興味を持ってくれたことに感謝するとともに、相手方と取引関係を構築することに興味を示し、更にはすぐに行動をとる旨について知らせるのがふつうです。

第 1 章　引き合い（询价）　231

[例文(1)]

**主题：请求邮寄目录和报价单**

中国 ABC 公司出口部
经理先生

　　我是日本贸易株式会社进口部的铃木太郎。冒昧地给您写信，敬请原谅。
　　前些天，听客户说，贵公司是生产服装的专业厂家，尤其是女式时装，在中国享有很高的声誉。
　　我公司在日本主要从事女式服装产品的批发和零售。我们对贵公司生产的女式衬衫和套装很感兴趣。
　　今来信，一是请告知贵公司具体的业务内容；二是请贵公司尽快给我们邮寄女式衬衫和套装的目录。如果可能的话，请把报价单也随函附上一并寄给我们。
　　在您百忙之中给您添麻烦了，请多多关照。盼早复。

日本贸易株式会社进口部<br>铃木太郎<br>20XX 年 9 月 1 日

[訳文]

**件名：カタログと見積書送付の依頼**

中国 ABC 公司輸出部
責任者様

　　私は日本貿易株式会社、輸入部の鈴木太郎と申します。失礼をかえりみず、メールを差し上げることをお許しください。
　　先般、ある取引先から聞いた話によりますと、貴社はアパレル製品を製造する専門メーカーであり、とりわけ貴社の女性用アパレル製品は中国で名声を博しているとのことでした。

当社は、日本で主に女性用アパレル製品の卸売りと小売りに従事しています。私どもは貴社の女性用シャツとスーツに大変興味を持っています。

　つきましては、貴社の業務内容の詳細をぜひ教えていただくとともに、女性用シャツとスーツのカタログを急ぎご送付いただきますようお願い申し上げたく、本日メールを差し上げた次第です。もし可能であれば、見積書も同封してお送りくださいますようお願いいたします。

　ご多忙のおり、お手数をおかけ致しますが、なにとぞよろしくお願い申し上げます。できるだけ早くご回答をいただければ幸いです。

日本貿易株式会社輸入部
鈴木太郎
20XX 年 9 月 1 日

[例文(2)]

**主题：通知目录和报价单已寄出**

日本贸易株式会社进口部
铃木太郎先生

　　9月1日的邮件已收到，谢谢。此次承蒙特别惠顾，深表谢意。我们期待着能有机会早日跟贵公司合作。

　　根据铃木先生的要求，我方今日已将本公司业务内容的简介、还有女式衬衫和套装的目录以及报价单等用航空邮件寄出。请查收后仔细研究。如有什么需求，请尽管吩咐。

　　　　敬祝贵公司
生意兴隆！

中国 ABC 公司出口部　经理
许坚强
20XX 年 9 月 2 日

第 1 章　引き合い（询价）　233

［訳文］

件名：カタログと見積書送付の通知

日本貿易株式会社輸入部
鈴木太郎様

　9月1日付貴メールを拝受いたしました。誠に有り難うございます。このたびは特別にお引き立ていただき、感謝する次第です。御社に協力できる機会が早々に来ることを楽しみにしています。
　鈴木様のご要望に応じて、私どもは本日、当社の業務内容を紹介するパンフレット、それに女性用シャツとスーツのカタログならびに見積書などを航空便にて送付いたしました。どうぞご査収の上、ご検討くださいませ。ご用命がございましたならば何なりとお申し付けくださいますようお願い申し上げます。
　貴社ますますのご隆昌と商売繁盛を心から祈念いたします。

中国 ABC 公司輸出部　支配人
許堅強
20XX 年 9 月 2 日

［語句と用例］

1. 貴社　　　　　　　　　　　　貴公司
2. アパレル製品　　　　　　　　服装产品
3. 専門メーカー　　　　　　　　专业厂家
4. 見積書　　　　　　　　　　　报价单
5. 同封の上、送付する　　　　　随函附上
6. 当社は主に～製品の卸売りと小売りに従事している。
　　　我公司主要从事……产品的批发和零售。
7. カタログを急ぎご送付いただきますようお願い申し上げます。
　　　请尽快给我们邮寄目录。

[すぐ役立つ中国語表現]

1. 冒昧地给您发电子邮件，敬请原谅。
2. 我们对贵公司的产品很感兴趣。
3. 在您百忙之中给您添麻烦了。
4. 此次承蒙特别惠顾，深表谢意。
5. 如有什么需求，请尽管吩咐。

# 第2章

## 価格交渉（价格谈判）

　一般的には、引き合いのあるなしに関わらず、貿易取引は両当事者の一方から他方へ申し込みがあって始まります。申込み（Offer）とは、申込者が被申込者に対して一定の条件で契約を締結しようとする意思表示です。

　申込みは、大別して売り申込み（Selling Offer）と買い申込み（Buying Offer）、反対申込み（Counter Offer）の3つに分けられます。貿易実務では、申込みといえば売り申込みを指すことが多く、買い申込みは通常、注文（Order）と呼ばれています。

　申込みの意義と構成要素としては次のようなものが挙げられます。①申込みは特定の申込者から発せられる意思表示であること、②申込みは契約締結を目的とし、被申込者によって承諾されれば、申込者は直ちにその意思表示の拘束を受ける旨を表明していること、③申込みの内容は具体的、かつ確定的なものであること、などです。

　実務では、被申込者は申込者から受け取った申込みに対して、条件を付けたり、その一部に変更を加えたりして、条件付きで承諾することがしばしばあります。このような条件付き承諾は、被申込者からの新たな申し込みとみなされ、これを反対申込み（Counter Offer）といっています。この場合、反対申込みによって、原申込みの申込者は被申込者となり、原被申込者は新申込者になります。それゆえに、原申込者が反対申込みに対する承諾をした時に、契約ははじめて成立します。申込みのメールには、一般的に次のような内容が含まれています。

① 相手方の引き合いに対して感謝を述べること
② 要求されたことにはすべて回答すること

③ 確定申込みであれば、有効期限を伝えること
④ 相手方の注文を期待する旨を伝えること

[例文(1)]

## 主题：感谢邮寄目录并希望报优惠价

中国 ABC 公司出口部
许经理

  9月2日惠寄的女式衬衫和套装的目录以及报价单，确已收到。谢谢！贵公司的产品质地好，花色品种齐全，相信在日本市场能够得到顾客的喜爱。可是，我方认为，贵公司的价格偏高，在市场上缺乏竞争力。

  为了在日本市场打开销路，我方希望贵公司能够提出有竞争力的价格。如果可能的话，请给 15% 的折扣。我方期待着经过双方的努力，圆满达成交易。

  请尽早告知研究的结果。

    谨祝
繁荣昌盛！

日本贸易株式会社进口部<br>铃木太郎<br>20XX 年 9 月 6 日

[訳文]

## 件名：カタログ送付への感謝と最優遇価格提示の依頼

中国 ABC 公司輸出部
許支配人様

  9月2日にお送りいただきました女性用シャツとスーツのカタログおよび見積書を確かに受け取りました。誠に有り難うございました。貴社の製品は品質が良く、花柄や種類も豊富なので、日本市場できっと売れ行きがよいものと信じます。しかし、私どもは、貴社の価格が少し高目なため、市場での競争力が欠けているように思います。

  日本市場で販路を切り開いていくために、私どもは、貴社に競争力のある価

格を提示していただくようお願い申し上げます。もし可能であれば、15％値引きしていただきたいと願っています。双方の努力によりこのビジネスが円満に成功するようにと祈っています。

できる限り早くご検討の結果を教えていただければ大変有難く存じます。

貴社ますますのご発展をお祈り申し上げます。

日本貿易株式会社輸入部

鈴木太郎

20XX 年 9 月 6 日

[例文(2)]

主题：关于女式衬衫和套装的报价

日本贸易株式会社进口部

铃木先生

　　9月6日的邮件已阅。非常感谢贵公司愿与我方加强合作的愿望。对贵公司为了在日本市场积极推销我公司产品所表现出来的热情和努力，深表谢意。为满足贵公司的期待，我方经研究决定对贵公司报最低价。具体如下：

中国 ABC 公司

地址：上海市卢湾区光明新村一区十一栋

Tel：021-12345678　Fax：021-34567890

报价单

| | | | DATE： | 20XX 年 9 月 7 日 |
|---|---|---|---|---|
| 客户：日本贸易株式会社 | | | TEL： | 81-06-45678901 |
| 联系人：铃木太郎先生 | | | FAX： | 81-06-56789012 |

| 产品名称/规格 | 数量 | 单位 | 单价<br>(美元) | 总价<br>(美元) |
|---|---|---|---|---|
| 一．女式衬衫<br>(1)目录编号 1406 项下的商品<br>　①商品编号 10-2100<br>　　毛混印花长袖衬衫（S～3L） | 1,000 | 件 | 38.50 | 38,500 |

| | | | | |
|---|---|---|---|---|
| ②商品编号 11-5834<br>蝴蝶结领白色衬衫(S～3L) | 1,000 | 件 | 68.00 | 68,000 |
| ③商品编号 12-3268<br>防晒速干修身长袖衬衫(S～3L) | 1,000 | 件 | 15.80 | 15,800 |
| (2)目录编号 1407 项下的商品 | | | | |
| ④商品编号 08-1121<br>多式钮扣方格花纹束腰长上衣(S～3L) | 1,000 | 件 | 30.00 | 30,000 |
| ⑤商品编号 08-1459<br>免熨烫速干修身长袖衬衫(S～3L) | 1,000 | 件 | 27.00 | 27,000 |
| 二．女式套装 | | | | |
| (1)目录编号 1404 项下的商品 | | | | |
| ①商品编号 13-1235<br>女式裙子套装(9～17 号) | 3,000 | 套 | 99.80 | 299,400 |
| ②商品编号 13-1236<br>女式裤子套装(9～17 号) | 3,000 | 套 | 96.30 | 288,900 |
| (2)目录编号 1405 项下的商品 | | | | |
| ③商品编号 13-1237<br>优雅连衣裙套装(9～17 号) | 3,000 | 套 | 95.70 | 287,100 |
| ④商品编号 13-2368<br>休闲式套装(9～17 号) | 3,000 | 套 | 85.00 | 255,000 |
| ⑤商品编号 13-2479<br>职业女式套装(9～17 号) | 3,000 | 套 | 93.50 | 280,500 |
| | | | 合计：1,590,200 美元 | |

报价的基本条件：

1．批发价格：FCA Shanghai
2．付款方式：在货物装运前一个月由买方开立信用证
3．支付货币：美元
4．本报价以在 20XX 年 9 月 16 日之前接到贵公司的答复为条件。

　　我们相信，这次的报价在日本市场上应该是有竞争力的，一定会让贵公司感到满意。

　　请尽快答复。

　　　　祝
商祺！

中国 ABC 公司出口部　经理

许坚强

20XX 年 9 月 7 日

[訳文]

件名:女性用シャツとスーツの売り申込みについて

日本貿易株式会社輸入部
鈴木様

9月6日付貴メールを拝見しました。当方と提携関係を構築したいとのご希望を拝承し、心から厚く御礼申し上げます。日本市場における当社製品の販路を開拓するための貴社の意欲あふれるご努力に対して、当社は深く感謝申し上げます。ご期待に添えるようご依頼の件を検討した結果、貴社に最低価格の見積書をお出しすることを決定しました。具体的には次の通りとなっています。

中国ABC公司
住所:上海市盧湾区光明新村一区十一棟
Tel:021-12345678  Fax:021-34567890

見積書

DATE:20XX年9月7日
TEL:81-06-45678901
FAX:81-06-56789012

取引先:日本貿易株式会社
担当者:鈴木太郎様

| 品名/規格 | 数量 | 単位 | 単価(US$) | 総額(US$) |
| --- | --- | --- | --- | --- |
| 一. 女性用シャツ | | | | |
| (1)カタログ番号1406における商品 | | | | |
| ①カタログNo.10-2100 ウール混プリントシャツブラウス(S〜3L) | 1,000 | 枚 | 38.50 | 38,500 |
| ②カタログNo.11-5834 ボータイ白いブラウス(S〜3L) | 1,000 | 枚 | 68.00 | 68,000 |
| ③カタログNo.12-3268 UVカット速乾美シルエットシャツ(S〜3L) | 1,000 | 枚 | 15.80 | 15,800 |
| (2)カタログNo.1407における商品 | | | | |
| ④カタログNo.08-1121 多ボタン使いチェック柄シャツチュニック(S〜3L) | 1,000 | 枚 | 30.00 | 30,000 |
| ⑤カタログNo.08-1459 ノンアイロン速乾美シルエットシャツ(S〜3L) | 1,000 | 枚 | 27.00 | 27,000 |

| | | | | |
|---|---|---|---|---|
| 二．女性用スーツ<br>(1)カタログ No.1404 における商品<br>　①カタログ No.13-1235<br>　　フェミニンスーツ（9〜17号） | 3,000 | セット | 99.80 | 299,400 |
| 　②カタログ No.13-1236<br>　　マニッシュパンツスーツ（9〜17号） | 3,000 | セット | 96.30 | 288,900 |
| (2)カタログ No.1405 における商品<br>　③カタログ No.13-1237<br>　　エレガントワンピーススーツ（9〜17号） | 3,000 | セット | 95.70 | 287,100 |
| 　④カタログ No.13-2368<br>　　カジュアルスーツ（9〜17号） | 3,000 | セット | 85.00 | 255,000 |
| 　⑤カタログ No.13-2479<br>　　仕事用スーツ（9〜17号） | 3,000 | セット | 93.50 | 280,500 |
| | | | 合計：US$ | 1,590,200.00 |

申込みの基本条件：
1. 建値：FCA Shanghai
2. 支払方法：貨物船積1ヶ月前に買い手が信用状（L/C）を開設すること。
3. 決済通貨：米ドル
4. 本申込みは20XX年9月16日までに貴社から承諾を受け取ることを条件とする。

　私どもは、今回の価格は日本市場で競争力があるはずであり、きっと貴社にご満足いただけるものであると確信しています。

　　できるだけ早くご返事くださいますようお願い申し上げます。

　　貴社ますますのご繁栄をお祈り申し上げます。

中国 ABC 公司輸出部　支配人<br>
許堅強<br>
20XX 年 9 月 7 日

［語句と用例］

1. お送りいただいた〜は確かに受け取った。　　　惠寄的……确已收到。
2. 価格が少し高めである　　　　　　　　　　　　价格偏高
3. 競争力が欠けている　　　　　　　　　　　　　缺乏竞争力
4. 販路を切り開いていくために　　　　　　　　　为了打开销路
5. 〜％値引きしていただきたいと願っている。　　请给…％的折扣。

6. 決済通貨　　　　　　　　　　　　支付货币
7. 貨物船積の1ヶ月前に　　　　　　在货物装运前一个月

[すぐ役立つ中国語表現]
1. 我方认为，贵公司的报价偏高，在市场上缺乏竞争力。
2. 为了在日本市场打开销路，我方希望贵公司报最低价。
3. 如果可能的话，请给15％的折扣。
4. 本报价以在20XX年9月16日之前接到贵公司的答复为条件。
5. 我们相信，这次的报价在日本市场上应该是有竞争力的。

## 第3章

## 空港での出迎え（在机场迎接客人）

　ビジネスマンが海外に出張する場合、訪問地での滞在日程が短く、また現地での予定をぎっしり詰め込んでいることがよくあります。それに土地勘がなく、現地の事情もよく分からないため、商談先の企業に依頼して、誰かに空港まで出迎えてもらうことを依頼するのがふつうです。初めて訪問する地の企業を訪問するような場合には、そのような依頼のメールを事前に送っておくのが一般的な慣習となっています。このようなときのメールには次の内容を織り込むとよいでしょう。

① 出張者の氏名と外見上の特徴
② 中国を訪問する目的
③ 到着日時と到着地ならびに到着空港名
④ 自分が利用する航空機のフライト番号
⑤ 空港まで出迎えをしてほしい旨を伝えること

　注意しなければならないのは、初めて中国に行くときには、自分の外見上の特徴を簡単に相手方に紹介した方がよいという点です。外見上の特徴とは、メガネをかけているかいないか、背が高いか低いか、太っているか痩せているか、などのことです。出迎えの人が見つけやすいようにするための情報となります。
　現在、インターネットの普及に伴ってパソコンおよびスキャナーなどの周辺機器もかなり使われています。個人の写真や図面や書類などはまずスキャナーでスキャンして別途1つのファイルに保存し、それを添付ファイルの形でメールとともにどこにでも送ることが可能です。自分の顔写真をこのような方法で前もって相手方に送っておくのもお勧めの方法です。

また、相手方に到着空港名を教えるときにはターミナル番号も忘れずに伝えるべきです。なぜならば、日本の国土に比べ、中国は26倍も広大であり、その規模がまったく違うからです。たとえば、上海の空港といえば、虹橋空港と浦東国際空港の2つがあり、さらには浦東国際空港にはターミナル1とターミナル2に分けられています。したがって、出迎える人には具体的な空港名とターミナル番号を伝えなければなりません。

[例文(1)]

主题：请求迎接

中国 ABC 公司出口部
许经理

  关于进口贵公司服装产品事宜，我打算就有关具体事项跟中国 ABC 公司当面进行磋商。因此，我预定 9 月 30 日下午 3 点 40 分抵达上海浦东国际机场 1 号航站楼。航班号是中国国际航空公司的 CA921。若是能来机场迎接，将不胜感激。
  当天，我将穿一身灰色的西装，打一条红色的领带，戴一副金丝边的眼镜。为了保险起见，现把我的照片扫描件用附件发给您。请确认。
  以上事宜拜托了。

日本贸易株式会社进口部<br>铃木太郎<br>20XX 年 9 月 10 日

[訳文]

件名：出迎えの依頼

中国 ABC 公司輸出部
許支配人様

  貴社のアパレル商品を輸入する件ですが、関連の詳細な事項については中国 ABC 公司の方と実際にお会いして協議を進めていきたいと願っています。そのため、私は 9 月 30 日午後 3 時 40 分頃、上海浦東国際空港ターミナル 1 に到着する予定です。フライトナンバーは中国国際航空会社の CA921 です。空港までお迎えに来ていただければ大変有難く存じます。
  当日ですが、私はグレーのスーツを着用し、赤いネクタイを締め、ゴールドフレームのメガネを掛けています。念のために、私の顔写真をスキャンしたデータを添付ファイルでお送りいたします。どうぞご確認くださいませ。

以上、とりあえずはお願いまで。

日本貿易株式会社輸入部<br>
鈴木太郎<br>
20XX 年 9 月 10 日

[例文(2)]

**主题：关于迎接的通知**

日本贸易株式会社进口部
铃木先生


　9月10日来函已收到。获悉您将于9月30日前来上海洽谈服装进口事宜，我们感到非常高兴。当天我们公司的马莲小姐将去机场迎接您，敬请放心。
　专此奉复。
　　　顺祝
一路平安！

中国 ABC 公司出口部<br>
许坚强<br>
20XX 年 9 月 11 日

[訳文]

**件名：出迎えの通知**

日本貿易株式会社輸入部
鈴木様


　9月10日付貴メールを拝受しました。アパレル製品の輸入について商談を進めるために、9月30日に上海を訪問されるとのことを承り、われわれは大変嬉しく存じます。当日は、当社の馬蓮が空港でお待ち申し上げますので、ど

うぞご安心くださいますよう、お願い申し上げます。
　以上、用件のみのお知らせまで。
　謹んで道中のご無事をお祈り申し上げます。

中国ABC公司輸出部<br>
許堅強<br>
20XX年9月11日

[語句と用例]

1. ～のことについて　　　　　　关于……事宜
2. 到着する　　　　　　　　　　抵达
3. フライトナンバー　　　　　　航班号
4. 念のために　　　　　　　　　为保险起见
5. お願いする　　　　　　　　　拜托
6. 耳に入る、承る　　　　　　　获悉
7. 来る　　　　　　　　　　　　（書面語）前来

[すぐ役立つ中国語表現]

1. 关于出口事宜，我打算跟贵公司当面进行具体磋商。
2. 铃木先生下周三中午12点24分抵达上海浦东国际机场。
3. 若是能来机场迎接，将不胜感激。
4. 为了保险起见，我先把资料用附件发给你。
5. 当天马莲小姐去机场迎接您，敬请放心。

# 第4章

## 宿泊（住宾馆）

　現代は、インターネットの時代です。オンラインショッピングで日常雑貨から航空券の購入、そしてホテルの予約までほとんどすべての財・サービスを気軽に注文して購入したり予約したりできるようになっています。

　また、インターネットで財とサービスの内容や価格または料金をすぐに確認できますし、面倒なコミュニケーションも不要なため、出張で海外に行く前にみずからネットでホテルを予約しておくことは、現代ビジネスマンの常識ともいえるようになってきました。

　外国のホテルを選ぶときには、有名なホテルであれば、サービスの内容などが良く知られているため、安心して予約し、宿泊できます。しかし、中小規模の地方都市に出張する場合には、ネットでホテルを予約できるにもかかわらず、立地条件やサービスの内容が気になるため、取引相手の現地企業の担当者にホテルの手配を依頼するビジネスマンは相変わらず多いようです。

　メールで宿泊先の手配を依頼する場合には、一般的にまず到着日、現地での滞在期間、帰国日などについて伝え、かつ宿泊の予算も伝えるべきでしょう。現地での宿泊料金をインターネットで事前に調べ、予算として具体的な金額を提示するのは相手に対しても親切なことです。もし具体的な金額がわからない場合には、「一般的な料金のホテル」などとしてもよいでしょう。

　それらの必要な情報を提供してから、ホテルを予約してくれるよう依頼します。もちろん、最後には「ご返事をお待ちしています」のような一言を加え、ホテルの予約がとれるかどうかを確認することも必要です。

[例文(1)]

主题：请求预订旅馆

中国 ABC 公司出口部
许经理

　　承蒙关照，不胜感谢。此次上海之行，我将于 9 月 30 日到达上海，为了 10 月 3 日能返回大阪，计划在上海逗留 4 天。为此，想麻烦您帮我预订一家离贵公司较近，而且价格适宜的旅馆，住 3 个晚上。
　　若是能尽早告知预订的结果，将不胜感激。
　　　　顺颂
秋安！

日本贸易株式会社进口部<br>铃木太郎<br>20XX 年 9 月 13 日

[訳文]

件名：ホテル予約の依頼

中国 ABC 公司輸出部
許支配人様

　お世話になり、誠に有り難うございます。今回の上海への旅ですが、私は 9 月 30 日に上海入りし、10 月 3 日には大阪に戻れるように、上海に 4 日間滞在する予定をしております。このため、お手数をおかけいたしますが、貴社に比較的近く、なおかつ宿泊料金が手頃なホテルを 3 泊 4 日で予約していただけないでしょうか。
　できるだけ早くその予約の結果を教えていただければ大変有難く存じます。
　秋麗の候ますますのご健勝をお祈り申し上げます。

日本貿易株式会社輸入部
鈴木太郎
20XX 年 9 月 13 日

[例文(2)]

主题：关于委托预订旅馆事宜的确认

日本贸易株式会社进口部
铃木先生

　　9月13日的邮件已收悉，谢谢。关于预订旅馆事宜，按照您的吩咐，我们已在上海宾馆为您预订了一间单人房。住宿费一个晚上400元人民币。您到上海后，将由我公司出口部的马莲小姐陪同您办理住宿手续，敬请放心。期待着您的光临。
　　特此奉复，并敬祝
一切顺利！

中国 ABC 公司出口部
许坚强
20XX 年 9 月 15 日

[訳文]

件名：ホテル予約依頼の確認

日本貿易株式会社輸入部
鈴木様

　9月13日付貴メールを拝受いたしました。どうも有り難うございました。ホテル予約の件については、ご指示通り、私どもは上海ホテルにシングルの予約を取りました。宿泊料金は一晩につき400人民元となっています。中国にご到着後、当社輸出部の馬蓮が鈴木さんに同行し宿泊の手続きを行いますので、どうぞご安心くださいませ。ご訪問を心よりお待ち申し上げます。

以上、用件のみのお知らせまで。また、万事順調でありますようお祈り申し上げます。

中国 ABC 公司輸出部

許堅強

20XX 年 9 月 15 日

[語句と用例]

1. 今回の〜への旅で　　　　　　　　此次……之行
2. 予定する、あらかじめ定める　　　预定
3. 予約する、（商品を）注文する　　预订
4. 帰る、戻る　　　　　　　　　　　返回
5. 値段が手頃である　　　　　　　　价格合适
6. 一晩につき〜人民元です　　　　　一个晚上……元人民币
7. お手数をおかけしますが、〜を予約していただけないでしょうか。　麻烦您帮我预订一下……，好吗？

[すぐ役立つ中国語表現]

1. 此次北京之行，我打算逗留 3 天。
2. 他预定后天返回大阪。
3. 按照您的吩咐，我们已经在上海宾馆为您预订了一间单人房。
4. 在中国住旅馆时，一定要办理住宿手续。
5. 这家旅馆的服务很周到，价格也合适。

# 第5章

# 銀行で(在銀行)

　ご存知のように、中国の通貨は人民元です。日本では、人民元を両替できるところは、空港に設置された各銀行の窓口の他、東京や大阪など大都市に支店を出している中国銀行、中国工商銀行など中国系の銀行と一部の日本の都市銀行です。

　現在、中国では多くの銀行が外貨両替の業務を取り扱っています。たとえば、円貨を人民元に両替しようとするときには、外貨両替依頼書に必要項目を記入した上、パスポートと円貨とともに銀行の窓口に渡します。すると銀行員は当日の為替レートに基づいて円を人民元に両替してくれます。日本の銀行で両替する場合とほぼ同じです。

　中国で外貨両替をするために近くの銀行を案内してもらいたい場合には、中国に到着後、その希望を直接現地企業の担当者に告げてもよいでしょう。しかし、メールで事前にその旨を伝えておくのもよい方法です。

　この場合には、先に結論を示し、それから理由を述べるのが一般的です。しかし、中国では、あまり親しくない人に何かを依頼し、手数や面倒をかける場合には、結論先型よりも、相手に自分の要求をすんなり受け入れてもらうために、次のような順序で依頼するのがふつうといえます。

① 先に理由を簡潔に述べること
② その後に物事を依頼すること
③ 相手方への配慮を示し、相手方の都合や機嫌を伺うこと

[例文(1)]

件名：请求陪同去银行

中国 ABC 公司出口部
马莲小姐

  我这次临时决定来中国出差，身上没带人民币。明天我要到中国的银行去换点儿人民币，想请您陪我去一趟。不知您明天是否有空？给您添麻烦了，真过意不去。还请多多关照。
  等候您的回复，并祝
安好！

日本贸易株式会社进口部<br>铃木太郎<br>20XX 年 9 月 29 日

[訳文]

件名：銀行案内の依頼

中国 ABC 公司輸出部
馬蓮様

  今回の中国への出張は、急遽突然に決まったために、人民元を持ち合わせていません。明日、私は中国の銀行で人民元に両替したく、案内してくださるようお願いいたします。明日のご都合はいかがでしょうか。ご面倒をおかけして恐縮です。どうぞ宜しくお願いいたします。
  ご返事をお待ちするとともに、ご健勝をお祈り申し上げます。

日本貿易株式会社輸入部<br>鈴木太郎<br>20XX 年 9 月 29 日

[例文(2)]

主题：关于陪同去银行的说明

日本贸易株式会社进口部
铃木先生

　　9月29日的邮件已经收到了，谢谢。这次由我们出口部负责接待铃木先生，所以您在上海期间有什么要求的话，请尽管吩咐，我一定尽力而为。
　　关于兑换人民币一事，我明天就陪您去旅馆附近的中国工商银行。工商银行的营业时间一般是早上9点到下午5点。请告知您方便的时间。
　　恭候回音。
　　　　敬祝
万事如意！

中国 ABC 公司出口部<br>马莲<br>20XX 年 9 月 30 日

[訳文]

銀行案内に関する説明

日本貿易株式会社輸入部
鈴木様

　　9月29日付貴メールを拝受しました。どうも有り難うございます。今回は、わが輸出部が鈴木様を接待する窓口となっていますので、鈴木様が上海にご滞在中、何かご要望がございましたら、ご自由にお申し付けくださいませ。私どもは必ず意を尽くしてご協力申し上げます。
　　人民元への両替の件については、私は明日鈴木様と一緒にホテル近くの中国工商銀行に行きます。工商銀行の営業時間は通常、朝9時から午後5時までです。どうかご都合が良い時間をお教えくださいませ。

ご返事を心よりお待ち申し上げています。
万事ご期待の通り進みますようお祈り申し上げます。

中国 ABC 公司输出部<br>
马莲<br>
20XX 年 9 月 30 日

[語句と用例]

1. 出張する　　　　　　　　　　　出差
2. 人民元を持ち合わせていない　　　身上没带人民币
3. ～のことについて　　　　　　　关于……一事
4. 円貨を人民元に両替する　　　　　用日元兑换人民币
5. あなたと一緒に銀行に行く　　　　陪您去银行
6. 営業時間　　　　　　　　　　　营业时间
7. 万事が思い通りでありますように。　祝万事如意。

[すぐ役立つ中国語表現]

1. 我想去银行换点儿人民币。
2. 你陪我去一趟银行，行吗？
3. 铃木先生有什么要求，请尽管吩咐。
4. 银行的营业时间是从早上 9 点到下午 5 点。
5. 给您添麻烦了，真过意不去。

# 第6章

# 歓迎会を開く（接风）

　中国は、昔から礼儀を重んずる国です。「朋遠方より来たる有り、また楽しからずや」という言葉があるように、中国人の間には遠路はるばる訪ねてきた客を温かく迎える習慣があります。この影響を受け、ビジネス慣行として、主（あるじ）側の中国企業や中国人が、遠来の客のために歓迎会や宴会を開く慣習は今でも色濃く残っています。

　宴会へ客を招待する場合には、前もって招待状を客に送ることがよくあります。もしメールで招待状を客側に送るような場合には、ビジネスマナーとして別便でオリジナルの招待状を必ず送付しなければなりません。なぜなら、メールによる通知だけということになると、それは相手に対して大変失礼なことになるからです。

　現地の事情に疎い客が歓迎会に出席するのに便利なように、それなりの工夫を凝らさなければなりません。また、たとえ現地の取引先や客が相手であったとしても、確認を兼ねて宴会の開催場所や交通の便、主要な建物（たとえば駅や客が滞在しているホテルなど）からの交通の便（タクシーで何分かかるとか、徒歩では何分かかり、どのような経路で行くかなど）などについて知らせる場合もあります。もっとも宿泊ホテルへ客を迎えに行くつもりであれば、そこまで詳しい情報は必要ありません。招待状には、通常の場合次のような項目を織り込みます。

① 招待の趣旨
② 宴会会場と開催日時
③ 出欠の有無とその回答期限
④ 連絡先の部署と担当者名

[例文⑴]

**主题：邮寄邀请函**

日本贸易株式会社进口部

铃木先生

　　您好！中国ABC公司张总经理为了感谢铃木先生特意访问本公司，兹定于9月30日（星期日）晚7：00PM在友谊饭店举行晚宴。现将邀请函用附加文件发给您，届时恭请光临。采用这种简便方式邮寄邀请函，实在是失礼了，敬请谅解。

　　友谊饭店的地址是：上海市南京东路601号

　　联系电话：63224968

　　另外，邀请函的正本已于今日另函寄出，请查收。

　　　　祝

工作顺利！

中国ABC公司出口部

马莲

20XX年9月20日

[訳文]

**件名：招待状の送付**

日本貿易株式会社輸入部

鈴木様

　鈴木様がわざわざ当社を訪問されることを感謝申し上げるために、中国ABC公司の張総経理はきたる9月30日（日曜日）午後7時に友誼飯店にて晩餐会を執り行うことにしました。ここに取り急ぎご招待状を添付ファイルでお送りいたしますが、どうぞご出席くださいますよう、お願い申し上げます。このような簡便な方法で招待状を送る失礼をお許しください。

友誼飯店の住所：　上海市南京東路601号
連絡先の電話番号：　63224968

なお、本日、別便をもってオリジナルのご招待状をご送付申し上げましたので、どうぞご査収のほどお願い申し上げます。

鈴木様のお仕事が順調に進まれるようお祈り申し上げています。

中国ABC公司輸出部
馬蓮
20XX年9月20日

[例文(2)]

主题：关于应邀出席宴会的通知

中国ABC公司出口部
马莲小姐

　您好！惠寄的邀请函已经收到了，非常感谢贵公司张总经理的热情邀请。届时我将准时出席贵公司举办的晚宴。请代我向张总经理表示衷心的感谢。特此奉复。
　　　敬祝贵公司
生意兴隆、财源茂盛！

日本贸易株式会社进口部
铃木太郎
20XX年9月24日

[訳文]

### 件名：招待受諾と宴会出席の通知

中国ABC公司輸出部
馬蓮様

　お送りいただきましたご招待状を確かに受け取りました。貴社の張総経理の温かいお招きを心より感謝申し上げます。当日、私は時間どおりに貴社が催す晩餐会に出席致します。張総経理に心からの謝意をお伝えくださいますようよろしくお願い申し上げます。
　取り急ぎご返事まで。
　謹んでますますのご隆昌と貴社が富み栄えられんことをお祈りしています。

日本貿易株式会社輸入部
鈴木太郎
20XX年9月24日

[語句と用例]

1. 招待状　　　　　　　　　　　　　邀请函
2. 晩餐会を催す　　　　　　　　　　举行晩宴
3. 時間どおりに出席する　　　　　　准时出席
4. 連絡先の電話番号　　　　　　　　联系电话
5. 温かいお招き　　　　　　　　　　热情邀请
6. 〜ことを感謝申し上げるために　　为了感谢……
7. ご出席くださいますようお願いいたします。　敬请光临。

[すぐ役立つ中国語表現]

1. 邀请函已于今日另函寄出，请查收。
2. 惠寄的邀请函已经收到了。
3. 非常感谢贵公司的热情邀请。

4. 届时我将准时出席。
5. 谨在此表示衷心的感谢。

# 第7章

## 歓送会を開く（饯行）

　中国には、昔から客が来るときには歓迎会を開催する習慣があるのと同様に、客が去るときにも送別の宴を催す習慣があります。これは、昔は親戚や友人が一度別れたら再会することが非常に難しかったからです。

　昔の山道がでこぼこで歩きづらく、内陸水路の交通が発達しなかったため、人は馬や船に乗ったり、徒歩で旅したりして、長い旅と野外生活に大変苦労し、またそれには様々なリスクが伴いました。したがって、先秦の春秋戦国時代から道路の神を祭り、道中の無事を祈る風習がありました。その後の時代はこの風習を踏襲し、道端の小さな建物の中でまたは野外でテントを張ってお酒とおかずを用意し、送別会を催してきました。そのようなこともあり、現代の中国でも帰路につく客のために送別の宴を催すという風習はまだ残っているのです。

　中国人同士であれば、招待された後にわざわざ感謝の手紙やメールを送る習慣はありません。ところが、国際ビジネスの場面では、必要に応じてそのような感謝の意を表す手紙やメールを送ることがあります。帰国後に送る感謝の手紙やメールには次のような内容を記すのがふつうです。

① 無事に帰国した事を報告する
② 滞在期間中にお世話になったことに対して感謝する
③ お世話になったその他の人にも宜しく伝えて欲しいとお願いする
④ 同じような機会が訪れたならば必ずお返しをしたいと述べる

　なお、お礼の言葉を述べるにあたっては、抽象的な表現をできるかぎり避けて、相手からしてもらったこと、贈られた贈り物、などについても具体的に述べることが大事です。贈り物の名前を具体的に挙げたり、それを気にいってい

るとか、それをどのようにするつもりであるかを述べたり（家宝にするとか、事務室に飾るとか、など）することで相手に喜んでもらえます。そのような相手の気持ちを慮る（おもんばかる）ことが国際ビジネスの場では重要なことになるのです。

[例文(1)]

主题：感谢信

中国 ABC 公司
张总经理

  我已经平安地回到了日本。此次，在上海逗留期间，承蒙贵方热情接待和大力协助，我谨在此向张总经理以及中国 ABC 公司表示衷心的感谢。
  在上海的短短两天时间里，我们就服装产品进出口事宜进行了多方洽谈和友好协商，取得了很大的成果。对我们双方来说，这是一个良好的开端，我们感到很高兴。希望我们今后的贸易合作更加顺利。今后还请张总经理多多关照。
  最后，请代我向许经理和马莲小姐问好！
  谨先致谢。

日本贸易株式会社进口部<br>铃木太郎<br>20XX 年 10 月 4 日

[訳文]

件名：お礼状

中国 ABC 公司
張総経理様

  私は無事に日本に戻りました。このたび、上海滞在中は、心を込めたおもてなしおよび全面的なご協力をたまわり、謹んでここに張総経理および中国 ABC 公司の皆様に心から感謝申し上げます。
  上海での短い数日間、われわれはアパレル製品の輸出入についていろいろな話し合いと友好的な協議を重ね、その結果大きな成果を収めることができました。われわれ双方にとって、良いスタートを切ることができ大変うれしく思っています。われわれの今後の取引がさらに順調に発展していくよう期待してお

ります。今後とも張総経理にはどうぞ宜しくお願い申し上げます。

　末筆となりましたが、許支配人と馬蓮さんにどうぞ宜しくお伝えくださいますよう、お願い申し上げます。

　まずは御礼まで。

日本貿易株式会社輸入部<br>
鈴木太郎<br>
20XX 年 10 月 4 日

[例文(2)]

**主题：期待着再次访问上海**

日本贸易株式会社进口部
铃木先生

　10月4日的邮件已阅。感谢您给我写热情洋溢的感谢信，您真是太客气了。说起来，我们应该感谢铃木先生才对啊。为了订购我们公司的产品，您千里迢迢来到上海。在上海逗留的两天时间里，您每天都谈判到很晚，实在太辛苦了！但愿您回到日本后能够好好儿地休息一下。

　这次，在双方的共同努力下，我们终于达成了一致的协议。相信我们今后的合作前景将会更加宽广。您说呢？

　咱们以后就是老朋友了。有空的话，欢迎再来上海。期待着重逢的那一天。

　　祝
商祺！

中国 ABC 公司　总经理<br>
张天明<br>
20XX 年 10 月 5 日

[訳文]

件名：上海再訪問への期待

日本貿易株式会社輸入部
鈴木様

　10月4日付貴メールを拝見いたしました。ご厚情溢れるお礼状をしたためていただき、本当に有り難うございます。大変恐縮しております。
　本来であれば、当方が鈴木さんにお礼を申し上げるべきところです。我が社の商品を購入するために遠路はるばる上海にお越しいただいたことを感謝申し上げます。上海にご滞在中の短い期間に、毎日遅くまで商談をしていただき、本当にお疲れ様でした！日本にお戻りになられてゆっくりとお休みになれればよいのですが。
　今回、双方がお互いに努力を重ねた結果、われわれはとうとう合意に達することができました。今後の業務提携はさらに拡大していくことと信じております。鈴木様はそう思いませんか。
　われわれはこれから旧友になります。ご都合が良いときに、また上海へいらしてください。その日が来るのを心よりお待ちしています。
　貴社ますますのご繁栄をお祈り申し上げます。

中国 ABC 公司　総経理<br>張天明<br>20XX 年 10 月 5 日

[語句と用例]

1. 温かいおもてなし　　　　　　　熱情接待
2. 全面的なご協力　　　　　　　　大力協助
3. 合意に達する　　　　　　　　　達成協議
4. 大きな成果を収める　　　　　　取得很大的成果
5. 〜によろしくお伝えください　　请代我向……问好

6. 遠路はるばる〜にお越しいただく　　　千里迢迢来到……
7. 〜のことについて友好的な協議を行う　就……事宜进行友好协商

[すぐ役立つ中国語表現]
1. 欢迎（您）再来上海。
2. 期待着重逢的那一天。
3. 在双方的共同努力下，终于达成了协议。
4. 对我们双方来说，这是一个良好的开端。
5. 在上海逗留期间，承蒙贵公司热情接待，谨致谢意。

# 第8章

## 契約の締結（订立合同）

　契約は、基本的には当事者双方の合意だけで成立するため、申込みに対する承諾があれば成立します。このように、契約は諾成契約ですから、口頭でも成立し、必ずしも契約書を作成する必要はありません。契約書の作成自体、契約の成立には何の影響を及ぼすものではありません。

　しかし、貿易実務では、売買当事者間で契約内容を相互に確認し、後日の紛争を避けるために、当事者の一方または双方が契約書を作成し、両当事者が署名することをもってはじめて契約が成立するという条件を付けることがよく見られます。この場合には、契約書が作成され、両当事者により署名されるまでは契約は成立しません。

　契約を締結するときには、本来であれば、売買当事者が対面の上、その場で契約の内容を確認し、それぞれが署名することが望ましいといえます。しかし、実際には、それも難しいために次のようにしています。すなわち、国際ビジネスの共通語ともいうべき英語と中国語（相手が他の国の企業であれば、それぞれの母国語）による契約書を正本各2通作成の上、すべてにみずから署名したのち、全通を相手方に郵送し、相手方が署名した各1通を相手方から返送してもらうのが一般的な商慣行となっています。この場合、契約書を送付することについて知らせるメールには次の事項を明記することが望ましいといえます。

① 当方の製品を注文してもらったことに対して感謝していること
② 契約書の正本を何通、いつ送付したかについて知らせること
③ 相手方が署名した1通を返送してもらいたいこと

[例文(1)]

### 主题：关于邮寄合同书

日本贸易株式公司进口部
铃木先生

　　此次，非常感谢贵公司订购我公司的产品。我们相信，我们的产品质量和服务一定会让贵公司感到满意的。
　　中英文合同正本各两份已于今日另函寄出。请贵方收到合同签字后将其中的各一份尽快寄还给我公司为盼。谢谢贵公司给予我们的大力协助，还请多多关照。
　　　　顺颂贵公司
日益兴旺！

中国 ABC 公司出口部
马莲
20XX 年 10 月 5 日

[訳文]

### 件名：契約書の送付について

日本貿易株式会社輸入部
鈴木様

　この度は、当社の製品をお買い上げいただき、誠に有り難うございます。私どもは、当社製品の品質とサービスはきっと貴社にご満足いただけるだろうと確信しております。
　なお、本日、別便をもって中国語と英語で作成された本契約の正本をそれぞれ２部ずつご送付申し上げました。どうぞご査収の上、それぞれに署名された後に、そのうちの各々１部をできるだけ早く当社にご返送くださいますよう、お願い申し上げます。全面的なご協力をお与えいただいたことに感謝申し

上げるとともに、引き続きどうぞ宜しくお願い申し上げます。
　貴社ますますのご清栄をお祈りしています。

中国 ABC 公司輸出部
馬蓮
20XX 年 10 月 5 日

［例文(2)］

**主题：关于寄还合同书**

中国 ABC 公司出口部
马莲小姐

　贵方 10 月 5 日航空邮寄的中英文合同，我们已经收到了，十分感谢。我方已在中英文本各两份的合同上签字，兹将其中的合同正本各一份用特快专递寄还给你们。大概 3 天后能到贵公司，届时请查收，并请回复。
　希望我们今后的贸易合作顺利。
　专此奉复。

日本贸易株式会社进口部
铃木太郎
20XX 年 10 月 8 日

［訳文］

**件名：契約書の返送について**

中国 ABC 公司輸出部
馬蓮様

　10 月 5 日に航空メールにてお送りいただいた、中国語と英語で作成された契約書を確かに受け取りました。どうも有り難うございました。当方はそれぞ

れ2部の契約書全通に署名を済ませましたので、そのうち、中国語と英語で作成された契約書の正本1部ずつをEMS便にてご返送いたします。多分3日後に御社に届くだろうと思いますが、そのときはどうぞご査収の上ご一報いただければ幸いです。

　今後の両社の貿易取引が順調に進んでいきますよう、お祈り申し上げる次第です。

　取り急ぎ要件のみにて失礼いたします。

日本貿易株式会社輸入部<br>
鈴木太郎<br>
20XX年10月8日

## [語句と用例]

| | | |
|---|---|---|
| 1. | 注文する | 订购 |
| 2. | 契約書の正本 | 合同正本 |
| 3. | ～を希望するところである | ……为盼 |
| 4. | 契約書に署名する | 在合同上签字 |
| 5. | 航空便にて郵送する | 航空邮寄 |
| 6. | EMS便 | 特快专递 |
| 7. | ～を～に返送する | 把……寄还给…… |

## [すぐ役立つ中国語表現]

1. 此次非常感谢贵公司订购我们的产品。
2. 我们的产品质量一定会让贵公司感到满意的。
3. 合同正本已于今日另函寄出。
4. 谢谢贵公司的大力协助。
5. 希望我们今后的贸易合作顺利。

# 第9章

# 梱包（包装）

　国際貿易では、取引される貨物は売主の工場や倉庫から長距離輸送や中継輸送（運送の取り次ぎ）などを経て買い手の工場や倉庫に搬入されます。輸送の過程において多くのリスクが伴うのがふつうです。長距離輸送および中継輸送におけるいろいろなリスクから貨物を守るために、買い手は貨物の梱包に対して高い関心を払い、きちんとした梱包を厳しく要求するのです。したがって、梱包条項は売買契約の中でとても重要な条項の1つといえます。

　梱包に関するビジネスメールを書くときには、輸出者としては輸入者に輸出商品の一般的な梱包方法を詳細に説明したりします。また、ときには輸入者の梱包に対する要求を受け入れたりすることもできます。しかし、その場合には、後刻の紛争を避けるためにも、輸入者の要求を受け入れる場合に生じる想定外の出費は輸入者に負担してもらわなければならない旨をメールに書いておくべきです。

　一方、輸入者としては梱包業者についての確認や梱包方法や梱包材などについての確認をしたほうがよいでしょう。一方の当事者が梱包条項を変更したければ、それは他方の当事者の同意を得てはじめて修正が可能となります。梱包に関するメールを書くときには、次のような内容が必要になります。

① メールを送る目的を説明すること
② 梱包方式や梱包材に対する要求を明確に述べること
③ 返事を待っている旨を伝えること

[例文(1)]

主题：关于包装事宜的咨询

中国 ABC 公司出口部
马莲小姐

　　承蒙多方关照，深表谢意。
　　我想就包装事宜向您咨询一下。正如马莲小姐您所知，包装具有保护商品和促进销售的作用。为此，我方十分重视包装。这次，我方订购的货物，贵公司打算请哪家公司负责包装？怎么包装呢？如能告知包装公司以及包装方法，将不胜感激。
　　给您添麻烦了，伫候回音。
　　　顺祝
商祺！

日本贸易株式会社进口部<br>铃木太郎<br>20XX 年 1 月 10 日

[訳文]

件名：梱包に関する質問

中国 ABC 公司輸出部
馬蓮様

　いろいろと大変お世話になり、深謝しております。
　さて、梱包のことについてお尋ねしたく思います。ご存知のように、梱包は商品を守り、販売を促進する働きがあります。そのために、当方は梱包をとても重視しております。今回、当方が注文した商品につきましては、御社はどのような梱包業者に依頼するお考えですか、またどのようにして全商品を梱包するご予定ですか。梱包業者および梱包方法についてお教えいただければ、大変

有難く存じます。

ご迷惑をおかけしますが、ご返事をお待ち申し上げています。

貴社ますますのご繁栄をお祈り申し上げます。

日本貿易株式会社輸入部<br>
鈴木太郎<br>
20XX 年 1 月 10 日

[例文(2)]

主题：关于包装事宜的说明

日本贸易株式会社进口部

铃木太郎先生

  1 月 10 日的邮件已阅，谢谢。很高兴能有机会跟贵公司合作，非常感谢。

  关于贵方咨询的包装事宜，我方现回答如下：我们一般委托东风包装公司负责包装。现在将该公司的情况向您简单地介绍一下。东风包装公司成立于 1990 年，现在已成为一家从事包装的专业公司。由于服务好，价格合理，20 多年来，深受各界人士的欢迎。该公司采用的包装材料有很多种，主要有纸箱、木箱、瓦楞纸盒以及泡沫材料等等。

  这次，贵方订购的女式衬衫，我们打算先装入塑料袋后，然后再装纸箱。女式套装，则采用立体包装，也就是悬挂式包装。我们相信，东风包装公司的服务一定会让贵公司满意的。如果还有什么问题，请尽管提出。

  专此奉复，并敬颂

一切顺利！

中国 ABC 公司出口部<br>
马莲<br>
20XX 年 1 月 11 日

[訳文]

件名：梱包に関する説明

日本貿易株式会社輸入部
鈴木様

　1月10日付貴メールを拝見いたしました。誠に有り難うございました。御社と業務提携関係を築き上げることができて、心より感謝申し上げると同時に、大変嬉しく存じます。
　お問い合わせの梱包の件に対しましては、当方は次のようにご回答申し上げます。
　当社は通常、東風梱包公司に梱包業務を依頼しております。同社の概要につき以下簡単にご紹介させていただきます。東風梱包会社は1990年に創業し、現在は梱包業務に従事する専門の会社です。サービスが良く、料金も手頃であるため、20数年の間に、各業界の企業から好評を博しています。同社が用いる梱包材には多くの種類がありますが、主としてカートン、木箱、波形段ボールおよび発泡材などがあります。
　今回、御社が注文された女性用シャツですが、当方としてはまずビニール袋に入れ、それから段ボールに詰め込む予定です。一方、女性用スーツは立体梱包、すなわちハンガー掛け式梱包方式を用います。私どもは、東風梱包公司のサービスはきっと御社にご満足いただけるものであると確信しております。この他にまた何かご質問がありましたら、ご自由にお問い合わせくださいませ。
　取り急ぎ用件のみにて失礼いたします。また、万事が順調にいきますようお祈り申し上げます。

中国ABC公司輸出部
馬蓮
20XX年1月11日

［語句と用例］

1. ～のことについて少し相談したい。　　想就……事宜咨询一下。
2. ご存知のように　　　　　　　　　　　正如您所知
3. ～の働きがある　　　　　　　　　　　具有……的作用
4. 大いに感謝している　　　　　　　　　不胜感激
5. ご返事をお待ち申し上げています。　　伫候回音。
6. ～を簡単にご紹介します。　　　　　　简单地介绍一下……。
7. ～から好評を博している　　　　　　　深受……的欢迎

［すぐ役立つ中国語表現］

1. 包装具有保护商品和促进销售的作用。
2. 我方十分重视包装。
3. 我方订购的货物，贵公司打算怎么包装呢？
4. 我们一般委托包装公司负责包装。
5. 这次女式套装采用悬挂式包装。

## 第10章

# 貨物輸送（货物运输）

　貨物を海上輸送するには、運送人すなわち船会社と運送契約を締結し、貨物を船積みしなければなりません。売り手と買い手のどちらが運送契約を締結し、船積みするかは貿易契約条件によって決まります。貿易実務では、FOB（Free on Board；本船渡し）、CFR（Cost and Freight；運賃込）、CIF（Cost Insurance and Freight；運賃保険料込）の他に、FCA（Free Carrier；運送人渡し）、CPT（Carriage Paid to；輸送費込）、CIP（Carriage and Insurance Paid to；輸送費保険料込）などの条件も多用されるようになっています。前の3つは、在来船による海上輸送に適用される契約条件ですが、後の3つは、コンテナ船をはじめいかなる単数または複数による複合輸送手段にも適した契約条件です。

　貿易契約条件に関する国際的規則は、国際商業会議所（ICC）が制定しているインコタームズです。その最新版である2010年版インコタームズによれば、CIF（CIP）条件およびCFR（CPT）条件では、売り手が運送契約を締結します。これに対して、FOB条件やFCA条件では、買い手が運送契約を締結することになっています。それに加え、FCA条件の場合買い手は売り手が物品を引渡すことを可能にする十分な時間内に、指名された運送人またはその他の者の名称、運送人が使用する輸送手段および指定地内の引渡を受け取る地点などを売り手に通知しなければなりません。

　このように、FCA条件を用いる場合には、買い手は輸送を手配しなければならないので、どのようにして物品が輸送のために引渡されるべきかについて売り手に正確に指図することが大変重要です。しかし、貿易実務慣行として、実際には、買い手に代わり売り手がしばしば運送契約を結びます。『ICCインコタームズ2010の手引き―その理解と実践的活用―』によれば、「F条件のす

べてが、運送契約を結ぶ義務を明らかに買い手に課しているけれども、実際には、その選択が多かれ少なかれ買い手にとって重要でない場合には、売り手がしばしばそれを行っている。これは、場所と物品の性質を考慮すると、一つの選択肢しかない場合、または運送に幾つかの選択肢があるが、運賃が同じである場合には、特に普通である。」となっています。

したがって、インコタームズの FCA 条件においては、「売り手は、買い手に対して、運送契約を締結する義務を負わない。しかし、買い手に依頼された場合、または商慣習があり、かつ、買い手がしかるべき期間内に反対の指図をしない場合には、売り手は、買主の危険と費用により、通常の条件による運送契約を締結することができる。」と定められています。

貨物輸送についてのメールを書く目的は通常、船積通知の送付、売り手への船積みの催促、船積条項に関する変更、船積書類の郵送、輸送手配の依頼などを行うことにあります。実務上、買い手が何らかの原因により輸送を手配できない状態にありそのために、それを売り手に依頼しようとする場合には、メールにはその旨をはっきり伝えるべきでしょう。

[例文⑴]

主题：请求安排运输

中国 ABC 公司出口部
马莲小姐

  关于第 123 号合同项下的货物运输问题，根据合同规定，我方应该签订运输合同并指定承运人。然而，最近由于日元持续下跌，原油价格飚升，因此日本各家船运公司的运费普遍大幅度上涨。在交货期限不断逼近的情况下，我们想请贵公司帮我们安排运输，不知是否可行？
  在您百忙之中给您添麻烦，实在抱歉。
  恭候回音，并祝贵公司生意兴隆！

日本贸易株式会社进口部<br>铃木太郎<br>20XX 年 2 月 8 日

[訳文]

件名：輸送手配に関する依頼

中国 ABC 公司輸出部
馬蓮様

  第 123 号契約の貨物輸送に関してですが、契約によれば当方が運送契約を締結し、運送人を指定すべきです。しかし、最近、円安が継続的に進行しており、原油価格が急騰しているので、日本の各船会社は軒並みに運賃を大幅に引き上げています。船積期限が迫っている状況の下で、当方は貴社に輸送を手配してくださいますようお願いしたいところですが、よろしいでしょうか。
  ご多忙な折、お手数をおかけしまして、大変申し訳ございません。
  ご返事を心よりお待ち申し上げます。また、貴社ますますのご隆昌を祈念い

たします。

日本贸易株式会社输入部<br>
铃木太郎<br>
20XX 年 2 月 8 日

[例文(2)]

**主题：关于货物运输事宜的说明**

日本贸易株式会社进口部
铃木先生

  2月8日来函已阅。敬悉贵公司要求我方安排该批货物运输，我方予以接受。
  很高兴地告知，受贵公司的委托，我方已经向中国远洋集装箱运输公司预订了舱位。
  目前，第123号合同项下的货物已经包装妥当，等待装运。这批货物预定于2月19日装友谊号轮，2月20日上午9点从上海港启运。日后，我方会把具体的装运通知发给贵公司，敬请放心。
  谨此奉复。
    祝
商祺！

中国 ABC 公司出口部<br>
马莲<br>
20XX 年 2 月 10 日

[訳文]

**件名：貨物輸送に対する説明**

日本貿易株式会社輸入部
鈴木様

　2月8日付貴メールを拝見しました。貨物輸送手配に関するご依頼を謹んで拝承し、当方としてはお引き受けいたします。
　貴社のご依頼にしたがい、当方は中国遠洋輸送コンテナラインズ会社に船腹予約を済ませたことを喜んでご連絡申し上げます。
　差し当たって、第123号契約の貨物はすでに梱包作業が完了し、船積みを待っているところです。今回の貨物は2月19日本船「友誼号」に積み込み、同船は翌日午前9時に上海港から出港する予定です。後日、当方は具体的な船積通知をメールにて貴社にお送り致します。どうぞご安心くださいませ。
　以上、用件のみのお知らせまで。
　貴社ますますのご繁栄をお祈り申し上げます。

中国ABC公司輸出部
馬蓮
20XX年2月10日

[語句と用例]

1. 運送人　　　　　　　　　　承运人
2. 船会社　　　　　　　　　　船运公司
3. 大幅に値上がりする　　　　大幅度上涨
4. 輸送手配　　　　　　　　　安排运输
5. 本当に申し訳なく思う　　　実在抱歉
6. 謹んで拝承いたしました　　敬悉
7. 引き受ける　　　　　　　　接受

[すぐ役立つ中国語表現]

1. 根据合同规定，我方应该指定承运人。
2. 最近日元持续下跌，原油价格飚升。
3. 交货期限不断逼近。
4. 在您百忙之中给您添麻烦，实在抱歉。
5. 这批货物预定2月2日上午9点从上海港启运。

# 第11章

## 支払方法（付款方式）

　信用状（Letter of Credit）とは、輸入者の取引銀行が輸入者の依頼を受けて発行する輸出者への代金支払確約書です。具体的には、輸入者の取引銀行である信用状発行銀行は、受益者である輸出者に対して、輸出者が信用状に定められた船積み書類を銀行に呈示することを条件に、輸入者に代わって代金の支払いを確約した保証状です。信用状を入手した輸出者は、万一輸入者が支払い不能となった場合でも、信用状発行銀行から確実に代金を回収できます。信用状を発行するのは、発行銀行にとっては輸入業者に対する与信取引であると言えます。しかし、貿易実務では、売り手は何らかの原因により契約に定められた期限内に信用状を入手できないことがままあります。この場合には、輸出者は輸入者に信用状開設のための手続きを速やかに進めることを催促しなければなりません。

　このような場合の催促状や催促のためのメールを書く際には、言葉遣いや書き方に気を付けなければなりません。催促のためのメールは相手方が契約を履行していないことを強く非難する口調で書くべきではなく、商品の用意ができたが信用状の到着がまだ確認できていない旨を輸入者に丁重な言葉で伝えるべきです。信用状開設の催促状を書くときには、次の内容が必要になります。

① 商品の船積み準備が出来ているか、納期が迫っていること
② 信用状を未だに受け取っていないこと
③ すでに信用状が開設されているのであれば発行銀行、発行日と信用状番号を至急知らせて欲しいこと
④ もしまだ開設されていないのであれば、できる限り早く開設するよう求めること

第 11 章　支払方法（付款方式）　　283

[例文⑴]

主题：请求开信用证（L/C）

日本贸易株式会社进口部
铃木先生


平日承蒙贵公司关照，在此深表谢意。
　关于 123 号合同项下的货物，交货期已临近，可是我方至今尚未收到信用证。根据合同第 12 条规定，在货物装运前一个月，买方应该由日本第一银行开立以我方为受益人的不可撤消信用证。因此，如果贵方还没开立信用证的话，请速开信用证。
　　恭候回音。
　　　　祝贵公司
事业昌盛、生意兴隆！

中国 ABC 公司出口部<br>马莲<br>20XX 年 1 月 25 日


[訳文]

件名：信用状（L/C）開設の依頼

日本貿易株式会社輸入部
鈴木様


平素は格別のご高配を賜り、厚くお礼申し上げます。
　第 123 号契約書の貨物についてですが、納期が迫っているものの、当方は当該信用状をいまだに受け取っていません。本契約における第 12 条の規定に基づけば、貨物が船積みされる 1ヶ月前に、買い手は日本第一銀行を通じて売り手を受益者とする取消不能信用状を発行しなければならないことになっています。したがって、もしまだ信用状が開設されていないようであれば、大至急開

設していただくようお願い申し上げます。
　ご返事をお待ち申し上げます。
　貴社ますますのご隆昌と商売繁盛を祈念いたします。

中国 ABC 公司輸出部<br>
馬蓮<br>
20XX 年 1 月 25 日

[例文(2)]

主题：通知信用证已开出

中国 ABC 公司出口部
马莲小姐

　1 月 25 日来函已收悉。关于开立信用证一事，我方已于 1 月 24 日通过日本第一银行开出了以贵方为受益人的不可撤消信用证。

　　信用证号码：　　GH123456
　　信用证有效期：　20XX 年 2 月 20 日
　　合同总金额：　　1,590,200 美元

　其他事项，等信用证到后，请具体确认。
　特此奉告。
　　　　祝
商祺！

日本贸易株式会社进口部<br>
铃木太郎<br>
20XX 年 1 月 26 日

［訳文］

件名：信用状開設済みの通知

中国 ABC 公司輸出部
馬蓮様

　1月25日付貴メールを拝受しました。信用状開設の件について、当方は1月24日に日本第一銀行を通して、貴社を受益者とする取消不能信用状を開設いたしました。

　　信用状番号：　　　GH123456
　　信用状の有効期限：　20XX 年 2 月 20 日
　　契約総額：　　　　1,590,200 米ドル

　その他の内容につきましては、信用状を受け取り次第ご確認くださいませ。
以上、取り急ぎご通知申し上げます。
　貴社ますますのご繁栄を祈念いたします。

日本貿易株式会社輸入部
鈴木太郎
20XX 年 1 月 26 日

［語句と用例］

1. 信用状を開設する　　　　　　　　开（立）信用证
2. 〜をいまだに受け取っていない。　至今尚未收到……。
3. 〜を〜とする　　　　　　　　　　以……为……
4. 大至急〜をしてください。　　　　请速……。
5. 総額　　　　　　　　　　　　　　总金额
6. 有効期限　　　　　　　　　　　　有效期
7. 取り急ぎご通知申し上げます。　　特此奉告。

[すぐ役立つ中国語表現]

1. 请速开信用证。
2. 我方至今尚未收到信用证。
3. 信用证已于1月24日开出。
4. 祝贵公司生意兴隆、事业昌盛！
5. 昨日由日本第一银行开出了以贵方为受益人的不可撤消信用证。

# 第12章

# 貨物保険（货物保险）

　貨物は売り手の工場や倉庫から買い手の工場や倉庫に運ばれていく中で、予測できない様々な危険に遭遇し、それによって滅失や損害が生じる可能性があります。貨物に滅失や損害が生じるような場合に、その損害を最小に抑えるため、買い手または売り手は貨物が船積みされる前に貨物海上保険を掛けます。

　貨物保険とは通常、国際間で輸送される貨物を対象に、海上・航空・陸上輸送中の様々な危険から生じる滅失や損傷による損害を補償する保険をいいます。インコタームズによれば、FOB（FCA）条件とCFR（CPT）条件の下では買い手が貨物保険を掛け、CIF（CIP）条件であれば売り手が保険を掛けます。

　貿易実務では、売り手は船積みが完了すると買い手に船積みについて知らせる書類があります。これは船積通知（Shipping Advice；S/A）と呼ばれ、買い手が保険を適時に掛け、貨物を引き取る準備を進めることができるように買い手宛に船積みの詳細を知らせるためのものです。船積通知の送付は輸出者の義務とされています。

　売り手または買い手は貨物保険契約を締結する際、貨物については、保険者が危険を測定するのに必要な事項を正確に告知しなければなりません。しかし、実際には、保険契約申込みの際、付保すべき貨物の数量、積載船名、価額などが未確定の場合があります。このような場合には、それらの未確定事項が後日確定次第保険者に通知することを条件として、一部内容未確定のまま保険契約を行います。このような保険を予定保険といいます。売り手が船積通知をメールで送る際に必要な内容は、下記の通りです。

① 当該貨物の契約書番号を示すこと
② 当該貨物の数量と総重量あるいは総容積を明記すること

③ 船積日、積載船名、出港日などを知らせること
④ 建値（たてね）ならびに総価額を明示すること

[例文(1)]

主题：装运完毕的通知

日本贸易株式会社进口部
铃木先生

  我们高兴地通知贵方，第 123 号合同项下的货物已于 2 月 19 日装船。有关装船的具体情况如下：

| | |
|---|---|
| 商品名称： | 女式衬衫和套装 |
| 包装件数： | 180 箱 |
| 总重量： | 4500 公斤 |
| 船名： | 友谊号 |
| 启运日期： | 20XX 年 2 月 20 日 |
| 预定到港日期： | 20XX 年 2 月 24 日 |
| 提单号码： | ABC123 |
| 启运港： | 上海港 |
| 目的港： | 横滨港 |
| 唛头： | ANTAKE |
| | OOSHGON2345A |
| | Yokohama |
| | C/No.：1-180 |

  请尽快办理投保手续。
  特此通知。
   祝贵公司
生意兴隆、财源茂盛！

中国 ABC 公司出口部
马莲
20XX 年 2 月 19 日

[訳文]

件名：船積完了の通知

日本貿易株式会社輸入部
鈴木様

　私どもは、第123号契約の貨物を2月19日に船積みしたことを喜んでお知らせ申し上げます。船積みに関する具体的な内容は次の通りです。

| | |
|---|---|
| 商品名： | 女性用シャツとスーツ |
| 梱包件数： | 180箱 |
| 総重量： | 4500キログラム |
| 船名： | 友誼号 |
| 出港日： | 20XX年2月20日 |
| 入港予定日： | 20XX年2月24日 |
| B/L No.： | ABC123 |
| 船積港： | 上海港 |
| 仕向港： | 横浜港 |
| 荷印： | ANTAKE<br>OOSHGON2345A<br>Yokohama<br>C/No.：1-180 |

至急付保手続きを進めるようお願い申し上げます。
取り急ぎご通知まで。
謹んで貴社ますますのご隆昌と富み栄えられんことをお祈りしています。

中国ABC公司輸出部<br>馬蓮<br>20XX年2月19日

[例文(2)]

主题：关于货运保险的说明

中国 ABC 公司出口部

马莲小姐

  感谢贵公司及时发给我们的装运通知以及有关投保的温馨提示。根据 2 月 19 日贵方的邮件所示，我方已向日本花子保险公司办理了投保手续。

  最后，对贵公司给予我方的大力协助再次表示衷心的感谢。

  谨此奉复。

    敬祝

万事如意！

日本贸易株式会社进口部
铃木太郎
20XX 年 2 月 20 日

[訳文]

件名：貨物輸送保険に関する説明

中国 ABC 公司輸出部

馬蓮様

  船積通知を適時にご送付いただき、また付保についてご親切な助言をいただき、本当に有り難うございました。2 月 19 日付貴メールの指図に基づき、当方は日本花子保険会社に付保の手続きを済ませました。

  最後になりましたが、貴社から賜りました全面的なご協力に対し改めて心から感謝申し上げます。

  取り急ぎご返事まで申し上げます。

  万事ご期待の通り進みますようお祈り申し上げます。

日本貿易株式会社輸入部
鈴木太郎
20XX 年 2 月 20 日

[語句と用例]

1. 貨物輸送保険　　　　　　　货运保险
2. 入港予定日　　　　　　　　预定到港日期
3. 船荷証券　　　　　　　　　提单
4. 積出港　　　　　　　　　　启运港
5. 仕向港　　　　　　　　　　目的港
6. 荷印　　　　　　　　　　　唛头
7. 保険を掛ける　　　　　　　投保

[すぐ役立つ中国語表現]

1. 请尽快办理投保手续。
2. 有关装船的具体情况如下。
3. 合同项下的货物已装船。
4. 感谢贵公司及时发给我们装运通知。
5. 对贵公司给予我们的大力协助表示衷心的感谢。

#  第13章

## クレーム申し立て（索賠）

　クレーム（Claim）は大声で叫ぶという意味のラテン語に由来しています。貿易業界では、クレームは大別して貿易クレームと滅失や損害貨物に対する求償の2種類に分けられます。前者は、売買契約において一方当事者の契約違反によって不利益を被った他方の当事者が相手方に対して申し立てることです。これに対して、後者は貨物が滅失または損傷した際には、事実と証拠に基づいて運送人または保険会社に賠償または償還を求めることをいいます。

　実務上では、輸入者の契約不履行に対して輸出者がクレームを申し立てることはあるものの、輸入者が輸出者にクレームを申し立てることの方がより多く発生しているようであり、納期の遅延、品質上の問題、貨物の破損、数量不足などによるクレームが提起されることがよくあります。

　クレームを申し立てるときには、契約に定められたクレーム申し立て期間内に提起しなければなりません。さもなければ、相手方はそのクレームの受理を拒否することができます。一方、クレームに対する処理としては、事実を確認するうえで直ちに返信することが求められます。

　クレーム申し立てをする際には、貨物の破損状況などを詳しく説明し、こちら側の要求や解決方法を明確に相手方に伝えるべきです。必要に応じて、輸入国の管轄する省庁からの検査報告書を添付して裏付けをしたりします。さらには、事実や主張をはっきりと伝えると同時に、柔らかい調子で礼儀正しく文章を書くように注意することが必要になります。クレームを申し立てるビジネスメールを書く場合には、次の内容を盛り込むようお勧めします。

① 発送された貨物に対してクレームを申し立て、残念の意を表すこと
② クレーム申し立ての原因を説明すること

③　それによって被った不便を説明し、迅速な対応を要求すること
④　処理方法や要望を明記すること
⑤　相手方に処理方法や解決策を提示するよう求めること

なお、「百聞は一見にしかず」という諺にもあるように、梱包の破損や当該商品自体の瑕疵などの損傷状況をいろいろな角度から写真に撮り、それらの写真を添付ファイルで送付することも有効な方法となります。

[例文(1)]

**主题：请求调换货物**

中国 ABC 公司出口部
马莲小姐

  我们已经收到了贵方寄来的装船单据，并已在横滨港提货。谢谢贵方给予我们的大力协助。

  不过，我们很遗憾地通知贵方，第 123 号合同项下的全部货物，经本地日本海事检定协会检验，结果发现其中部分商品有色差和尺码不相符的问题。这些问题给我方在销售上带来了很大的困难，使得我方很难处理。为此，我们要求贵方及时调换货物，并保留对贵方因此给我们造成的损失提出索赔的权利。

  兹将本地日本海事检定协会出具的检验报告用附件传给贵公司。希望贵公司能够尽快妥善解决此事。

  另外，检验报告正本已于今日另函寄出，请查收。

  特此奉告。盼即复。

日本贸易株式会社进口部<br>铃木太郎<br>20XX 年 3 月 1 日

[訳文]

**件名：商品交換に関する依頼**

中国 ABC 公司輸出部
馬蓮様

  私どもは、お送りいただいた船積書類を受け取り、その後横浜港で貨物を引き取りました。誠意あるご協力を賜りましたことに対して感謝申し上げます。

  ところが、残念なお知らせをしなければならなくなりました。契約書番号第

123号の貨物を、当地の日本海事検定協会にて全品にわたり検品してもらったところ、一部の商品に色違いやサイズの不一致などの問題があることがわかりました。これらの問題は、当方の販売にマイナスとなる大きな影響をもたらしますので、当方はその処理に困っているところです。そのために、私どもは商品を直ちに交換することを要求すると同時に、これによってもたらされた損害に対して損害賠償を貴社に請求する権利を留保します。

　ここに当地の日本海事検定協会が発行した検査報告書を添付ファイルにてお送りいたします。今回の問題についてはできるだけ早く適切に解決するよう、お願い申し上げます。

　なお、本日、別便をもってオリジナルの検査証明書をお送りいたしました。どうぞご査収くださいますようお願い申し上げます。

　取り急ぎ要用のみにて失礼いたします。ご返事をお待ち申し上げます。

日本貿易株式会社輸入部

鈴木太郎

20XX年3月1日

[例文(2)]

主题：关于调换货物事宜的说明

日本贸易株式会社进口部

铃木先生

　　感谢贵公司3月1日来函，附加的商检报告也已收悉。我们对部分商品存在色差和尺码不相符的问题深表遗憾。经过调查，我们发现，此次由于产品检验不严而导致了上述问题的发生，对此我们致以歉意。

　　我们经研究决定，同意按照贵方的要求调换这部分商品，并保证今后不再发生类似的事情。对于给贵方带来的不便，请接受我们的歉意。相信我们的安排将会使贵方感到满意。

　　特此奉复。

中国 ABC 公司出口部
許堅強
20XX 年 3 月 2 日

[訳文]

件名：商品交換に関する説明

日本貿易株式会社輸入部
鈴木様

　3月1日付にてご送付いただきました貴メールを有り難うございました。添付された検査報告書も拝受しました。一部の商品には色違いやサイズの不一致などの問題があったことをとても残念に思っております。調査したところ、今回は製品検査がしっかりと行われていなかったため、上述した問題が発生したことがわかりました。このような結果になってしまいましたことを心からお詫び申し上げます。
　私どもはよく検討した結果、貴社のご要求に応じてその部分の商品を交換することに同意し、またこのようなことが二度と起こらないよう保証することを決定いたしました。貴社が被られたご不便を当方は申し訳なく存じる次第です。当方の解決策が貴社にとりご満足いただけるものであると確信しております。
　取り急ぎ要用のみにて失礼いたします。

中国 ABC 公司輸出部
許堅強
20XX 年 3 月 2 日

[語句と用例]
1. 船積書類　　　　　　　　　装船単据
2. 貨物を引き取る　　　　　　提貨
3. 〜にて検査してもらったところ　　経……検験

4. 商品を交換する　　　　　　　　调换货物、换货
5. 検査報告書を発行する　　　　　出具检验报告
6. 適切に解決する　　　　　　　　妥善解决
7. 〜のことをとても残念に思う　　对……深表遗憾

**[すぐ役立つ中国語表現]**

1. 我们已经收到了贵方寄来的装船单据。
2. 很遗憾地通知贵方，货物不符合质量要求。
3. 我们要求调换货物，并保留索赔的权利。
4. 希望贵公司尽快妥善解决此事。
5. 对于给贵方带来的不便，请接受我们的歉意。

# 参考文献

- 亀田尚己著『国際ビジネスコミュニケーション再考』文眞堂、2009年。
- 亀田尚己・青柳由紀江著『英文ビジネスメール／オフィスメール入門』丸善出版、2012年。
- 関道雄編著『基礎実用商務漢語（修訂版）』北京大学出版社、2003年。
- 『Incoterms 2010』国際商業会議所日本委員会、2012年。
- ジャン・ランバーグ著・新堀聰訳『ICCインコタームズ2010の手引き』国際商業会議所日本委員会、2012年。
- 劉麗瑛主編『経貿洽談ABC（上）（下）』北京語言大学出版社、2002年。
- 中村弘・田口尚志著『貿易業務論（第9版）』東洋経済新報社、2002年。
- 呉百福主編『進出口貿易実務教程（修訂本）』上海人民出版社、2000年。
- 張静賢主編『漢語外貿口語30課』北京語言文化大学出版社、2001年。
- 趙銀徳主編『外貿函電』機械工業出版社、2006年。
- 張泰平編著『国際商務漢語教程』北京大学出版社、2009年。

## 【監修者略歴】

**亀田　尚己**　（かめだ・なおき）

| | |
|---|---|
| 1943 年 | 神奈川県横浜市生まれ |
| 1969 年 | 日本大学大学院商学研究科修士課程修了 |
| 1977 年 | 日本大学大学院商学研究科博士課程単位取得退学 |
| 1980 年 | （株）タモンインターナショナル代表取締役社長 |
| 1993 年 | 同志社大学助教授 |
| 2000 年 | 同志社大学商学研究科教授 |
| 現　在 | 同志社大学名誉教授 |
| | 商学博士（同志社大学） |
| | 国際ビジネスコミュニケーション学会名誉会員 |
| 著　書 | 『現代国際商取引―よくわかる理論と実務』（編著、文眞堂、2013 年／2021 年） |
| | 『グローバルビジネスコミュニケーション研究』（共著、文眞堂、2014 年） |
| | 『日本伝統文化の英語表現事典』（共著、丸善、2018 年） |
| | 『日本のしきたり英語表現事典』（共著、丸善、2019 年） |
| | 『日本伝統文化の英語表現事典（人物編）』（共著、丸善、2020 年） |
| | 『起源でたどる日常英語表現事典』（共著、丸善、2021 年）、など |

## 【著者略歴】

**中曽根　淑芳**　（なかそね・しゅくほう）　**中国名：韓　堅放**　（ハン・ジアンファン）

| | |
|---|---|
| | 中国上海生まれ |
| 1984 年 | 中国四川外国語学院（現四川外国語大学）日本語学科卒業 |
| 1984 年 | 中国安徽省国際信託投資公司入社輸入業務部 |
| 1990 年 | 同退社 |
| 1995 年 | 同志社大学大学院商学研究科博士前期課程修了 |
| 1998 年 | 同志社大学大学院商学研究科博士後期課程単位取得退学 |
| 1998 年 | 関西外国語大学特任講師 |
| 現　在 | 関西外国語大学特任准教授 |
| 2001 年 | 日本国籍を取得【旧名：韓　堅放（Han Jianfang）】 |
| 2005 年 | 商学博士（同志社大学）（旧名にて） |
| 著　書 | 『中国貿易取引法の現状と課題』（単著、東京布井出版、2003 年） |
| | 『国際商取引事典』（項目執筆、中央経済社、2007 年） |
| 論　文 | 「中国企業の海外 M&A における企業文化融合の特徴」、『日本貿易学会誌』第 49 号、2012 年。 |
| | 「中国における企業間信用の使用動機と決定要因」、『日本貿易学会誌』第 51 号、2014 年。 |
| | 「コンテナ取引条件に関する一考察」、『研究論集』（関西外国語大学）第 112 号、2020 年、など。 |

### 現代ビジネス中国語
―会話と電子メールで学ぶ日中ビジネス実務―

| 2015年5月25日　第1版第1刷発行 | 検印省略 |
| --- | --- |
| 2021年4月5日　第1版第4刷発行 | |

監修者　亀 田 尚 己

著　者　中曽根 淑 芳

発行者　前 野　　隆

発行所　株式会社 文 眞 堂
東京都新宿区早稲田鶴巻町533
電話　03(3202)8480
FAX　03(3203)2638
http://www.bunshin-do.co.jp/
〒162-0041 振替 00120-2-96437

製作・真興社

© 2015

定価はカバー裏に表示してあります
ISBN978-4-8309-4864-0 C3033